DIE EINSIEDLER INSCHRIFTENSAMMLUNG UND DER PILGERFÜHRER DURCH ROM

HISTORIA

ZEITSCHRIFT FÜR ALTE GESCHICHTE · REVUE D'HISTOIRE
ANCIENNE · JOURNAL OF ANCIENT HISTORY · RIVISTA
DI STORIA ANTICA

EINZELSCHRIFTEN

HERAUSGEGEBEN VON
HEINZ HEINEN/TRIER
HILDEGARD TEMPORINI/TÜBINGEN · GEROLD WALSER/BERN

HEFT 53

FRANZ STEINER VERLAG WIESBADEN GMBH
STUTTGART 1987

DIE EINSIEDLER INSCHRIFTENSAMMLUNG UND DER PILGERFÜHRER DURCH ROM (CODEX EINSIDLENSIS 326)

FACSIMILE, UMSCHRIFT,
ÜBERSETZUNG UND KOMMENTAR
HERAUSGEGEBEN VON
GEROLD WALSER

FRANZ STEINER VERLAG WIESBADEN GMBH
STUTTGART 1987

Schutzumschlagabbildung: Severusbogen vom Capitol aus gesehen (Aufnahme G. Walser). Der einkopierte Text entstammt der Inschriftensammlung F. 72a und F. 72b (vgl. S. 34 und 36).

CIP-Kurztitelaufnahme der Deutschen Bibliothek

Die **Einsiedler Inschriftensammlung und der Pilgerführer durch Rom** : (Codex Einsidlensis 326) ; Faks., Umschr., Übers. u. Kommentar / hrsg. von Gerold Walser. – Stuttgart : Steiner-Verlag-Wiesbaden-GmbH, 1987.
  (Historia : Einzelschriften ; H. 53)
  ISBN 3-515-04912-6

NE: Walser, Gerold [Hrsg.]; Historia / Einzelschriften

Jede Verwertung des Werkes außerhalb der Grenzen des Urheberrechtsgesetzes ist unzulässig und strafbar. Dies gilt insbesondere für Übersetzung, Nachdruck, Mikroverfilmung oder vergleichbare Verfahren sowie für die Speicherung in Datenverarbeitungsanlagen. © 1987 by Franz Steiner Verlag, Wiesbaden GmbH, Sitz Stuttgart.
Printed in the Fed. Rep. of Germany

INHALT

Einführung		9
I. Die Inschriftensammlung		13
Facsimile Cod. Einsidlensis 326 FF 67–79 mit moderner Umschrift		14
Übersetzung und Kommentar der einzelnen Inschriften		64
nn. 1/2	Renovationsinschrift des Pons Salarius durch Narses (565 n. Chr.) (CIL VI 1199)	64
n. 3	Bauinschrift am Pons Aelius (134 n. Chr.) (CIL VI 973)	66
nn. 4–5b	= nn. 56–58	66
n. 6	Verschwundene Mosaik-Inschrift in der St. Peters-Basilica (Diehl 1752)	67
n. 7	Triumphbogen der Kaiser Arcadius, Honorius, Theodosius vom Jahre 406 (CIL VI 1196)	67
n. 8	Renovation eines Nymphaeums durch den Stadtpräfekten Flavius Philippus (CIL VI 1728a)	68
n. 9	Bauinschrift des Claudius an der Aqua Virgo vom Jahre 46 (CIL VI 1252)*	69
n. 10	Verlorene Mosaik-Inschrift in der St. Peters-Basilica (Diehl 1753)	70
n. 11	Verlorene Inschriften aus der St. Peters-Basilica (Diehl 1855)	71
n. 12	Bauinschrift des Stadtpräfekten Petronius Maximus vom Jahre 421 (CIL VI 1660)	71
n. 13	Inschrift der Traianssäule (CIL VI 960)*	72
n. 14	Schuldenerlass Kaiser Hadrians aus dem Jahre 118 (CIL VI 967)	73
n. 14a	Bauinschrift eines Matronen-Versammlungslokales (CIL VI 997)	74
n. 15	Bogen der Kaiser Gratianus, Valentinianus und Theodosius (CIL VI 1184)	75
n. 16	Bauinschrift der Diokletiansthermen aus den Jahren 305/306 (CIL VI 1130)	76
nn. 17–19	Bau- und Renovationsinschriften von der Aqua Claudia (CIL VI 1256–1258)	77
n. 20	Inschrift der Kaiser Valentinianus, Valens, Gratianus am Macellum Liviae (CIL VI 1178)	79
n. 21	Epitaph des Legionslegaten C. Dillius Vocula (CIL VI 1402)	80
n. 22	Bauinschrift der Kaiser Valentinianus, Valens, Gratianus am Pons Cestius (CIL VI 1175)*	81
n. 23	Verlorenes Epigramm aus der Kirche S. Anastasia (Diehl 1782)	82
n. 24	Inschrift vom Forum Palatinum aus dem Jahre 374 (CIL VI 1177)	83
n. 25	Mosaik-Inschrift in der Kirche S. Sabina (Diehl 1778 a)*	84
n. 26	Neubau der S. Pancratius-Basilica durch Papst Honorius (625–638) (Diehl 1786)	85
n. 27	Inschrift auf dem Obeliscus Vaticanus (CIL VI 882)*	85
n. 28	Inschrift vom Clivus Martis an der Via Appia (CIL VI 1270)*	86
n. 29	Inschrift am Titusbogen im Circus Maximus (CIL VI 944)	87
n. 30	Inschrift am Septizodium des Septimius Severus (CIL VI 1032 = 31229)	88
n. 31	Epitaph des M. Camurius Soranus (CIL VI 14313)	90
n. 32	Fragment aus einer Märtyrer-Inschrift in S. Sebastiano (Diehl 2005)	91
n. 33	Inschrift auf einer Reiterstatue Kaiser Constantins vom Jahre 334 (CIL VI 1141)	91
n. 34	Inschrift auf dem Severusbogen (CIL VI 1033)*	92
n. 35,1	Inschrift vom Saturn-Tempel auf dem Forum (CIL VI 937)*	94
n. 35,2	Inschrift vom Tempel des Divus Vespasianus (CIL VI 938)	94
n. 35,3	Inschrift vom Tempel der Concordia (CIL VI 89)	94
n. 36	Inschrift auf dem Constantinsbogen (CIL VI 1139)*	95

n. 37	Inschrift des Titusbogens auf dem Forum (CIL VI 945)*	96
n. 38	Inschrift vom ehemaligen Triumphbogen des Kaisers Marcus Aurelius (CIL VI 1014)	97
n. 39	Ehreninschrift für Kaiser Nerva vom Jahre 96 (CIL VI 472)	98
n. 40	Ehrung für den Senator Ceionius Rufius Albinus (335–337) (CIL VI 1708)	99
n. 41	Weihung des Kaisers Claudius an die Pietas Augusta (CIL VI 562)	101
n. 42	Inschrift der Curatores Operum Publicorum (CIL VI 1472)	102
n. 43	Bauinschrift des Kaisers Claudius vom Jahre 46 (CIL VI 916)	102
n. 44	Inschrift der Kaiser Diocletianus und Maximanus für den Pater Tiberinus (CIL VI 773)	103
n. 45	Grabschrift des Cn. Domitius Primigenius und seiner Gattin (CIL VI 16963)	104
nn. 46 u. 52	Zolldekret der Kaiser Marcus Aurelius und Commodus (CIL VI 1016)	105
n. 47	Edikt des Stadtpräfekten Claudius Dynamius über die Mühlen auf dem Ianiculus (CIL VI 1711)	108
n. 48	Mosaik-Inschrift in der Kirche S. Paolo fuori le Mura (Diehl 1761)*	110
n. 49	Inschrift im Baptisterium von S. Paolo (Diehl 1838a)	110
n. 50	Reparatur-Inschrift des Pompeius-Theaters aus den Jahren 395–408 (CIL VI 1191)	111
n. 51	Epigramm aus dem Kloster Clivo di Scauro (Diehl 1898)	112
n. 52	= n. 46	113
nn. 53–55	Monument des Rennfahrers P. Aelius Gutta Calpurnianus (CIL VI 10047)	116
nn. 56–66	Inschriften vom Mausoleum Hadriani (Engelsburg) (CIL VI 984–995)	125
n. 67	Epigramm auf die Märtyrer Protus und Hyacinthus (Diehl 1985)*	127
n. 68	Epitaph für den Märtyrer Hyacinthus (Diehl 1985)	127
nn. 69–70	Teile der Stadtbeschreibung (Regionar)	128
n. 71	Epitaph für die Märtyrer Nereus und Achilleus (Diehl 1981)	129
n. 72	Teile der Stadtbeschreibung (Regionar)	129
n. 73	Griechisches Epitaph des L. Iulius Vestinus (IG XIV 1085)	130
n. 74	Epigramm auf die Heiligen Felix und Adauctus (Diehl 1982)	132
n. 75	Epigramm auf die Apostel Petrus und Paulus (Diehl 951)	133
nn. 76–78	Inschriften auf dem Augustusbogen von Pavia (CIL V 6416)	140
n. 79	Weihinschrift des S. Sextilius Fuscus in Pavia (CIL V 6431)	141
n. 80	Griechische Petrus-Inschrift aus Pavia (CIG 8816)	

* heute noch erhaltene Inschriften

II. Das Itinerar der Einsiedler Handschrift 143

Facsimile Cod. Einsidlensis 326 FF 79–86 mit moderner Umschrift		144
Rekonstruktion und Kommentar zu den einzelnen Routen:		159
Route I:	Porta S. Petri – S. Lucia in Orphea	162
II:	Porta S. Petri – Porta Salaria	168
III:	Porta Numentana – Forum Romanum	173
IV:	Porta Flaminia – Via Lateranensis	175
V:	Porta Tiburtina – Subura	178
VI:	Alia via Porta Tiburtina – S. Vitus	180
VII:	Porta Aurelia – Porta Praenestina	181
VIII:	Porta S. Petri – Porta Asinaria	189
IX:	Septem viae – Porta Metrovia	196
X:	Porta Appia – Schola Graeca in via Appia	200
XI:	Via Portensis extra civitatem	203
XII:	Porta S. Petri – S. Paulus	205

| Inhalt | 7 |

III. Die Beschreibung der Honorianischen Stadtmauer 213
    Text (Liste) und Kommentar

Indices: 219

    Literaturverzeichnis   219
    Verzeichnis der Tafeln   221
    Personen   222
    Ortsangaben, Geographica   225
    Antike Monumente, Kirchen   226

EINFÜHRUNG

Die Bibliothek der Benediktinerabtei Einsiedeln bewahrt unter ihren Handschriften (n. 326) einen Codex des 9. Jh. auf, welcher die früheste Sammlung römischer Inschriften, ferner ein Itinerar für Pilger durch die Stadt Rom und eine Beschreibung der römischen Stadtmauer enthält. Der Autor dieser Handschrift ist unbekannt, und wir wissen auch nicht, ob der Schreiber mit dem Rompilger identisch ist, oder ob er seine Angaben aus früheren Niederschriften übernommen hat. Die Handschrift, in schöner karolinginscher Minuskel geschrieben, gehörte einmal dem Kloster Pfäfers, wie ein Besitzervermerk angibt. Aus welchen Gründen und wann sie nach Einsiedeln gekommen ist, wissen wir nicht. Es kann sein, daß sie vom Besitzerkloster ausgeliehen wurde und nicht zurückkam, oder daß sie den Patres in Einsiedeln als Pfand von den Pfäfersern für eine andere ausgeliehene Handschrift übergeben worden ist. Die Entstehung der Handschrift setzten die Handschriftenforscher bisher in die Umgebung des Klosters von Reichenau. Vor kurzem hat aber Bernhard Bischoff die uns interessierenden Pergamentblätter des Codex nach genauer Schriftprüfung als Schöpfung der Klosterschule von Fulda bezeichnet (Brief vom 5. April 1986). Es ist also möglich, daß wir die Inschriftensammlung und das Itinerar einem Fuldaer Mönch verdanken, der im Zusammenhang mit dem Romzug Karls des Großen nach Italien reiste. Wie der Kaiser wird er vermutlich durch die Schweiz und über den Großen St. Bernhard den Süden erreicht haben, denn auf dem Hin- oder Rückweg hat er einige Inschriften in Pavia kopiert. Ticinum-Pavia ist in antiker und mittelalterlicher Zeit Station von den westlichen Alpenpässen zur Via Flaminia nach Rom.

Der reisende Mönch wußte die Kapitalschrift römischer Inschriften zu lesen und kannte auch die wichtigsten epigraphischen Abkürzungen. Er muß ein in Latein und Griechisch ausgebildeter Mann gewesen sein, denn er kopiert sowohl in Rom als in Pavia zwei griechische Inschriften korrekt. Auch wenn ihm vielleicht schon handschriftliche Vorlagen der Texte zur Verfügung standen, gibt er Buchstabe für Buchstabe sorgfältig wieder. Wenn er Fehler begeht, so entstanden sie nicht anders als bei neueren Inschriftenkopisten. Bei der Bauinschrift der Diocletiansthermen hat er versehentlich zwei Zeilen ausgelassen, weil er beim Kopieren übersah, daß der Name Diocletians mehrfach vorkommt. So übersprang er eine Passage zwischen den beiden Kaisernamen, ein Versehen, das dem modernen Epigraphiker bei der Kopierarbeit geläufig ist. Natürlicherweise war sein Interesse auf die christlichen Zeugnisse gerichtet, denn die meisten heidnischen Tempelinschriften hat er ausgelassen. Was ihm aber für christliche Pilger erwähnenswert schien, hat er richtig abgeschrieben. Ob er den Inhalt der lateinischen Texte immer im modernen Sinn verstanden hat, darf man allerdings bezweifeln, sonst hätte er nicht den langen Text des Preisrennfahrers Gutta (nn. 53–55) abgeschrieben. Der antike Pferderennsport war bei den Christen nicht beliebt, und man kann vermuten, daß er die aufgezählten *palmae* und *praemia* als christliche Symbole nahm.

Der heutige Wert der Einsiedler Inschriftensammlung besteht vor allem darin, daß sie zahlreiche Texte bietet, die im späteren Mittelalter und in der Renaissancezeit verloren gegangen sind. Von den insgesamt 80 Titeln sind etwa die Hälfte Unica, die nur durch den Einsidlensis überliefert sind, darunter so wichtige Stücke wie die vollständige Bauinschrift der Diocletiansthermen, Teile der Kaiserinschriften am Hadriansmausoleum, der Schuldenerlaß Hadrians vom Jahre 118, das Epitaph des aus Tacitus bekannten C. Dillius Vocula. Auch die vielen Inschriften der Sammlung, die bis heute erhalten geblieben sind, erscheinen wertvoll zur Kontrolle der Überlieferung. Die Zeugnisse des Einsidlensis sind gut ein halbes Jahrtausend älter als der Beginn des systematischen Inschriftensammeln in der Renaissance.

Das Einsiedler Manuskript der Inschriften, des Regionars und der Mauerbeschreibung sind im 13. Jh. mit drei anderen Schriften vorwiegend geistlichen Inhaltes zu einem Konvolut von insgesamt 104 Blättern zusammengebunden worden. Wer diesen Einband (Schafleder und Holzdeckel) besorgt hat, wissen wir nicht, aber seit dem 14. Jh. befand sich der Codex in Einsiedeln. Hier muß ihn der Humanist und päpstliche Kuriensekretär Poggius Bracciolini in den Jahren des Konstanzer Konzils 1414–1417 gefunden und kopiert haben. Poggio war im Gefolge des unglücklichen Johannes XXIII, der vom Konzil abgesetzt wurde, nach Konstanz gekommen und benützte den langen Aufenthalt kirchenpolitischer Streitigkeiten zu reichlichen Besuchen in den umliegenden Klöstern, um Handschriften antiker Autoren zu suchen. In einem Briefe beschreibt er, er habe einen Quinternio unbekannter römischer Inschriften, den er im Staube einer Klosterbibliothek fand, im Aermel verschwinden lassen. Dabei kann es sich nicht um die Einsiedler Sammlung handeln, da sie schon im Codex gebunden war, aber die Inschriften-Kopien aus Einsiedeln nahm er nach der Rückkehr nach Rom in seine *Sylloge* von 1429 auf, eine der ersten systematischen Sammlungen römischer Inschriften. Nach der Praxis der Zeit zitierte er allerdings die Quelle seiner Inschriften nicht.

Die von Poggio ausgeschriebenen Schätze des Einsidlensis lagen lange unbeachtet in der Klosterbibliothek, bis der gelehrte Benediktinerpater Jean Mabillon (1632–1707) sie ans Licht brachte. Bei seinem Besuche der Einsiedler Stiftsbibliothek 1683 erkannte er die Bedeutung des Codex 326 und publizierte Inschriften und das Itinerar in seinen *Vetera Analecta* (Band IV, Paris 1685). Die Ausgabe Mabillons hat G. Haenel nach neuer Kollationierung verbessert und sie unter dem Titel *Der Regionar der Stadt Rom in der Handschrift des Klosters Einsiedeln, Archiv für Philologie und Pädagogik* Suppl. 5, 1837, 132–138, herausgegeben. Diese Arbeit hat Theodor Mommsen bei der Vorbereitung des *Corpus Inscriptionum Latinarum* aufgenommen und sie für die Ausgabe der Auctores zu CIL VI verwertet. Nachdem er schon 1850 in den *Epigraphischen Analekten* (= *Berichte der sächsischen Gesellschaft der Wissenschaften* 1850, 287–326, *Gesammelte Schriften* VIII 64–107) den Einsidlensis ausführlich dargestellt hatte, ist die ganze Einsiedler Inschriftensammlung in CIL VI, Teil 1 pp. IX–XV mit Einführung und kritischen Apparat erschienen (CIL VI 1 edd. E. Bormann–W. Henzen 1876). Unabhängig von Mommsen hat auch J. B. de Rossi *Inscriptiones christianae Urbis Romae* II, Roma 1888, den Einsidlensis publiziert.

Unsere Neuausgabe des Anonymus Einsidlensis rechtfertigt sich dadurch, daß es heute noch kein vollständiges und leicht erreichbares Facsimile der Inschriftensammlung und des Itinerars gibt, und daß weder die eine, noch die andere Schrift für den heutigen Leser, der nicht Spezialist für römische Epigraphik und Topographie ist, erschlossen sind. Freilich beanspruchen die Inschriften-Kommentare nicht, die lateinischen Texte wissenschaftlich auszuschöpfen. Aber sie mögen die Freunde der Antike anregen, sich mit den Dokumenten eingehender zu beschäftigen. Die Erklärungen zum Itinerar beschränken sich auf den Forschungsbericht und das Beifügen neuerer Literatur zur römischen Topographie. Zu danken habe ich den Patres der Abtei Einsiedeln, vor allem dem Stiftsbibliothekar Hochwürden Dr. Odo Lang, für die Erlaubnis zum Studium und zur Publikation des Codex 326, ferner Herrn Lorenz Hollenstein vom Stiftsarchiv St. Gallen für die Herstellung des Facsimiles, und den Herren Bernhard Bischoff in München, Arnold Esch in Bern und Pascal Ladner in Fribourg für mannigfache mediävistische Hilfe. Ganz besonderen Dank schulde ich Richard Krautheimer in Rom, der die Mühe nicht gescheut hat, das Manuskript durchzusehen und viele notwendige Korrekturen anzubringen.

Gerold Walser

ZUR UMSCHRIFT

Die Umschrift in moderner Kursive soll die Lektüre des karolingischen Textes erleichtern. Auf die Wiedergabe der zum Teil irrtümlichen Interpunktion ist verzichtet. Die Abkürzungen sind zum besseren Verständnis ausgeschrieben. Einzelne Zeilen, besonders die Überschriften, die zum Teil mit roter Tinte geschrieben waren, sind heute so sehr verblaßt, daß sie in der Mikrofilm-Kopie nicht mehr erscheinen. Diese Partien sind nach Mommsen und der Überlieferung wiedergegeben. Einzelne Lücken im fortlaufenden Text (so z.B. FF 70, 70b, 73b, 75b) sind Löcher im Pergament, die aber schon vor der Beschriftung des Schreibstoffes entstanden sind. Der Schreiber hat sie ohne Minderung des Textes ausgespart.

I. DIE INSCHRIFTENSAMMLUNG

Facsimile Cod. Einsidlensis 326 FF 67–79 mit moderner Umschrift, Übersetzung und Kommentar der einzelnen Inschriften

F. 67a

IN PONTE TIBURTINO

1. *Imperante d(omino) n(ostro) piissimo ac trium-*
   phali semp(er) iustiniano piissimo aug(usto)
   ann(o) XXXVIII Narses vir gloriosissi-
   mus ex praeposito sacri palatii
   (ex) cons(ularibus) atq(ue) patricius post victoriam
   parthicam ipsis eorum regibus ce-
   leritate mirabili conflictu publico
   superatis atq(ue) p(ro)statis libertate urbis
   romae ac totius italiae restituta
   pontem viae salariae usq(ue) ad aqua(m)
   a nefandissimo totila tyranno destru-
   ctum purgato fluminis alveo in
   meliorem statum qua(m) quonda(m) fuerat
   renovavit.

IN IPSO PONTE IN OCCIDENTE

2. *Qua(m) bene curvati directa e(st) semita pontis*
   atq(ue) interruptum continuatur iter.
   calcamus rapidas subiecti gurgitis undas
   et libet iratae cernere murmus aquae.

Ite igitur faciles p̄ gaudia ur̄a quirites·
tenarsim resonans plausus ubiq; canate·
Qui potuit rigidas gothorū subdere mentes·
Hic docuit durū flumina ferre iugum·
IN PONTE SCI PETRI·

Imp· cæsar· diui traiani parthici filius·
diui neruæ nepos· traianus hadrianus au
gustus· pontif· maxim; tribunic potest·
xviiii cos· iii pp· fecit· IN HADRIANIO

Imperatori cæsari· diui marci antonini pii
germanici sarmatici filio· diui pii nepoti·
diui hadriani pnepoti· diui traiani parthici
abnepoti· diui neruæ adnepoti· lucio aelio
aurelio cōmodo augusto sarmatico germani
co maximo britanico pontifici maximo· tribu
niciæ potestat· xviii imperato uiiii consuli·
uii patri patriæ· IN ALIO LOCO PLINIUS SCRIPSI

Imp cæsari l· aurelio uero aug· armeniac·
med· parthic· pontific· tribunic pot· viiii
imp; v· cos; iii pp·   pp·h·

F. 67b

Ite igitur faciles p(er) gaudia v(est)ra quirites,
Et narsim resonans plausus ubiq(ue) canat.
Qui potuit rigidas gothoru(m) subdere mentes.
Hic docuit duru(m) flumina ferre iugum.
IN PONTE S(AN)C(T)I PETRI

3. *Imp(erator) caesar divi traiani parthici filius*
divi nervae nepos traianus hadrianus au-
gustus pontiff(ex) maxim(us) tribunic(ia) potest(ate)
XVIII co(n)s(ul) III p(ater) p(atriae) fecit. **IN ADRIANO**

4. *Imperatori caesari divi marci antonini pii*
germanici sarmatici filio divi pii nepoti
divi hadriani p(ro)nepoti divi traiani parthici
abnepoti divi nervae adnepoti lucio aelio
aurelio co(m)modo augusto sarmatico germani-
co maximo britan(n)ico pontifici maximo tribu-
niciae potestat(is) XVIII imperat(ori) VIII consuli
VII patri patriae. **IN ALIO LOCO PLENIUS SCRIPSI**

5. *Imp(eratori) caesari L(ucio) aurelio vero aug(usto) armeniac(o)*
med(ico) parthic(o) pontific(i) m(aximo) tribunic(ia) pot(estate) VIII
imp(eratori) V co(n)s(uli) III p(atri) p(atriae).

Laelio caesari diui hadriani augusti filio cos ij.
IN ARCU SCI PETRI
Quod duce te mundus surrexit in astra
triumphans.
Hanc constantinus uictor tibi condidit aulā.
Imppp. clemētissimis. IN ARCU INTUS ROMAE
felicissimis toto orbe uictorib. DDDN NIS
arcadio honorio theodosio auggg ad per
enne indiciū triumpho
Quo g̃ŝarū nationē momne euum dom
          arcum simulacris eox tro
p̄ h eisq. decora. S.P.Q.R. totius operis
splendore. IN TUS ROMAE
FL philippus uc. praefectus urbi nimphiū
sordiū squalore foedatū & marmorum
nuditate deforme ad cultū pristinū
reuocauit. IN FORMA UIRGINIS
Ti claudius drusi fl. caesar augustus
germanicus pontifex maxt̄ trib potest
imp. xi pp cos desig iiii arcus datus.

F. 68a

5b. L(ucio) aelio caesari divi hadriani augusti filio co(n)s(uli) II.
   IN ARCV S(AN)C(T)I PETRI
6. *Quod duce te mundus surrexit in astra*
      triumphans
   hanc constantinus victor tibi condidit aula(m)
7. *Imppp(eratoribus) clem(en)tissimus* IN ARCV INTVS ROMAE
   felicissimis toto orbe victorib(us) DDD(ominis) NN(ostr)IS
   arcadio honorio theodosio AUGGG(ustis) ad per-
   enne indiciu(m) triumpho(rum)
   quo getaru(m) natione(m) in omne aevum docu-
   ⟨c⟩ere exti(ngui) arcum simulacris eor(um) tro-
   phaeisq(ue) decora S(enatus) P(opolus) Q(ue) R(omanus) totius operis
   splendore   INTVS ROMAE
8. *Fl(avius) philippus v(ir) c(larissimus) praefectus urbi nimphiu(m)*
   sordiu(m) squalore foedatu(m) et marmorum
   nuditate deforme ad cultu(m) pristinu(m)
   revocavit.   IN FORMA VIRGINIS
9. *Ti(berius) claudius drusi f(i)l(ius) caesar augustus*
   germanicus pontifex max(imus) trib(unicia) potest(ate)
   imp(erator) XI p(ater) p(atriae) co(n)s(ul) desig(natus) IIII arcus ductus

aquae uirginis disturbatos per c cesare
a fundamentis nouos fecit ac restituit. IN AB
iustitiae sedes fidei domus SIDA SCI PETRI
aula pudoris. haec e qua cernis pietas
qua possidet omnis. Quae patris filii
uirtutibus inclyta gaude. Auctoremq.
suu genitoris laudibus aequat. IN AM
S candite cantantes d(omi)no   BONES CI PETRI
d(omi)n(u)mq. legentes. Et xalto populis uerba
superna sonent. EX ALTERA PARTE
Pelagius iun. eps c(hristi) di famulus fecit curante iuliano pp. SCD. IN THEATRO
Petronius maximus. uc. praefectus urbi
curante. IN COLUMNA TRAIANI
Senatus populusq. romanus imp. cesari
diui neruae f. dacico pontif. maximo
trib. pot. XVII imp. VI cos. VI pp. ad decla-
randu quantae altitudinis mons et locus
tantis operibus sit egestus. IT IBIDEM
S. P. Q. R. imp. cesari. diui traiani parthici

F. 68b

    aquae virginis disturbatos per c(aium) caesarem
    a fundam(en)tis novos fecit ac restituit.
10. *Iustitiae sedis fidei domus*   IN ABSIDA S(AN)C(T)I PETRI
    aula pudoris haec e(st) qua(m) cernis pietas
    qua(m) possidet omnis. Quae patris et filii
    virtutibus inclyta gaudet. Auctore(m)q(ue)
    suu(m) genitoris laudibus aequat.
11. *Scandite cantantes d(omi)no*   IN AMBONE S(AN)C(T)I PETRI
    d(omi)n(u)mq(ue) legentes ex alto populis verba
    superna sonant.   EX ALTERA PARTE
    Pelagius IUN(IOR) EPISC(OPUS) d(e)i famulus fecit cu-
    rante iuliano p(rae)p(osito) s(e)c(un)d(icerio).   IN THEATRO
12. *Petronius maximus v(ir) c(larissimus) praefectus urbi*
    curavit.   IN COLUMNA TRAIANI
13. *Senatus populusq(ue) romanus imp(eratori) caesari*
    divi nervae f(ilio) dacico pontif(ici) maximo
    trib(unicia) pot(estate) XVII imp(eratori) VI co(n)s(uli) VI
    p(atri) p(atriae) ad decla-
    randu(m) quant(a)e altitudinis mons et locus
    tantis operibus sit egestus.   ITEM IBIDEM
14. *S(enatus) P(opulus) Q(ue) R(omanus) imp(eratori) caesari divi traiani*
                                                parthici

·f· diui neruae nepoti traiano ·adriano
aug· pont· max· trb· pot· ii· cos· ii· qui
primus omniū principū & solus re
mittendo sestertiū nouies milies centena
milia· n· debitū fisci· np sentes tantū ciues
suos· sed & posteros eorum ~~eorum~~ prestitit
hac liberalitate securos; IVLIA AVG MA
TER AVGG· & castrorū matronis restituit·
SABINA AVG MATRONIS· IN ARCV PROX
IMO PONTI PETRI·
Imperatores cæsares· DDD NNN gratia
nus ualentinianus & theodosius pii felices
semp auggg· arcū adconcludendum
opus omne porticuū maximarū æterni
nominis sui pecunia ppria fieri orna
rio iusserunt· IN THERMIS DIOCLITIANI
D· NN· dioclitianus & maximianus in
uicti seniores augusti patres impera
torum & cæsarum· & DD NN· constan
tius & maximianus inuic augg·

F. 69a

f(ilio) divi nervae nepoti traiano adriano
aug(usto) pont(ifici) max(imo) tr(i)b(unicia) pot(estate) II co(n)s(uli) II
                  qui
  pri(m)us omniu(m) principu(m) et solus re-
mittendo sestertiu(m) novies milies centena
milia n(ummi) debitu(m) fiscis n(on) p(rae)sentes tantu(m) cives
suos, sed et posteros eorum praestitit
14a. *hac liberalitate securos.* **IULIA AUG(USTA) MA**
TER AUGG(USTORUM) *et* ⟨g⟩*castroru(m) matronis restituit*
SABINA AUG(USTA) MATRONIS. **IN ARCU PROX**
IMO PONTE PETRI
15. *Imperatores caesares DDD(omini) NNN(ostri) gratia-*
  nus valentinianus et theodosius pii felices
  semp(er) auggg(usti) arcu(m) ad concludendum
  opus omne porticuu(m) maximaru(m) aeterni
  nominis sui pecunia p(ro)pria fiere orna-
  riq(ue) iusserunt. **IN THERMIS DIOCLETIANI**
16. *DD(omini) NN(ostri) diocletianus et maximianus in-*
  victi seniores augusti patres impera-
  torum et caesarum et DD(omini) NN(ostri) constan-
  tius et maximianus invic(ti) augg(usti)

et seuerus et maximinus nobilissimi caesares
thermas felicis diocletiani aug fr....
nomini consecrauere · coempus edi...
ficiis ptanta operis magnitudine omni
cultu pfectas romanis suis dedicauerunt·

IN PORTA PRAENESTINA

† Ti claudius drusi f caesar augustus germa
nicus · pontif · tribunicia potestate xi cos.
                        max
v̅ imperator · xxvii · pater patriae aquas
claudias ex fontibus qui uocabantur ceruleus
et curtius a miliario xl v · it̅ anienem nouam
a miliario lxii · sua impensa in urbem p du
cendas curauit · IN IPSA PORTA

† Imp · cesar uespasianus aug · pont max ·
trib pot · ii · imp vi · cos iii desig iiii p·p
aquas curtia et caeruleam p ductas et in uo
claudio et postea intermissas dilapsasq·
p annos viiii · sua impensa urbi restituit

† Imp · cesar diui f · uespasian... IN IPSA
aug pont max tribunic pot x · imp ...

F. 69b

et severus et maximinus nobilissimi caesares
thermas felices diocletiani aug(usti) fr(atr)is sui
nomini consecravit.coemptis aedi-
ficiis p(ro) tanti operis magnitudine omni
cultu p(er)fectas romanis suis dedicaverunt.
    IN PORTA PRAENESTINA
17. *Ti(berius) claudius drusi et caesar augustus germa-*
 nicus pontif(ex) max(imus) tribunicia potestate XI co(n)s(ul)
 V imperator XXVII pater patriae aquas
 claudias ex fontibus qui vocabantur c(a)eruleus
 et curtius a miliario XLV ite(m) aniena(m) nova(m)
 a miliario LXII sua impensa in urbe(m) p(er)du-
 cendas curavit. *ITEM IN IPSA PORTA*
18. *Imp(erator) caesar vespasianus aug(ustus) pont(ifex) max(imus)*
 trib(unicia) pot(estate) II imp(erator) VI co(n)s(ul) III desig(natus)
        IIII p(ater) p(atriae)
 aquas curtia(m) et caerulea(m) p(er)ductas a divo
 claudio et postea intermissas dilapsasq(ue)
 p(er) annos VIIII sua impensa urbi restituit
19. *Imp(erator) caesar divi f(ilius) vespasian(us)* *ITEM IN IPSA*
 aug(ustus) pont(ifex) max(imus) tribunic(ia) pot(estate) X imp(erator)

xvii pater patriae censor cos viii aquas
curtiā et caeruleam p ductas ad diuo clau
dio et postea a diuo uespasiano patre suo
urbi restitutas cū a capite aquarū solo
uetustate dilapsae essent noua forma
reducendas sua inpensa curauit
Ualens et gratianus pii felices ac triū
phatores semp aug porticus areasq.
cello liuiae ad ornatū urbis suae addi dedica
riq. iusserunt
C. dillio a f ser . . . . oculae trib.
milit. leg I iiii uiro . . . curanda r.
q. puine ponta et br chim e trib pl pr.
leg. in germania leg xxii primigenie
helutae T f procula uxor fecit
. . . . TRANS TIBERIM
. . . imperatores caesares f l
ualentinianus pius felix maximus uic
tor ac triumph. semp aug pont max
imus germanic max alamann max

F. 70a
*XVII pater patriae censor co(n)s(ul) VIII aquas
curtia(m) et caeruleam p(er)ductas a divo claudio et postea a divo vespasiano patre suo
urbi restitutas cu(m) a capite aquaru(m) solo
vetustate dilapsae essent nova forma
reducendas sua inpensa curavit.*

20.   *Valens et gratianus pii felices ac triu(m)-
phatores semp(er) augg(usti) porticus areasq(ue)
cello liviae ad ornatu(m) urbis suae addi dedica-
riq(ue) iusserunt.*

21. *C(aio) dillio a(uli) f(ilio) ser(gia tribu) voculae trib(uno)
milit(um) leg(ionis) I IIII–viro viaru(m) curandar(um)
q(uaestori) p(ro)vinc(iae) ponti et bithiniae trib(uno) pl(ebis) pr(aetori)
leg(ato) in germania leg(ionis) XXII primigeniae
Helvia⟨e⟩ t(iti) f(ilia) procula uxor fecit.*

    IN PONTE SUPERIORE TRANS TIBERIM

22. *Domini n(ost)ri imperatores caesares fl(avius)
valentinianus pius felix maximus vic-
tor ac triumph(ator) semp(er) aug(ustus) pont(ifex) maximus germanic(us) max(imus) alamann(icus) max(imus)*

franc max · gothic max · trib pot · vii imp ·
vi cos · ii pp · p · et fl · ualens pius felix max
uictor ac triumf · semp aug pont max ger
manic max · alamann max · franc max
gothic max · trib pot · vii imp · vi cos · ii
· p · p · p · to fl · gratianus pius felix max
uictor ac germanic v̊ triumf ·
semp aug · pont max · max alamann ·
max franc max gothic max trib pot · iii
imp · ii   cons · i · p · p · p ·
pontē felicis   nominis gratiani ·
musum senatus et populi rom · constitui
dedicariq · iusserunt · PROPT PONTĪ
BA[SI]LEUM IULIORUM A KARIORUM
IN ABSIDA SCAE ANASTA[stasię]

✝ Artifices damasus picturę ornatę honore ·
T ecta quibus nc darē pulchra metalla decus ·
D iuite cestat ptiosior aula nitore ·
Q uos rerū effectus possit habere fides ·
P apae hilari meritis olim deuota fauere ·

F. 70b

franc(icus) max(imus) gothic(us) max(imus) trib(unicia) pot(estate)
VII imp(erator)
VI co(n)s(ul) II p(roconsul) p(ater) p(atriae) et fl(avius) valens pius
felix max(imus)
victor ac triumf(ator) semp(er) aug(ustus) pont(ifex) max(imus) germanic(us) max(imus) alamann(icus) max(imus) franc(icus) max(imus)
gothic(us) max(imus) trib(unicia) pot(estate) VII imp(erator) VI
co(n)s(ul) II
p(roconsul) p(ater) p(atriae) et fl(avius) gratianus pius felix max(imus)
victor ac triumf(ator) germanic(us)
semp(er) aug(ustus) pont(ifex) max(imus) max(imus) alamann(icus)
max(imus) franc(icus) max(imus) gothic(us) max(imus) trib(unicia)
pot(estate) III
imp(erator) II cons(ul) I p(roconsul) p(ater) p(atriae)
ponte(m) felicis nominis gratiani
in usum senatus et populi rom(ani) constitui
dedicariq(ue) iusserunt. PROPE PONTEM
  BALINEUM IULIORUM AKARIORUM
    IN ABSIDA S(AN)C(T)AE ANA(STA)SIAE

23. *Antistes damasus picturae ornarat honore*
Tecta quibus n(un)c dant pulchra metalla decus.
Divite testat(ur) p(re)tiosior aula nitore
Quos reru(m) effectus possit habere fides
Papae hilari meritis olim devota severi

Necnon cassiae mens dedit ista dō.
Ḟorū populo romano. ⁱˢᵘᵒ IN FORO PALATINI
dōmni & principes nr̄i ualentiniānus ualens
& curante flauio eupraxi· u͞c. IN AECLESIA
-Culmen apostolicū cum cæ SC̄AE SAVINAE
lestinus haberet.
Primus & in toto fulgeret episcopus orbe.
Haeque miraris fundauit presbiter urbis
Illyrica degente petrus uir nomine tanto
Dignus ab exordio xr̄isti nutritus in aula
Pauperibus locuples sibi pauper qui bona uit
Presentia fugiens meruit sperare futura.
IN ABSIDA SC̄I PANCRATII
+O bis signe meritū & singulare beati pan
chratii martyris beneficium basilicam
uetustate confectā extra corpus mar
tyris neglectā antiquitas extructā.
Honorius eps d̄i famulus abrasa uetustatis
mole ruinaq· minante· a fundamentis
nouiter plebi d̄i construxit· & corpus

F 71a

Nec non cassiae mens dedit ista d(e)o.
   IN FORO PALATINO
24. *Foru(m) populo romano suo [dono dederunt]*
   domini et principes n(ost)ri [imp(eratores) caes(ares)] valentinianus
                                                                 et valens
   et [gratianus aug(usti)] curante flavio eupraxi(o) v(iro) c(larissimo)
                                                                  [praef(ecto) urbi].
25. *Culmen apostolicu(m) cum cae-*   IN AECLESIA S(AN)C(T)AE
                                                                  SAVINAE
lestinus haberet
Primus et in toto fulgeret episcopus orbe.
Haec quae miraris fundavit presbiter urbis
Illyrica de gente petrus vir nomine tanto
Dignus ab exortu Xristi nutritus in aula
Pauperibus locuples sibi pauper qui bona vitae
Praesentis fugiens meruit sperare futura(m).
   IN ABSIDA S(AN)C(T)I PANCHRATII
26. *Ob insigne meritu(m) et singulare beati pan-*
   chratii martyris beneficium basilicam
   vestustate confecta(m) extra corpus mar-
   tyris neglecti antiquitatis extructa(m)
Honorius ep(iscopu)s d(e)i famulus abrasa vetustatis
   mole ruinaq(ue) minante a fundamentis
   noviter plebi d(e)i construxit et corpus

martyris quod ex obliquo aulae iacebat
altari insignibus ornato metallis loco
proprio collocauit. IN OBELISCO BATICA[NO]
Diuo caesari diui iulii augusti caesari aug
sacrum. IN UIA APPIA
Senatus populusq. romanus cliuum marti[s]
pecunia publica inplanitiem redigendū
curauit. IN ARCU IN CIRCO MAXIMO
Senatus populusq. romanus imp. ...o caesari
diui uespasiani f. uespasiani augusto pontif
max trib. pot. x. imp. xvii pos. viii p p.
principi suo qd praeceptis patriae consiliisq.
...cuis gentem iudaeo.. domuit. et urbe[m]
...ly.mam omnib; ante se ducibus reg[ib]:
gentibus aut frustra petit[a] aut omnino
intemptat[a] deleuit. IN SEPTIZONIO
Imp. caes. diui. m. antonini. pii. germ.
sarm. fil. diui commodi frater. diui anto
nini pii nep. diui hadriani pronep. diui
traiani parth. abnep. diui neruae.

F 71b

    martyris quod ex obliquo aulae iacebat
    altari insignibus ornato metallis loco
    proprio collocavit.   IN OBELISCO BATICANO
27. *Divo caesari divi iulii augusti caesari aug(usto)*
    sacrum.   IN VIA APPIA
28. *Senatus populusq(ue) romanus clivum martis*
    pecunia publica in planitiem redigendu(m)
    curavit.   IN ARCU IN CIRCO MAXIMO
29. *Senatus populusq(ue) romanus imp(eratori) tito caesari*
    divi vespasiani f(ilio) vespasiani augusto pontiff(ici)
    max(imo) trib(unicia) po(te)st(ate) X imp(eratori) XVII ⟨p⟩co(n)s(uli)
                                        VIII p(atri) p(atriae)
    principi suo q(uo)d p(rae)ceptis patriae consiliisq(ue)
    et auspiciis gente(m) iudaeor(um) domuit et urbe(m)
    hierusolyma(m) omnib(us) ante se ducibus regib(us)
    gentibus aut frustra petita(m) aut omnino
    intemptata(m) delevit.   IN SEPTIZONIO
30. *Imp(erator) caes(ar) divi m(arci) antonini pii germ(anici)*
    sarm(atici) fil(ius) divi com(m)odi frater divi anto-
    nini pii nep(os) divi hadriani pronep(os) divi
    traiani parth(ici) abnep(os) divi nervae . . .

H·F·R· P·XXII· IN AG· P·XXVI· IN MONUMENTO.
M· camurius· p· f· rom· foranus· hoc monu
mentu herede· NON· sequitur· sed hoc mo
numento ullius candidtā nomen inscrip
sero ne ualeā· AD SCM SEBASTIANUM·
O quā erco paruulis serenitas nutrimentoru
ad cruciatū uitā pducere cogitasti IN BASI
N· constantino maximo pio CONSTANTINI
felici aeternum ph.toon semp augusto obam
plificatā toto orbe rem publicā salus con
sultisq· S·P·Q·R· Dedicante anicio paulino
iuniore· c· u· cons· ord· praef· urbi· IMP CU
mp· caes· lucio· septimio· M· fil· seueS
ro pio pertinaci· aug· patri patriae
thico· arabico· & parthico· adiabenico
pontific· maximo· tribunic· potest· XI·
imp· XI· cons· III· proconf· et imp· caes· M· au
rel· ol· fil· antomno· aug· pio felici tribu
nic· potest· VI· cons· proconf· p·p· optimis
fortissimisq· principibus ob rem publicā

F. 72a

31. INFR(A) P(EDES) XXII IN AG(RO) P(EDES) XXVI IN MONUMENTO
M(arcus) camurius p(ubli) f(ilius) rom(ilia tribu) soranus hoc monu-
mentu(m) herede(m) NON sequitur. sed hoc mo-
numento ullius candidati nomen inscrip-
sero ne valea(m). AD S(AN)C(TU)M SEBASTIANUM
32. O qua(m) cito parvulis serenitas nutrimentoru(m)
ad cruciatu(m) vita(m) p(er)ducere cogitasti. IN BASI
33. D(omino) N(ostro) constantino maximo pio CONSTANTINI
felici ac triumphatori semp(er) augusto ob am-
plificata(m) toto orbe rem publica(m) factis con-
sultisq(ue) S(enatus) P(opulus) Q(ue) R(omanus). Dedicante anicio
paulino
iuniore c(larissimo) v(iro) cons(ul) ord(inarius) praef(ectus) urbi.
IN ARCU
34. Imp(eratori) caes(ari) lucio septimio m(arci) fil(io) seve- SEVERI
ro pio pertinaci aug(usto) patri patriae par-
thico arabico et parthico adiabenico
pontific(i) maximo tribunic(ia) potest(ate) XI
imp(eratori) XI cons(uli) III procons(uli) et imp(eratori) caes(ari)
M(arco) au-
relio l(uci) fil(io) antonino aug(usto) pio felici tribu-
nic(ia) potest(ate) VI cons(uli) procons(uli) p(atri) p(atriae)
optimis
fortissimisq(ue) principibus ob rem publica(m)

...tractam imperiumq(ue) p(o)p(u)li romani
...magn(?) insignibus u(i)rtutibus eoru(m) domi
... S·P·Q·R· INCAPITOLIO
...us populusq(ue) romanus incendio con-
...p(?)ti restituit divo vespasiano augusto
...Q·R· Impp· caess· severus & antoninus
...felic aug restituerunt· S·P·Q·R· aedem
concordiae vetustate conlaps(am) in me-
liore(m) faciem opere & cultu splendidiore
...erunt· INARCU CONSTANTINI
Imp· cæs· fl· constantino maximo ·p·f·
...sto ·S·P·Q·R· q(uo)d instinctu divinitatis
...(menti)s magnitudine cu(m) exercitu suo tam
...anno qua(m) de omni eius factione uno
...t(em)p(o)re iustis rem public(am) ultus est armis
arcum triumphis insigne(m) dica(vi)t
liberatori urb(is) fundatori quie(tis)
(s)enatus populusq(ue) AD VII LUCERNAS
romanus divo tito divi vespasiani f
(vespasi)ano augusto·

F. 72b

restitutam imperiumq(ue) populi romani
p(ro)pagatu(m) insignibus virtutibus eoru(m) domi
forisq(ue) S(enatus) P(opulus) Q(ue) R(omanus), IN CAPITOLIO
35. *Senatus populusq(ue) romanus incendio con-*
    sumptu(m) restituit divo vespasiano augusto.
    S(enatus) P(opulus) Q(ue) R(omanus) Imp(eratores) caes(ares)
                                                severus et antoninus
    pii felic(es) aug(usti) restituerunt. S(enatus) p(opulus) Q(ue)
                                                R(omanus) aedem
    concordiae vetustate conlapsa(m) in me-
    liore(m) faciem opere et cultu splendidiore
    restituerunt. IN ARCU CONSTANTI
36. *Imp(eratori) caes(ari) fl(avio) constantino maximo p(io) f(elici)*
    augusto S(enatus) P(opulus) Q(ue) R(omanus) q(u)od instinctu
                                                divinitatis
    mentis magnitudine cu(m) exercitu suo tam
    de tyranno qua(m) de omni eius factione uno
    temp(ore) iustis rem publica(m) ultus est armis
    arcum triumphis insigne(m) dicavit.
    liberatori urb(is) fundatori quietis.
37. *Senatus populusq(ue)* AD VII LUCERNAS
    romanus divo tito divi vespasiani f(ilio)
    vespasiano augusto.

S· P· Q· R· imp· cæſ· diui · in capitolio
antonini· fl· diui ueri parch· m·
fratri· diui hadriani· nep· diui traiani
parch· imp· diui neruæ abnep· M· au[relio]
antonino aug germ ſarm· pont[ifici maxim·]
tribunic· pot· xxx· imp· viii· coſ· iii· p· p·
quod omniū ante ſe maxim[orum]
imperat[orum] gloriaſ ſupgreſſuſ bellicoſiſ
ſimiſ g[entibuſ] deleſiſ aut ſubact[iſ ——]
ibeſtaa ab imp· nerua calari a[ntonino ab]
urbe condita· DCCC xxx· xii [——]
reſtituiſ S· P· Q· R·
[C]emonū rufium albinum u· c· conſ· filo
ſophum· rufi uoluſiani biſ ordinaru conſ
finiū· ſenatuſ ex conſulto ſuo ed eius libert[—]
poſt eaſ ariana tempora ideſt poſt ann[os]
cc[——]· 6· 1· auctoritate decreuere· fl·
magnuſ ieiunariuſ u· c· cur ſt[atuarum]
[per]uia auguſtæ· x· s· c· quod fact[um est]
[Ti]berio agrippa· c· ſulpicio galba coſ· ti·

F. 73a

IN CAPITOLIO

38. S(enatus) p(opulus) Q(ue) R(omanus) imp(eratori) caes(ari) divi
    antonini f(i)l(io) divi veri parth(ici) max(imi)
    fratri divi hadriani nep(oti) divi traiani
    parth(ici) [pro]nep(oti) divi nervae abnep(oti) M(arco) aurelio
    antonino aug(usto) germ(anico) sarm(atico) pontif(ici) maxim(o)
    tribunic(ia) pot(estate) XXX imp(eratori) VIII co(n)s(uli) III
                p(atri) p(atriae)
    quod om(ne)s omniu(m) ante se maximoru(m)
    imperatoru(m) glorias sup(er)gressus bellicosis-
    simis gentibus deletis aut subactis.   *IBIDEM*
39. Libertati ab imp(eratore) nerva cae⟨I⟩⟨s⟩are aug(usto) anno ab
    urbe condita DCCCXXXXII XXIIII (k(alendas)) oct(obres)
    restitu(tae) S(enatus) P(opulus) Q(ue) R(omanus).   *IBI*
40. Cei⟨n⟩oniu(m) rufium albinum v(irum) c(larissimum) cons(ularem)
                  filo-
    sophum rufi volusiani bis ordinarii cons(ulis)
    fi⟨n⟩⟨l⟩iu(m) senatus ex consulto suo quod eius liberis
    post caesariana tempora id est post annos
    CCCLXXX et I auctoritate(m) decreverit fl(avius)
    magnus ieiunarius v(ir) c(larissimus) cur(ator) statuaru(m).
41. Pietati augustae ex s(enatus) c(onsulto) quod factu(m) est D(ecimo)
    haterio agrippa c(aio) sulpicio galba co(n)s(ulibus) Ti(berius)

claudius caesar aug · germanicus pontif ·
max trib pot iiii cos iii imp uii p p dedi
caut   ocus ad   mtus ab nigro
& cos coniano cur operu pl   · 131
i claudius drusi f caesar aug germani
cus pontif max trib potest   cos iii desig
iiii imp x p p ex s c iiii c   tanum
rantium sed tum m & ro   p & ronium
lurconem I saxium de an   coris
tabulariorum publicoru fac
mpp diocletianus & maximi   augg
ppurgatis fontiu riuis & tra   eor
adperenne usam refectis Ti   patri
aquaru omniu & reptoribus   abiliu
fabricaru priscis uiris honor   unt
curante aquas L aelio dyon
         IN   IN VIA SALA
   n   us primi genus & afrania burri
   b   us coniuges uiui fecerunt sib
      as libertabusq suis posterisque eoru

F. 73b

      claudius caesar aug(ustus) germanicus pontif(ex)
      max(imus) trib(unicia) pot(estate) III co(n)s(ul) III imp(erator)
                            III p(ater) p(atriae) dedi-
42. cavit.   Locus adsignatus ab nigro
      et cosconiano cur(atoribus) operu(m) publicor(um)   IBI
43. Ti(berius) claudius dursi f(ilius) caesar aug(ustus) germani-
      cus pontif(ex) max(imus) trib(unicia) potest(ate) V co(n)s(ul) III
                                  desig(natus)
      IIII imp(erator) X p(ater) p(atriae) ex s(enatus) c(onsulto) 〈IIII〉
                          (per) c(aium) calpetanum
      rantium sedatum metroniu(m) m(arcum) petroniu(m)
      lurconem t(itum) satrium decianu(m) curatoris
      tabularu(m) publicoru(m) fac(iendum) cur(avit). AD TIBER
44. Iimpp(eratores) diocletianus et maximianus augg(usti)
      p(er)purgatis fontiu(m) rivis et itineribus eor(um)
      ad perenne(m) usum refectis Tiberino patri
      aquaru(m) omniu(m) et repertoribus admirabiliu(m)
      fabricaru(m) priscis viris honori dederunt
      curante aquas L(ucio) aelio dyonisio c(larissimo) v(iro).
      IN MONUM(ENTO) IN VIA SALARIA
45. Cn(aeus) domitius primigenius et afrania burri
      lib(erta) c(a)enis coniuges vivi fecerunt sibi et
      liberis libertabusq(ue) suis posterisque eoru(m)

in fronte p. xxxv. h(...)
mp. cæsar M. aurelius (...)
toninus aug germanic(us ...)os
lapides constitui iussit pp co(...)
quæ inter mercatores & mancip(...)
erant ita fine demonstrarent uecti(g...)
foriculari & anfari p(ro) mercaliu(m) secundu(m) ue-
tere(m) lege(m) semel dumtaxat exigundo
(...)
Laudus iulius eclesius
dynamius uc & inl urb(is) præf(ectus) e(st) amore
pa(...)pulsi nequid diligentiæ de-
ce(...)ur studionr̄o adici uouimus
u(...)molendinariorum fraudes ampu-
te(...) quas subinde uenerabili populo
atq(ue) uniuersitati fieri suggerentibus
nob(is) agnouimus. & ideo stateras fieri
p(rae)(...)mus quas in ianiculo constitui
n(ost)r(a) p(rae)cepit auctoritas. unde hoc pro-
(g)ram(...) uniuersitate(m) nost(ram) (...)cer-

F. 74a

in fronte p(edes) XXXV.H(oc) M(onumentum) H(eredem) N(on)
                                                            S(equitur)
46. *Imp(erator) caesar M(arcus) aurelius an-*
    toninus aug(ustus) germanicus sarmatic(us) hos
    lapides constitui iussit p(ro)p(ter) controversias
    quae inter mercatores et mancipes ortae
    erant uti fine(m) demonstrarent vectigali
    foriculari et ansarii p(ro)mercaliu(m) secundu(m) ve-
    tere(m) lege(m) semel dumtaxat exigundo.
    IN IANICULO ANTE AECCLESIAM IOHANNIS ET PAULI
47. *Claudius iulius eclesius*
    dynamius v(ir) c(larissimus) et inl(ustris) urb(i) praef(ectus) d(icit)
                                                                       amore
    patriae compulsi ne quid diligentiae de-
    e(ss)e videatur studio n(ost)ro adici novimus
    ut omniu(m) molendinarioru(m) fraudes ampu-
    tentur quas subinde venerabili populo
    atq(ue) universitati fieri suggerentibus
    nob(is) agnovimus et ideo stateras fieri
    p(rae)cepimus quas in ianiculo constitui
    n(ost)ra p(rae)cepit auctoritas. Unde hoc pro-
    grammate universitate(m) nosse decer-

...mus ... ... loca concedenda de
... ... fraudibus licentia possit
amoueri. primo pensare indifferenter deinde
postquam frugerint pp fide integre obseruati
onus ... isdem ponderib; agnoscant nihil
sibi abstulisse licentia fraudatoru. Accipere
aut secundum constitutum breue molendarios
tam in uniculo qua p diuersa p cipimus
p modiu unu nummos iij. ita qd si quis
eor in licita p sumptione farina crediderit
postulanda dep h ensus & multe subiaceat.
& fustuario supplicio se nouerit esse subdendu
illud aut humanitas nra pp corporator
leuamen adicit ut si qui uoluerint ppria
nec conpulsus sed donandi animo farina offerre
uoluerit. habeat qui accipit liberam facultate.
+ Theodosius cepte pse ...
... honorius auli. Doctoris mundi sacrata
corpore pauli. IN ABSIDA AD FONTEM
H ec domus .e. fidei uoces ubi summa potestas

F. 74b

    nimus frumenta cu(m) ad haec loca conterenda de-
    tulerint consueta fraudibus licentia possit
    amoveri.primo pensare non differant deinde
    postqua(m) fregerint p(ro)p(ter) fide(m) integre observati-
    onis.adhibitis isdem ponderib(us) agnoscant nihil
    sibi abstulisse licentia(m) fraudatoru(m).Accipere
    aut(em) secundu(m) constitutu(m) breve(m) molendarios
    tam in ianiculo qua(m) p(er) diversa p(rae)cipimus
    p(er) modiu(m) unu(m) nummos III ita q(uo)d si quis
    eor(um) inlicita p(rae)sumptione farina(m) crediderit
    postulanda(m) dep(re)hensus et multae subiaceat
    et fustiario supplicio se noverit esse subdendu(m).
    illud aut(em) humanitatis n(ost)ra p(ro)p(ter) corporantoru(m)
    levamen adicit ut si qui voluntate p(ro)pria
    n(on) compulsus sed donandi animo farina(m) offerre
    voluerit habeat qui accipit libera(m) facultate(m).

48. *Theodosius caepit p(er)fe-*   IN AECLESIA S(AN)C(T)I PAULI
    cit honorius aula(m).Doctoris mundi sacrata(m)
    corpore pauli.   IN ABSIDA AD FONTEM
49. *Haec domus est fidei m(en)tes ubi sum(m)a potestas*

liberat & sco purgatus fonte tuetur.
+ D D·NN· arcadius & ho IN THEATRO POMPEII
noriuſ ppetui augg· theatru pompei
exteriore ambitu magna & iam interior
uirtute conuulſum ſub ductiſ & exceratas muice
IN BIBLIOTHECA SCI GREGORII QUAE
EST IN MONAST CLITAURI UBI IPSE
DYALOGORUM SCRIPSIT·
+ S co ru uenerandi cohorſ ſedſ ordine·
Diuine legiſ mystica dicta docenſ· Hoſ inter
reſidenſ aga peruſ iure ſacerdoſ; codicibuſ
pulchru· condidit aſte locu· Gratia par
cunctiſ ſcr labor omnib; unuſ· Diſſona uerba
quide ſectam una fideſ· In fronte pedeſ
XLV· in agro pedeſ XXXIII· Item in taberne in fronte pedeſ X
ANTE PORTA FLAMINEA IN UIA In agro pedeſ
Imp· ceſar· M· aureliuſ antoninuſ aug· ger
manicuſ· ſarmat· EDM· aureliuſ ſeueruſ
alexander·   piuſ felix· aug· Hoſ
Lapideſ con   ſtitui iuſſerunt

F. 75a

    Liberat et s(an)c(to) purgatas fonte tuetur.
50. *DD(omini) NN(ostri) arcadius et ho-*   IN THEATRO POMPEI
    norius p(er)petui aug(usti) theatru(m) pompei
    exteriore ambitu magna etiam interior
    virtute convulsum subductis et excitatis in vice . . . .
    IN BIBLIOTHECA S(AN)C(T)I GREGORII QUAE
    EST IN MONAST(ERIO) CLITAURI UBI IPSE
    DYALOGORUM SCRIPSIT.
51. *S(an)c(t)oru(m) veneranda cohors sedet ordine* [*longo*]
    Divin(a)e legis mystica dicta docens. Hos inter
    residens agapetus iure sacerdos codicibus
    pulchru(m) condidit arte locu(m). Gratia par
    cunctis s(an)c(ti)s labor omnib(us) unus. Dissona verba
    quide(m) sed ta(me)n una fides. In fronte pedes
    XXV in agro pedes XXXIII. I(t)e(m) in tabernae in fronte pedes XI
    ANTE PORTAM FLAMINEAM IN VIA   *In agro pedes XXXI*
52. *Imp(erator) caesar M(arcus) aurelius antoninus aug(ustus) ger-*
    manicus sarmat(icus) ET M(arcus) aurelius severus
    alexander pius felix aug(ustus) Hos
    lapides constitui iusserunt

maxime ppt controuersias quae inter mercatores & mancipes ortae erant. uti finem demonstrarent uectigali foriculari & ansari p mer-
calium secundu ueterē legē semel dū taxat exigundo.
P. aelius mari IN IPSA VIA FLAMINEA
rogat. fil. gutta calpurnianus equis hs uici in
factione ueneta germinatoren. af. Lxxx ii.
siluanor af. cy. n raid. gil. af. L ii. saxonen. af. Lx.
& uici praemia. m. L. i x L. i. xxx x vii.
ITEM IBIDEM IN IPSO MONVMENTO
Ex numero palmarū suprascriptarū dcc xxvii
uici in factione albata. cij. remissus ii xxxi xli.
apompa. iiii. equox. anagonū. r singularū. Lxxxii
binarū. vii. Ternarū. ii. In factione russata uici
Lxxii. x. Remissus semel. xxxi. quaternarū
i singularū. xLii. Binarū. xxxii. Ternarū. iii.
quaternarū semel; In factione ueneta uici
d. Lxxxiii. xxx. xvii. senige. i. xL. unci. i.
apompa. xxxv. Tri   gas. xv. biigi
xxvi. equox anago

F. 75b

    maxime p(ro)pt(e)r controversias quae inter mer-
    catores et mancipes ortae erant uti fine(m) demon-
    strarent vectigali foricularii et ansarii pr(o)mer-
    caliu(m) secundu(m) vetere(m) lege(m) semel du(m)taxat exigundo.
53. *P(ublius) aelius mari* IN IPSA VIA FLAMINEA
    rogati fil(ius) gutta calpurnianus equis his vici in
    factione veneta germinatore n(igro) af(ro) LXXXXII
    silvano r(ubro) af(ro) CV nitid(o) gil(vo) af(ro) LII Saxone n(igro)
                                                                          af(ro) LX
    et vici praemia M L IXL I XXXX XVII
    ITEM IBIDEM IN IPSO MONUMENTO
54. *Ex numero palmaru(m) supra scriptaru(m)* ∞ *CXXVII*
    vici in factione albata CII remissus II XXX I XL I
    a pompa IIII equor(um) anagonu(m) singularu(m) LXXXIII
    binaru(m) VII Ternaru(m) II in factione russata vici
    LXXIIX remissus semel XXXI quaternaru(m)
    I singularu(m) XLII binaru(m) XXXII Ternaru(m) III
    quaternaru(m) semel. In factione veneta vici
    DLXXXIII XXX XVII seiuge I XL VIIII L I
    a pompa XXXV Trigas XVII Triga
    XXVI equoru(m) anagonu(m) I sacro

quinquennalis certaminis · I · Remissus semel · Sin
gularū · ccc · xxxIIII · Binarū · cLxxxI · v · Ternarū
Lxv · infactione prasina uici · ccclxI · v · xxx · I ·
xL · II pedibus ad quadrigā Lxi · a pompa · vI ·
singularū · cxvI · Binarū · cLxxxIIII · Ternarū
Lxiiij · HOC MONUMENTUM UIUUS FECI
P · aelius mari ITEM IN IPSO MONUMĒTO
rogati · fil · gutta calpurnianus milli pal
mas cō pleui · in factione prasina equis his dand o
B · af · xI · x · oceano · H · ccvIIII · uictore · R ·
ccccxxI · x · uindice · B · cL · vII & uici pmia
maiora · xL · III · xxx · III · IN ADRIANIO
Imperatori cesari IN PARTE AUSTRALI
diui marci antonini pii germanici filio diui
pii nepoti · diui hadriani p nepoti · diui traiani
parthici abnepoti · Diui neruae adnepoti
Lucio aelio aurelio cōmodo augusto sarmatico
germanico maximo brittanico · pontifici
maximo tribuniciae potestat · xvIII · Im
peratī · vIII · consuli · IIII · patri patriae ·

F. 76a

quinquennalis certaminis I remissus semel sin-
gularu(m) CCC XXXIIII Binaru(m) CLXXXIV Ternaru(m)
LXV in factione prasina vici CCCLXIV XXX I
XL II pedibus ad quadriga(m) LXI a pompa VI
singularu(m) CXVI Binaru(m) CLXXXIIII Ternaru(m)
LXIII. HOC MONUMENTUM VIVUS FECI

55. P(ublius) aelius mari   ITEM IN IPSO MONUMENTO
rogati fil(ius) gutta calpurnianus mill⟨i⟩(e) pal-
mas co(m)plevi in factione prasina equis his danao
B(adio) af(ro) XIX oceano n(igro) CCVIIII victore R(ufo)
CCCCXXIX vindice B(adio) CLVII et vici p(rae)mia
maiora XL III XXX III.

56. Imperatori caesari   IN ADRIANO IN PARTE AUSTRALI
divi marci antonini pii germanici filio divi
pii nepoti divi hadriani p(ro)nepoti divi traiani
parthici abnepoti divi nervae adnepoti
Lucio aelio aurelio com(m)odo augusto sarmatico
germanico maximo brittanico pontifici
maximo tribunicae potestat(is) XVIII im-
perat(ori) VIII consuli VII patri patriae.

Imperatori caesari. ITEM INEODEM
L. aurelio uero aug armeniac med parthic
pontific tribunic potest. uiiii. imp. v. cos
iii. p.p. ITEM IBI
L. aelio caesari diui hadriani aug filio cons. ii
Imperatori ITEM IN IPSO IN ALTERA PAR
caesari tito aelio hadriano antonino aug pio pontif.
max. tribunic pot. xxx iiii. imp. ii. cons. iiii.
p.p. ITEM Diuae faustinae augustae imp caesaris
T. aeli hadriani antonini aug pii pontif. maximi.
trib. pot. iiii. cons. iii. p.p. ITEM M. Aurelius
fuluus antoninus filius imp cesaris T. aeli
hadriani antonini aug pii p.p. ITEM M. galerius
aurelius antoninus filius imp cesaris T. aeli
hadriani antonini aug pii p.p. ITE Aurelia
fadilla filia imp cesaris T. aeli hadriani anto
nini augusti pii p.p. ITE A. Aurelius antoninus
M. aureli cesaris filius. imp. antonini augusti
pii p.p. nepos. T. aelius aurelius m. aureli
cesaris et faustinae aug filius imp. antonini

F. 76b

57. *Imperatori caesari*   ITEM IN EODEM
    L(ucio) aurelio vero aug(usto) armeniac(o) med(ico) parthic(o)
    pontific(i) tribunic(ia) potest(ate) VIIII imp(eratori) V cons(uli)
    III p(atri) p(atriae).   ITEM IBI
58. *L(ucio) aelio caesari divi hadriani aug(usti) filio cons(uli) II*
59. *Imperatori*   ITEM IN IPSO IN ALTERA PARTE
    caesari tito aelio hadriano antonino aug(usto) pio pontif(ici)
    max(imo) tribunic(ia) pot(estate) XXXIIII imp(eratori) II cons(uli)
                                                                                     IIII
60. *p(atri) p(atriae). Divae faustin(a)e augustae imp(eratoris) caesaris*
    T(iti) aelii hadriani antonini aug(usti) pii pontif(icis) maximi
    trib(unicia) pot(estate) IIII cons(ulis) III p(atris) p(atriae). M(arcus)
                                                                                    Aurelius
61. *fulvus antoninus filius imp(eratoris) caesaris T(iti) aelii*
    hadriani antonini aug(usti) pii p(atris) p(atriae). M(arcus) galerius
62. *aurelius antoninus filius imp(eratoris) caesaris titi aelii*
    hadriani antonini aug(usti) pii p(atris) p(atriae). Aurelia
63. *fadilla filia imp(eratoris) caesaris titi aelii hadriani anto-*
    nini augusti pii p(atris) p(atriae). T(itus) Aurelius antoninus
64. *M(arci) aurelii caesaris filius imp(eratoris) antonini augusti*
    pii p(atris) p(atriae) nepos. T(itus) aelius aurelius m(arci) aurelii
65. *caesaris et faustinae aug(ustae) filius imp(eratoris) antonini*

ITEM
augusti pn nepos. Domitia Faustina m. miro
lu cesaris filia imp antonini augusti pii p p
nepos. IN UIA PINCIA IN SEPULCHRO PROTI MAR
Extremo tumulus latere subaggere moras.
Hunc damasus monstrat seruat qd membra piorum
Te ptu retines melior sibi regia coeli. Sanguine
purpureo sequens yacinthe pbatus. Germani
frs ammis ingenuabus ambo. Hic uictor meruit
palmam prior ille coronam. IN SEPULCHRO
Sepulchru sci mar   YACINTHI
yacinthi leo   pardus pbr ornauit
Depos iii id   sep. IN UIA PINCIA
Pamphilus.   basili   yacinthus
hermes. ubi   dr. scecu in luminare areus
murus. Inter aurelia & portuensis. scs pcessus
& matianus & panchratius ab do & renes.
Socer xystus urbanus marcellanus & marcus   IN UIA A
ianuarius & ecclesia ubi decollatus e. xystus.
sebastianus. IN SEPULCHRO NEREI ET
ACHILLEI IN UIA APPIA

F. 77a

              ITEM
66. *augusti pii nepos. Domitia faustina m(arci) aurelii caesaris filia imp(eratoris) antonini augusti pii p(atris) p(atriae) neptis.*   *IN VIA PINCIA IN SEPULCHRO PROTIMAR(UM)*
67. *Extremo tumulus latuit sub aggere montis*
    Hunc damasus monstrat servat q(uo)d membra pioru(m)
    Te pr(ot)u(m) retinet melior sibi regia caeli. Sanguine
    purpureo sequeris yiacinthe p(ro)batus. Germani
    fr(atre)s animis ingentibus ambo. Hic victor meruit
    palmam prior ille coronam.   *IN SEPULCHRO*
68. *Sepulchrum s(an)c(t)i martyris*   *YACINTHI*
    yiacinthi leopardus pr(es)b(yter) ornavit
    Depos(itus) III id(us) sep(tembres)   *IN VIA PINCIA*
69. *Pamphilus basilissa pr(ot)us yacinthus*
    hermes.ubi d(omi)n(u)s caecum inluminavit arcus
    murus. Inter aurelia et portuensis.s(an)c(tu)s p(ro)cessus
    et martinianus et panchratius abdo et sennes.   *IN VIA APPIA*
70. *Soter xistus urbanus marcellianus et marcus*
    ianuarius et aeclesia ubi decollatus e(st) Xystus
    sebastianus.   *IN SEPULCHRO NEREI ET ACHILLEI IN VIA APPIA*

Nereus & Achilleus martyres.
Militae nom dederant seuumq. gerebant. Officiu
pariter spectantes iussa tyranni. praeceps pal
sante meau seruire parati. Mira fides rerum subito
posuere furore. Conuersi fugiunt ducis impia
castra. Relinquunt dirpeos faleras telaq. cruenta
confessi gaudent xpi postare triumphos.
Credite p climasum possic quid gloria xpi.
IN PORTAS SCI PETRI USQ. AD SCM PAULUM
INS Sci Laurentii & [...] theatru pompeii.
& pposticu usq. ad [...] scm angelu &
templu iouis IND [...] Thea trum
rceru pposticu usq. [...] ad elephantu.
Inde pscolu grecox. ibi in [...] sinistra ecclesia
grecoru. ibi é. aqua subtus monte auentinu cur
rens. Scala usq. in monte auentinu & balneu mer
curii. Inde ad posta ostensis. Inde pposticu usq
ad ecclesiu menne. & de menne usq. ad scm paulu
apostolu. Inde ad scm felice & audactu & eme
rtcu. Deinde ad scm petronella & nereu &

F. 77b

71. *Nereus et achilleus martyres*
    Militiae nom(en) dederant saevumq(ue) gerebant officiu(m)
    pariter spectantes iussa tyranni praeceptis pul-
    sante metu servire parati. Mira fides reru(m) subito
    posuere furore(m). Conversi fugiunt ducis impia
    castra. Relinquunt clypeos faleras telaq(ue) cruenta
    confessi gaudent Xr(ist)i portare triumphos.
    credite p(er) damasum possit quid gloria Xr(ist)i.
    IN PORTA S(AN)C(T)I PETRI USQ(UE) AD S(AN)C(TU)M
                                                                                             PAULUM
72. IN S(INISTRA) S(an)c(t)i laurentii et theatru(m) pompeii
    et p(er) porticu(m) usq(ue) ad s(an)c(tu)m angelu(m) et
    templu(m) iovis. IN D(EXTERAM) Theatrum
    iteru(m) p(er) porticu(m) usq(ue) ad elephantu(m)
    Inde p(er) scola(m) grecor(um).ibi in sinistra aeclesia
    grecoru(m).ibi e(st) aqua subtus monte(m) aventinu(m) cur-
    rens. Scala usq(ue) in monte(m) aventinu(m) et balneu(m) mer-
    curii. Inde ad porta(m) ostensis. Inde p(er) porticu(m) usq(ue)
    ad aeclesia(m) menne et de menne usq(ue) ad s(an)c(tu)m paul(um)
    apostolu(m). inde ad s(an)c(tu)m felice(m) et audactu(m) et eme-
    rita(m). De inde ad s(an)c(ta)m petronella(m) et nereu(m) et

achilleū. inde ad scm marcū & marcellianū.
inde ad scm soterū. inde ad scm sixtū ibi & scs fau-
stinus & anCheros & miltiades. inde ad scm cor-
neliū. Inde ad scm sebastianū. Inde reuerten-
do puia appia ad ecclesia ubi scs syxtus cū suis
diaconibus decollatus est. Inde ad postū appiam.
ibi forma iopia quae uenit de marsia & cur-
rit usq. ad ripā. Inde ad oclea fractā. Inde
ad arcū recordationis. INS Therme antoninianę.
IND xystus. INS Hereus & achilleus. Inde p por-
ticū usq. ad formā. inde ad vii. uias ibi sca
luciq & septizonium. INS circus maximus.
INDEX palatinus. Et sic p postūcū maximū
usq. ad anastasia & inde semper. IN UIA
ΑΡΧΙΡΕΙΑ ΛΕΞΑΝΔΡΕΙΑΣ ΟΣΤΗΝΣΙ
ΚΑΙ ΛΙΤΥΠ ΤΟΥΠΑΣΗΣ ΛΕΥΚΙΟΙ
ΙΟΥΛΙΑ ΙΟΥ ΗΞΤΙΝΙΩΙ. ΚΑΙ ΕΠΙΣ
ΤΑΤΗΙ ΤΟΥ ΜΟΙΣΕΙΟΥ ΚΑΙ ΕΠΙΤΩ
ΗΝ ΡΩΜΗΙ ΒΙΒΛΑΟΘΗΚΩΝ ΡΩΜΑΙΚΩΝ ΤΕ
ΚΑΙ ΕΛΛΗΝΙΚΩΝ ΚΑΙ ΕΠΙ-

F. 78a

*achilleu(m). inde ad s(an)c(tu)m marcu(m) et marcellianu(m).
Inde ad s(an)c(tu)m soteru(m). inde ad s(an)c(tu)m sixtu(m) ibi et
s(an)ct(us) favi-
anus et antheros et militades. Inde ad s(an)c(tu)m cor-
neliu(m). Inde ad s(an)c(tu)m sebastianu(m). Inde reverten-
do per via(m) appia(m) ad ecclesia(m) ubi s(an)c(tu)s syxtus cu(m)
suis
diaconibus decollatus est. Inde ad porta(m) appiam.
⌂ ibi forma iopia quae venit de marsia et cur-
rit usq(ue) ad ripa(m). Inde ad coclea(m) fracta(m). Inde
ad arcu(m) recordationis. In s(inistra) Thermae antoninianae
IN D(extra) Xystus. In s(inistra) Nereus et achilleus. Inde p(er) por-
ticu(m) usq(ue) ad forma(m). Inde ad VII vias ibi s(an)c(t)a
lucia et septizoniu(m). In s(inistra) circus maximus.
IN D(extra) palatinus. Et sic p(er) porticu(m) maximu(m)
usq(ue) ad anastasia(m) et inde semper.* IN VIA OSTIENSI

73. ΑΡΧΙΡΕΙ ΑΛΕΞΑΝΔΡΕΙΑΣ
ΚΑΙ ΑΙΓΥΠΤΟΥ ΠΑΣΗΣ ΛΕΥΚΙΟΙ
ΙΟΥΛΙΩΙ ΟΥΗΣΤΙΝΙΩΙ ΚΑΙ ΕΠΙΣ-
ΤΑΤΗΙ ΤΟΥ ΜΟΙΣΕΙΟΥ ΚΑΙ ΕΠΙ ΤΩ
Ν ΕΝ ΡΩΜΗΙ ΒΙΒΛΣΟΘΗΚΩΝ ΡΩΜΑΙΚΩΝ ΤΕ
ΚΑΙ ΕΛΛΗΝΙΚΩΝ ΚΑΙ ΕΠΙ

ΤΗΣ ΠΑΛΑΙΑΣ ΑΔΡΙΑΝΟΥ ΕΠΙΣ
ΤΟΛΕΙ ΤΟΥ ΑΥ ΤΟΥ ΑΥΤΟΚΡΑΤΟΡΟΣ
IN SEPULCHRO SCI FELICIS
O semel atq· iterū cum uero nomine felix·
Qui incemerata fide concempto principe mundi·
Confessus xpm celestia regna petisti· O uere preciosa
fides cognoscite frs· Qua ad celū uictor parte
pperauit ad auctus· prb hys uerus damaso
rectore iubente· Composuit tumulū scōq,
limina adornans· IN BASILICA SCI SEBASTI
† Hic habitare prius scōs cognoscere debes ANI
Hominaquisq· p̄ tri parte pauliq· requiris·
Discipulos oriens misit qd sponte fatemur·
Sanguinis ob meritū xpm qui pastra secuti
Aetherios petiere sinus regnaq· piorum·
Roma suos potius meruit defendere ciues·
Hec damasus uras referat noua sidera laudes·
Neroni iulio· D· F· germa IN PORTA PAPIA
nico· Ti· cesari germanici augusti nepoti
iulio· ii· f· augusti· f· aug· pronepoti· diui

F. 78b

ΤΗΣ ΠΑΙΔΕΙΑΣ ΑΔΡΙΑΝΟΥ ΕΠΙΣ-
ΤΟΛΕΙ ΤΟΥ ΑΥΤΟΥ ΑΙΤΟΚΡΑΤΟΡΟΣ.
IN SEPULCHRO S(AN)C(T)I FELICIS

74. *O semel atq(ue) iteru(m) cum vero nomine felix*
   Qui intemerata fide contempto principe mundi
   Confessus Xr(istu)m caelestia regna petisti. O vere p(re)tiosa
      fides cognoscite fr(atr)is. Qua ad caelu(m) victor parit(er)
   p(ro)peravit adauctus.pr(esby)t(er) his verus damaso
   rectore iubente. Composuit tumulu(m) s(an)c(t)or(um)
      limina adornans.   IN BASILICA S(AN)C(T)I SEBSASTI-
75. *Hic habitare prius s(an)c(t)os cognoscere debes   ANI*
   Nomina quisq(ue) petri parit(er) pauliq(ue) requiris
   Discipulos oriens misit q(uo)d sponte fatemur
   Sanguinis ob meritu(m) Xr(istu)m qui p(er) astra secuti
   Aetherios petiere sinus regnaq(ue) piorum
   Roma suos potius meruit defendere cives
   Haec damasus v(estr)as referat nova sidera laudes.
76. *Neroni iulio D(ivi) F(ilio) germa-   IN PORTA PAPIA*
   nico Ti(berio) caesari germanico augusti nepoti
   iulio Ti(berii) f(ilio) augusti f(ilio) aug(usti) pronepot(i) divi

. augusti nepot · diui nepot · pont · cesari ·
pron · cesari · pontifici · diui pron · cesari · cos · ter ·
imp · ter · augurique tribuniciæ potestatis · uiii ·
Imp · cæsari liuia · i · diui · f · augusto ITEM IBI
drusi · f · pontific · maximo · uxori cæsaris aug · cos ·
iii · imp · iii · tribuniciæ pot · viii · patri patriæ aug
xv · uir · s · f · vii · uir epulon · cos · xiii · imp · xvii ·
tribunic͞o potest · xxx· ITIBI Cæsari · i · cæsari
druso · iulio · ti · claudio · augusti · f · augustæ · f ·
germanici · f · drusi germanici · f · diui nepot ·
diui nepot · aug · pronepot · neroni germa
nico · pontific · cos · auguri · cos · design · ger
manico imperatori principi iuuentutis ·
Sex · sextilius · sex · f · papiria IN FORO PAPIE
fuscus flamen romæ & diui claudii · iiii · uiri ·
D · pontifex augur salius grat · DD · præfect · fabri
DED · IN ICONA SCI PETRI
ΤΟΗΘ ΕΟΗ ΛΟΓΟΝ ΘΕΗ ϹΕΧΡΥϹѠ
ΤΗΗ ΘΕΟΤΑ ΥΠ ΤΟΗ ΠΕΤΡΑ ΝΕΝΗ
ΒΕ ΒΗ ΚѠ ϹΟΥ ΚΛΟΝ ΥΜ ·

F. 79a

    augusti nepot(i) divi nepot(i) pont(ifici) caesari
    pron(epoti) caesari pontifici divi pron(epoti) caesari co(n)s(uli)
                                                                       ter(tium)
    imp(eratori) ter(tium) augurique tribuniciae potestatis VIII.
77. *Imp(eratori) caesari livia I divi f(ilio) augusto*   ITEM IBI
    drusi f(ilio) pontific(i) maximo uxori caesaris aug(usti) co(n)s(uli)
    III imp(eratori) III tribuniciae pot(estatis) VIII patri patriae aug(uri)
    XV vir(o) s(acris) f(aciundis) VII vir(o) epulon(um) co(n)s(uli) XIII
                                                                 imp(eratori) XVII
78. *tribunic(iae) potest(atis) XXX.*   *Caesari I caesari*
    druso iulio ti(berio) claudio augusti f(ilio) augusti f(ilio)
    germanici f(ilio) drusi germanici f(ilio) divi nepoti
    divi nepot(i) aug(usti) pronepot(i) neroni germa-
    nico pontific(i) co(n)s(uli) auguri co(n)s(uli) design(ato) ger-
    manico imperatori principi iuventutis.
79. *Sex(tus) sextilius sex(ti) f(ilius) papiria*   IN FORO PAPIAE
    fuscus flamen romae et divi claudii IIII vir i(uris)
    D(icundo) pontifex augur salius grat(uitus) d(ecreto) d(ecurionum)
                                                       praefect(us) fabr⟨i⟩⟨um⟩
    DED(icavit)   IN IGONA S(AN)C(T)I PETRI
80. ΤΟΝ ΘΕΟΝ ΛΟΓΟΝ ΘΕΝ CΕΧΡΥCΩ
    ΤΗΝ ΘΕΟΤΑΥΠΤΟΝ ΠΕΤΡΑΝ ΕΝ Η
    ΒΕΒΗΚΩC ΟΥ ΚΛΟΝΥΜ.

1/2. Renovationsinschrift des Pons Salarius durch Narses (565 n. Chr.)

Der Einsidlensis hat die beiden Inschriften an der von Rom nach Norden führenden Brücke, die er fälschlich Pons Tiburtinus nennt, als erster kopiert. Da die Inschriften bis 1798 erhalten waren, ist der Text oft abgeschrieben worden, welchen die Herausgeber des CIL in folgender Form geben (CIL VI 1199 a und b = Dessau 832):

a latere dextro

☩IMPERANTE · D̄ · N̄ · PIISSIMO · AC · TRIVMPHALI · SEMPER · IVSTINIANO · P̄P̄ · A̅V̅G̅ · A̅N̅N̅ · XXXVIIII
NARSES · VIR · GLORIOSISSIMVS · EX · PRAEPOSITO · SACRI · PALATII · EX · C̅O̅N̅S̅
ATQVE · PATRICIVS · POST · VICTORIAM · GOTHICAM · IPSIS · EORVM · REGIBVS
CELERITATE · MIRABILI · CONFLICTV · PVBLICO · SVPERATIS · ATQVE · PROSTRATIS
5 LIBERTATE · VRBIS · ROMAE · AC · TOTIVS · ITALIAE · RESTITVTA · PONTEM · VIAE · SALARIAE · VS
QVE · AD · AQVAM · A · NEFANDISSIMO · TOTILA · TYRANNO · DISTRVCTVM · PVRGATO · FLVMINIS · ALVEO
IN · MELIOREM · STATVM · QVAM · QVONDAM · FVERAT · RENOVAVIT

b latere sinistro

QVAM · BENE · CVRBATI ◦ DIRECTA ◦ EST · SEMITA · PONTIS ◦
ATQVE · INTERRVPTVM ◦ CONTINVATVR · ITER ◦
CALCAMVS · RAPIDAS ◦ SVBIECTI · GVRGITIS · VNDAS ◦
ET · LIBET · IRATAE ◦ CERNERE · MVRMVR · AQVAE ◦
5 ITE · IGITVR · FACILES ◦ PER · GAVDIA · VESTRA · QVIRITES ◦
ET · NARSIM · RESONANS ◦ PLAVSVS · VBIQVE · CANAT ◦
QVI · POTVIT RIGIDAS ◦ GOTHORVM · SVBDERE · MENTES ◦
HIC · DOCVIT · DVRVM ◦ FLVMINA · FERRE · IVGVM ◦

Imperante d(omino) n(ostro) piissimo ac triumphali semper Iustitiano p(er)p(etuo) Aug(usto) ann(o) XXXVIIII | Narses vir gloriosissimus ex praeposito sacri palatii ex cons(ularibus) | atque patricius post victoriam Gothicam ipsis eorum regibus | celeritate mirabili conflictu publico superatis atque prostratis | ⁵ libertate urbis Romae ac totius Italiae restituta pontem viae Salariae us|que ad aquam a nefandissimo Totila tyranno distructum purgato fluminis alveo | in meliorem statum quam quondam fuerat renovavit.

Unter der Herrschaft unseres Herrn, des frömmsten und immer triumphierenden Iustinianus, immerwährenden Kaisers, in seinem 39. Regierungsjahr, hat Narses, ruhmreichster Mann aus der Vorsteherschaft des heiligen Palastes, aus den Consularen und Patricius, nach dem Sieg über die Goten und nachdem ihre Könige selbst in wunderbarer Geschwindigkeit im offenen Krieg überwunden und niedergeworfen waren, und nachdem die Freiheit der Stadt Rom und ganz Italiens wiederhergestellt war, die Brücke der Via Salaria, die bis auf die Wasserlinie vom nichtswürdigsten Tyrannen Totila zerstört worden war, nach Reinigung des Flußbettes in besseren Zustand als sie je gewesen war, zurückgebracht.

Es handelt sich um die Renovationsinschrift des Pons Salarius, welcher die Via Salaria 3,5 km nördlich der Porta Salaria über den Fluß Anio führt. Diese uralte Brücke war von Totila bei seiner Zernierung der Stadt Rom im Jahre 547 (Procop. bell. Goth. 3, 24, 31) zerstört worden. Der kaiserliche Feldherr Narses stellte sie im Todesjahr Iustininans, 565, wieder her. In der Inschrift nennt er seine Amtstitel: er gehört zu den obersten Hofbeamten (*praepositi sacri Palatii*), hat den Rang eines *vir consularis* und eines *patricius*. Daß der Sieg über die gotischen Könige Totila und Teija *celeritate mirabili* erreicht worden sei, ist Untertreibung, denn die Kämpfe dauerten von 551 bis 554. Die von Narses renovierte Brücke tat ihren Dienst bis ins 18. Jh., entsprechend ist die Inschrift noch oft abgeschrieben worden. Im Jahre 1798 stießen nach der Niederlage Napoleons bei Abukir neapolitanische Truppen gegen den Kirchenstaat vor und konnten für kurze Zeit Rom besetzen. Bei diesen Kämpfen wurde die Brücke mitsamt ihren zwei Inschriften vernichtet. Warum der Anonymus die Brücke *pons Tiburtinus* nennt, ist nicht klar, denn sie lag nicht an der von Rom nach Tibur führenden Straße. Solche geographischen Irrtümer sind dem Anonymus aber auch bei anderen Ortsangaben unterlaufen.

Die auf der linken, westlichen Seite von Narses angebrachte Inschrift besteht aus 4 Distychen:

Quam bene curbati directa est semita pontis
  atque interruptum continuatur iter.
Calcamus rapidas subiecti gurgitis undas
  et libet iratae cernere murmur aquae.
Ite igitur faciles per gaudia vestra, quirites,
  et Narsim resonans plausus ubique canat,
qui potuit rigidas Gothorum subdere mentes,
  hic docuit durum flumina ferre iugum

Wie gut ist der Weg über die gewölbte Brücke gerichtet und die unterbrochene Straße ist wieder verbunden. Wir wandeln über die raschen Wellen des bezwungenen Strudels und können das Rauschen des zornigen Wassers vernehmen. Geht also mit Leichtigkeit zu eurem Vergnügen, ihr Bürger, das Rauschen wird überall mit seinem Schall den Namen des Narses widerklingen lassen, welcher die trotzigen Sinne der Gothen zu bezwingen vermochte, der lehrte auch die Flüsse das harte Joch tragen.

Über den Gotenkrieg der byzantinischen Generäle Belisar und Narses in Italien vgl. E. Stein *Histoire du Bas-Empire* II, 1949, 564–604. Unsere Hauptquelle für den Gotenkrieg in Italien ist der Bericht des Prokopios, der im byzantinischen Lager war, vgl. zu Prokops Gotenkrieg die Kommentare von B. Rubin *RE* XXIII 428–527. Ältere Übersicht bei L. M. Hartmann *Geschichte Italiens im Mittelalter* I, 1897, 248–343.

3. Bauinschrift am Pons Aelius, später Pons S. Petri, heute Ponte S. Angelo

Die Inschrift war bis zum 14. Jh. erhalten, da sie Giovanni de' Dondi, der Arzt und Freund Petrarcas, kopierte. Später ist sie dem Umbau der Renaissancepäpste zum Opfer gefallen. Mommsen teilt sie in 4 Zeilen auf (CIL VI 973):

> IMP · CAESAR · DIVI · TRAIANI · PARTHICI · FILIVS
> DIVI · NERVAE · NEPOS · TRAIANVS · HADRIANVS
> AVGVSTVS · PONTIF · MAXIM · TRIBVNIC · POTEST
> XVIII · COS · III · P · P · FECIT   a. 134

Imp(erator) Caesar divi Traiani Parthici filius | divi Nervae nepos Traianus Hadrianus | Augustus pontif(ex) maxim(us) tribunic(ia) potest(ate) | XVIII co(n)s(ul) III p(ater) p(atriae) fecit.
Imperator Caesar Traianus Hadrianus Augustus, Sohn des vergöttlichten Traianus, des Parthersiegers, Enkel des vergöttlichten Nerva, Pontifex Maximus, im 18. Jahr seiner tribunizischen Gewalt, zum 3. Mal Konsul gewesen, Vater des Vaterlandes, hat (die Brücke) gebaut.
Die Tribunicia Potestas Hadrians dauerte vom 10. Dezember 133 bis zum 9. Dezember 134. In dieser Zeitspanne baute der Kaiser den Tiberübergang als direkten Zugang vom Marsfeld zu seinem Familienmausoleum, der heutigen Engelsburg. Die Inschrift scheint im Jahre 1450 verschwunden zu sein, als Papst Nikolaus V neue Brückengeländer anbringen ließ. Die alten waren in diesem Jahr eingestürzt und hatten 172 Pilger in die Tiefe gerissen. Der antike Statuenschmuck auf der Brücke wurde 1667–1669 durch Engelfiguren aus der Bernini-Schule ersetzt. Die ursprünglichen Brückenbögen Hadrians wurden erst 1982–1984 durch die heutigen ersetzt. (Nash. II 178 f.)
Über die Bauten Hadrians in Rom vgl. B. W. Henderson *The Life and Principate of the emperor Hadrian* 1923, 255 ff.; St. Perowne *Hadrian* (1960[3]), deutsche Ausg. 1966, 126–136. Hadrian scheint in seinen Bauplänen eigenwillig gewesen zu sein. Ob der Bericht des Cassius Dio 69, 4, Hadrian habe den Architekten Traians, Apollodorus von Damascus, aus Eifersucht hinrichten lassen, der historischen Wahrheit entspricht, ist umstritten.

4. = 56
5. = 57   Inschriften vom Mausoleum Hadriani
5b. = 58

6. Verschwundene Mosaik-Inschrift in der St. Peters-Basilica von Rom

Der Einsidlensis überliefert hier eine zweizeilige Versinschrift, die bis ins 15. Jh. auf einem Gewölbebogen angebracht war, vermutlich in Mosaikarbeit (*opus musivum*). Außer beim Einsidlensis kommt die Inschrift auch bei verschiedenen späteren Autoren vor. Sie muß vor dem Jahre 1525 verschwunden sein, also wahrscheinlich beim Neubau der Basilica, welcher 1506 begann (vgl. R. Krautheimer *Corpus* 5, 1977, 174). De Rossi II, 1 p. 20 n. 6 und p. 345, ferner Diehl 1752 geben den Text in folgender Form wieder:

Quod duce te mundus surrexit in astra triumphans,
hanc Constantinus victor tibi condidit aulam.
Weil unter deiner Führung die Welt sich triumphierend zu den
Sternen erhoben hat, gründete Constantin als Sieger dir diese Kirche.

Das aus zwei Hexametern bestehende Epigramm richtet sich an Christus, dem Kaiser Constantin den ersten Bau der St. Peters-Basilica geweiht hatte. Hinter der Formel *Christus dux mundi* steht die Vorstellung des Pantokrators. Gregorovius I 91 Anm. 1 erwägt, die Verse erst der Erneuerung der Basilica durch Hadrian I (772–795) zuzuteilen, aber sie sind älter. Den Ausdruck *Christus Dux* benützt auch Hilarius von Poitiers in seinem Psalmenkommentar (118, 5, 8 = Patr. Lat. IX 537: freundlicher Hinweis von R. Krautheimer) um 365. In Anlehnung an das Epigramm in St. Peter setzte im Jahre 1071 der Abt von Montecassino Desiderius, der spätere Papst Victor III (1086–1087), in die Apsis seiner Klosterbasilica eine verwandte Inschrift:

ut duce te patria iustis potiatur adepta,
hinc Desiderius pater hanc tibi condidit aulam.

Der Wunsch des Kirchenfürsten, seine *patria* möge von den *iusti* beherrscht werden, führt den späteren Betrachter in eine der fürchterlichsten Kriegszeiten Italiens, in die Kämpfe Papst Gregors VII gegen Kaiser Heinrich IV und die darauf folgende Zerstörung Roms durch die Normannen im Jahre 1085. Vgl. den Katalog der vernichteten antiken Monumente und Kirchen bei Gregorovius IV 240 ff.

7. Triumphbogen der Kaiser Arcadius, Honorius, Theodosius vom Jahre 406

Der Triumphbogen des Jahres 406 ist heute verschwunden. Vielleicht stand er am westlichen Ende des Pons Neronianus, dessen Reste unmittelbar unterhalb des heutigen Ponte Vittorio Emanuele entdeckt worden sind (Nash II 193). Die Inschrift ist nur durch den Einsidlensis überliefert. Mommsen verteilt den Text folgendermaßen (CIL VI 1196 = Dessau 798):

```
  IMPPP · CLEMENTISSIMIS · FELICISSIMIS · TOTO · ORBE · VICTORIBVS · DDD · NNn
  ARCADIO · HONORIO · THEODOSIO · AVGGG · AD PERENNE · INDICIVM · TRIVMPHOrum
         QVOD · GETARVM · NATIONEM · IN OMNE · AEVVM · DOCuERE · EXTIngui
               ARCVM · SIMVLACRIS · EORVM · TROPAEISQ · DECORAtum
5              S · P · Q · R · TOTIVS · OPERIS · SPLENDORE . . . .
```

Imppp(eratoribus) clementissimis felicissimis toto orbe victoribus ddd(ominis) nn[n](ostris) | Arcadio Honorio Theodosio Auggg(ustis) ad perenne indicium triumpho[rum] | quod Getarum nationem in omne aevum doc[u]ere exti[ngui] | arcum simulacris eorum tropaeisq(ue) decora[tum] | ⁵ s(enatus) p(opulus) q(ue) R(omanus) totius operis splendore...

Unter der Regierung der mildesten und glücklichsten Sieger im ganzen Erdkreis, unserer Herren Arcadius, Honorius, Theodosius, den Kaisern, haben als ewiges Zeichen ihrer Triumphe und auf Grund ihrer Meldung, daß das Volk der Goten in alle Ewigkeit ausgelöscht sei, Senat und· Volk von Rom diesen Bogen mit ihren Bildern und Siegestrophäen geschmückt (errichtet) und den Glanz des ganzen Werkes...

Der Gotensieg des Jahres 406 betrifft den Erfolg des kaiserlichen Feldherrn Stilicho über die ostgotischen Scharen des Radagais bei Fiesole. Die Zuversicht der Siegesinschrift, daß die gotische Gefahr auf alle Ewigkeit gebannt sei, erfüllte sich freilich nicht, denn schon 4 Jahre später, 410, eroberte der Westgotenkönig Alarich die Hauptstadt.

Über den Krieg des Stilicho gegen die Ostgoten vgl. L. Schmidt *Die Ostgermanen* 1941², 266 f. Über die Eroberung Roms durch den Westgoten Alarich vgl. Schmidt, *a.a.O.* 448 ff.

8. Renovation eines Nymphaeums durch den Stadtpräfekten Flavius Philippus

Die Bauinschrift, die der Einsidlensis las, stand außerdem auf einer Marmorplatte, welche von Autoren der Renaissance überliefert wird. Beide Inschriften sind heute verloren, aber vielleicht gehört ein Fragment der Barberini-Sammlung zum älteren, drei-zeiligen Text. Bormann rekonstruiert nach dem erhaltenen Fragment und der Renaissance-Abschrift den Text folgendermaßen (CIL VI 1728a = Dessau 5733):

FL·PHILIPPVS·V·C·PRAEFECTVS·VRBI NYMPHIVM SORDIVM SQVALORE
FOEDATVM ET MARMORVM NVDITATE DEFORME
*AD CVLTVM PRISTINVM RE*VOCAVIT ●

[Fl(avius) Philippus v(ir) c(larissimus) praefectus u]rbi ny[mphium] sordium squal[ore | foedatum et marmor]um nuditate deforme | [ad cultum pristinum re]vocavit.

Flavius Philippus, Vir clarissimus, Stadtpräfekt, hat das Nymphaeum, das durch Schmutz und Unreinlichkeit entstellt und durch Fehlen der Marmorverkleidung verunstaltet war, in seinem früheren Schmuck wiederhergestellt.

Wo dieses Nymphaeum, eine monumentale Brunnenanlage, gelegen war, wissen wir nicht. Beim Stadtpräfekten Flavius Philippus handelt es sich vermutlich um den Konsul des Jahres 390, der im Jahre 391 die Basilica S. Paolo fuori le Mura einweihte. Er war der Sohn des gleichnamigen Prätorianer-Präfekten für den Orient (346–351) und genoß als junger Mann die Fürsprache des Symmachus. Vgl. A. Chastagnol *Les fastes de la Préfecture de Rome au Bas-Empire* 1962, 238–239, n. 96.

9. Bauinschrift des Claudius an der Aqua Virgo vom Jahre 46

Der Aquädukt Aqua Virgo ist von Agrippa im Jahre 19 v. Chr. fertiggestellt worden. Er führte das Wasser vom Hange des Pincio nach dem Pantheon und den Thermen des Agrippa. Große Teile dieser Wasserleitung quer durch die Stadt sind von den Archäologen aufgefunden worden. Der Bogen mit der Inschrift des Claudius steht an der heutigen Via del Nazareno (Nash I 55). Die Inschrift, welche in gleicher Form auf beiden Seiten des Bogens stand, ist auf einer Seite vollständig erhalten. Der Einsidlensis hat sie mit einigen Auslassungen richtig abgeschrieben. Bormann gibt CIL VI 1252 folgenden Text (Dessau 205):

TI · CLAVDIVS · DRVSI · F · CAESAR · AVGVSTVS · GERMANICVS
PONTIFEX · MAXIM · TRIB · POTEST · V̄ · IMP · X̄Ī · P · P · COS · DESIG · ĪĪĪĪ
ARCVS · DVCTVS · AQVAE · VIRGINIS · DISTVRBATOS · PER · C · CAESAREM
A · FVNDAMENTIS · NOVOS · FECIT · AC · RESTITVIT

Ti(berius) Claudius Drusi f(ilius) Caesar Augustus Germanicus | pontifex maxim(us) trib(unicia) potest(ate) V imp(erator) XI p(ater) p(atriae) co(n)s(ul) desig(natus) IIII | arcus ductus aquae Virginis disturbatos per C(aium) Caesarem | a fundamentis novos fecit ac restituit.

Tiberius Claudius Caesar Augustus Germanicus, Sohn des Drusus, Pontifex Maximus, während seiner 5. tribunizischen Gewalt, zum 11. Mal Imperator, Vater des Vaterlandes, für das 4. Konsulat designiert, hat die Bogen für die Leitung der Aqua Virgo, die durch Bauten des C. Caesar beeinträchtigt worden waren, von Grund auf neu erstellt und renoviert.

Die Inschrift wird durch die 5. Tribunicia potestas und die Designation zum 4. Konsulat auf das Spätjahr 46 datiert. Warum die Renovation der Wasserleitung, an der Caligula gebaut hatte, notwendig wurde, wissen wir nicht. Die unkaiserliche Kritik an seinem Vorgänger (*disturbatos*) entspricht aber der Auslassung des Namens des Caligula an der Aqua Claudia (unten n. 17 = CIL VI 1256).

Die beste literarische Quelle über die römischen Wasserleitungen ist das Werk des Sextus Iulius Frontinus *de aquis urbis Romae,* der im Jahre 97 n. Chr. das senatorische Amt des *curator aquarum* innehatte. (Ausgaben: F. Krohn, Teubner 1922; P. Grimal, Les Belles Lettres 1944, mit französischer Übersetzung und Kommentar; Ch. E. Bennett, Loeb Library 1950, mit englischer Übersetzung; deutsche Übersetzung von M. Hainzmann, Artemis 1979). Eine gute Charakterisierung Frontins bietet J. G. Landels *Engineering in the Ancient World (1978),* deutsche Übersetzung *Die Technik in der antiken Welt* 1979, 257–262. Über die Menge des von der *aqua Virgo* herangeführten Wassers und über seine öffentliche und private Verwendung gibt Frontin 70, 1 und 84 genaue Angaben, vgl. dazu die Kommentare bei Grimal (Notes complémentaires).

10. Verlorene Mosaik-Inschrift aus der St. Peters-Basilica

Der Einsidlensis kopierte in der St. Peters-Basilica eine vierzeilige Versinschrift, die auch von verschiedenen späteren Autoren überliefert wird. Eine Abschrift dieser Verse war schon im 6. Jh. in einer afrikanischen Kirche bei Theveste vorhanden, wie 1879 gefundene Fragmente erweisen. Nach dem 12. Jh. wird die Inschrift nicht mehr erwähnt. Sie dürfte bei der Renovation der Kirche durch Papst Innozenz III (1198–1216) verschwunden sein. De Rossi gibt den Text in folgender Form wieder (II 1 p. 21 n. 10 und p. 47 = Diehl 1753):

Iustitiae sedis, fidei domus, aula pudoris
haec est quam cernis, pietas quam possidet omnis,
quae patris et fili virtutibus inclyta gaudet
auctoremq(ue) suum genitoris laudibus aequat.

Sitz der Gerechtigkeit, Haus des Glaubens, Halle der Ehrfurcht, das ist, was du erblickst, und alle Frömmigkeit in ihr erfreut sich voll Rühmens an der Vollkommenheit von Vater und Sohn und erhebt ihren Schöpfer zum Lobe seines Erzeugers.

Das Epigramm in der Apsis der Basilica definiert diesen Platz als Sitz der Gerechtigkeit, als Haus des Glaubens und als Stätte der Ehrfurcht, und erhebt seinen Schöpfer zu göttlichen Ehren. R. Krautheimer hat seine Datierung vor 337 (so *Corpus* 5, 1977, 172) heute zurückgenommen und schlägt nun ein Datum zwischen 352 und 361, also unter Kaiser Constantius II, vor.

11. Verlorene Inschriften aus der St. Peters-Basilica

Der Einsidlensis hat im Petersdom zwei Inschriften kopiert, die sonst nirgends überliefert werden. Beim ersten Text handelt es sich um ein Distychon, das *in ambone* (Empore, wo sich der Sängerchor aufstellte) zu lesen war, beim zweiten um eine Bauinschrift.
De Rossi gibt die Texte wie folgt wieder (II 1 p. 21, n. 11–11a = Diehl 1855):
Scandite cantates domino dominumq(ue) legentes.
Ex alto populis verba superna sonant.
Steigt hinauf ihr Sänger, dem Herrn zu singen und ihn zu preisen.
Aus der Höhe klingen den Völkern die Worte von oben.
Pelagius iun(ior) episc(opus) d(e)i famulus fecit curante Iuliano p(rae)p(osito) s(e)c(un)d(icerio).
Pelagius Iunior, Bischof, Knecht Gottes, hat es gebaut mit Hilfe des Iulianus, des zweiten Vorstehers der St. Peters-Basilica.
Pelagius Iunior ist Papst Pelagius II (578–590), der Vorgänger Gregors des Großen. Über die Erbauung des Ambo finden sich Angaben bei Krautheimer *Corpus* V, 1977, 174.

12. Bauinschrift des Stadtpräfekten Petronius Maximus vom Jahre 421

Als Herkunftsort gibt der Einsidlensis an „in theatro" und meint vermutlich das Marcellustheater. Die Inschrift wird auch von Autoren der Renaissancezeit überliefert. Bormann gliedert die Zeilen wie folgt (CIL VI 1660):

Die Inschriftensammlung

```
            PETRONIVS
            MAXIMVS · V · C
            PRAEF · VRBI        a. 421
            CVRAVIT
```

Petronius | Maximus v(ir) c(larissimus) | praef(ectus) urbi | curavit.
Petronius Maximus, Vir clarissimus, Stadtpräfekt, sorgte (für die Renovation).
Bormann teilt die Inschrift Petronius Maximus zu, der im Frühjahr 455 für einige Wochen weströmischer Kaiser war. Er stammte aus reichem aristokratischen Hause und war schon mit 24 Jahren zum ersten Mal Stadtpräfekt von Rom, später Patricius und mehrmals Konsul. Nach der Ermordung Valentinians III (16. März 455) erhoben ihn die Truppen zum Kaiser, aber seine Herrschaft brach schon beim Herannahen der Flotte des Geiserich im Mai desselben Jahres zusammen. Über Maximus vgl. A. Chastagnol *Les fastes de la Préfecture de Rome au Bas-Empire* 1962, 281–286, n. 127.

13. Inschrift der Traianssäule

Die im Jahre 113 n. Chr. als Siegesmal der Dakerkriege errichtete Reliefsäule enthielt in der Basis das Grab Traians. Die Inschrift über dem Eingang zum Grab ist vom Einsidlensis zum ersten Mal abgeschrieben, später von vielen anderen kopiert worden. Sie ist heute noch unversehrt erhalten bis auf eine kleine Störung in der untersten Zeile. In der Abschrift des Einsidlensis fehlen 6 Wörter, die vermutlich durch unsorgfältige Abschrift seines Manuskripts entstanden sind. Poggius gibt in seiner Ausgabe den vollständigen Text, offenbar aus eigener Abschrift des 15. Jh. Heute präsentiert sich die Inschrift in folgender Form (CIL VI 960 = Dessau 294):

```
                      SENATVS · POPVLVSQVE · ROMANVS
                   IMP · CAESARI · DIVI · NERVAE · F · NERVAE
Kopie Bormanns:    TRAIANO · AVG · GERM · DACICO · PONTIF
                   MAXIMO · TRIB · POT · XVII · IMP · VI · COS · VI · P · P    a 113.
                 5 AD DECLARANDVM · QVANTAE · ALTITVDINIS
                   MONS · ET · LOCVS · TANTIS · OPERIBVS · SIT · EGESTVS
```

Senatus populusque Romanus | imp(eratori) Caesari divi Nervae f(ilio) Nervae | Traiano Aug(usto) Germ(anico) Dacico pontif(ici) | maximo trib(unicia) pot(estate) XVII imp(eratori) VI co(n)s(uli) VI p(atri) p(atriae) | ⁵ *ad declarandum quantae altitudinis* | *mons et locus tan[tis ope]ribus sit egestus.*

Senat und Volk von Rom dem Imperator Caesar, Sohn des vergöttlichten Nerva, Nerva Traianus Augustus, Sieger über die Germanen, Sieger über die Daker, Pontifex Maximus, in seinem 17. Jahr der tribunizischen Gewalt, zum 6. Mal zum Imperator ausgerufen, zum 6. Mal Konsul, Vater des Vaterlandes, um zu zeigen auf welche Höhe Berg und Platz mit solcher Bemühung aufgeführt worden ist.

Während die ersten 4 Zeilen der Inschrift die Widmung von Senat und Volk an den Kaiser im Jahre 113 deutlich angeben, bleibt der Sinn der letzten beiden Zeilen unklar und viel umstritten. Schon im 3. Jh. hat der Historiker Dio Cassius (68, 16) über diese Zeilen gerätselt und die ganz unwahrscheinliche Erklärung gegeben, die Säule stehe an der Stelle eines ursprünglich ebenso hohen Hügels. Vgl. dazu K. Lehmann-Hartleben *Die Trajanssäule* 1928, 4. Abbildung der Inschrift Tafel 3.

14. Schuldenerlaß Kaiser Hadrians aus dem Jahre 118

Der Einsidlensis gibt als einzige Quelle den Text eines hadrianischen Schuldenerlasses, von welcher Inschrift 1812 ein Bruchstück gefunden worden ist. Bormann rekonstruiert die Inschrift nach dem Einsidlensis und dem Fragment folgendermaßen (CIL VI 967 = Dessau 309)

```
              S  ·  P  ·  Q  ·  R
         IMP · CAESARI · DIVI · TRAIANI
        PARTHICI · F · DIVI · NERVAE · NEPOTI
         TRAIANO · HADRIANO · AVG · PONT
     5     MAX · TRib · POT · II · COS · II           a. 118
         QVI · PRIMVS · OMNIVM · PRINCIPVM · ET
         SOLVS · REMITTENDO · SESTERTIVM · NOVIES
         MILIES · CENTENA · MILIA · N · DEBITVM · FISCIS
         NON · PRAESENTES · TANTVM · CIVES · SVOS · SED
    10    ET · POSTEROS · EORVM · PRAESTITIT · HAC
                 LIBERALITATE · SECVROS
```

S(enatus) p(opulus)q(ue) R(omanus) | *imp(eratori) Caesari divi Traiani* | *Parthici f(ilio) divi Nervae nepoti* | *Traiano Hadriano Aug(usto) pont(ifici)* | ⁵ *max(imo) tr[ib(unicia)] pot(estate) II co(n)s(uli) II* | *qui primus omnium principum et* | *solus remittendo sestertium novies* | *milies centena milia n(ummi) debitum fiscis* | *non praesentes tantum cives suos sed* | ¹⁰ *et posteros eorum praestitit hac* | *liberalitate securos.*

Senat und Volk von Rom dem Imperator Caesar, dem Sohne des vergöttlichten Traianus, des Parthersiegers, dem Enkel des vergöttlichten Nerva, dem Traianus Hadrianus Augustus, Pontifex Maximus, im Jahre seiner 2. tribunizischen Gewalt, in seinem 2. Konsulat, der als erster von allen Kaisern und allein die der kaiserlichen Kasse geschuldete Summe von 900 Millionen Sesterz erlassen hat und nicht nur seine gegenwärtigen Bürger, sondern auch ihre Nachkommen durch diese Schenkung gesichert hat.

Wie die übrigen Quellen angeben, fällt diese Schuldentilgung Hadrians in sein 2. Regierungsjahr. Sie betraf die Ausstände an den Fiscus, an diejenige Kasse, über die der Kaiser allein verfügen konnte und die in der Hauptsache von den Abgaben der Provinzen und der bürgerlichen Erbschaftssteuer unterhalten wurde. Wir wissen aber nicht, welche Bürger vom Steuererlaß von 118 profitierten. Die Maßnahme scheint im Zusammenhang mit Hadrians Rationalisierung des Finanzwesens zu stehen (vgl. Pflaum, RE XXIII 1251). Zur Beurteilung der erlassenen Summe von 900 Millionen Sesterz sei notiert, daß der höchste kaiserliche Beamte, der Prätorianerpräfekt, jährlich 300.000 Sesterz Gehalt bezog.

Zur Finanzpolitik Hadrians vgl. T. Frank *An economic survey of Ancient Rome* V, 1940, 70–74; M. Rostovtzeff *Geschichte der Staatspacht in der röm. Kaiserzeit* 1902, 395 ff. und 418 ff. Der Schuldentilgung wird auch in der Münzprägung gedacht: H. Mattingly *Roman Coins* 1928, plate XLV 13; P. Strack *Untersuchungen zur römischen Reichsprägung* II, 1935, 60.

14 a. Bauinschrift eines Matronen-Versammlungslokales

Im Anschluß an den Schuldenerlaß Hadrians wird vom Anonymus die Inschrift eines Matronen-Heiligtums mitgeteilt, die Mommsen (Epigr. Analekten No. 14, p. 76) auf das Forum Traiani setzt. Der Text, der allein vom Einsidlensis überliefert ist, wird in CIL VI 997 in folgender Form wiedergegeben:

> IVLIA·AVG·MATER·AVGG·ET·CASTRORVM
> MATRONIS·RESTITVIT
> ─────────────────────────────
> SABINA · AVG
> MATRONIS

Iulia Aug(usta) mater Aug(ustorum) et castrorum | matronis restituit | Sabina Aug(usta) | matronis.

Die Kaiserin Iulia, Mutter der Augusti und der Lager, hat es den Matronen wiederhergestellt. Die Kaiserin Sabina den Matronen.
Wie an der augusteischen Säkularfeier den *Matronae*, den vornehmen verheirateten Damen Roms, ein eigener Festakt zugewiesen war (CIL VI 32323 v. 123), so treten die Damen auch später zu *conventus matronarum* in einem eigenen Versammlungslokal zusammen. Ein solches scheint die Gattin Hadrians, die Kaiserin Vibia Sabina († 136: H.-G. Pflaum, HA-Colloquium 1964, p. 95) gestiftet und Iulia Domna, die Gattin des Septimius Severus, erneuert zu haben. Die letztere hat ihre Renovationsinschrift in den Jahren 208–217 (*mater castrorum* 195; *mater Augustorum* 208 nach der Augustus-Proklamation des Geta; 217 †) über die Stiftungsinschrift ihrer Vorgängerin schlagen lassen. Über die Damen-Konvente in Rom und anderen Städten berichtet Friedländer *Sittengeschichte* I[10] 282. Wo das Gebäude mit der Inschrift lag, wissen wir nicht.
Zu Iulia Domna vgl. zuletzt E. Kettenhofen *Die syrischen Augustae in der historischen Überlieferung*, Bonn 1979, 79 ff.

15. Bogen der Kaiser Gratianus, Valentinianus und Theodosius

Der *Arcus Gratiani Valentiniani Theodosii* war der Abschluß der *Porticus Maximae* an der Straße vom Marsfeld über den Pons Aelius zum Mausoleum Hadrians. Er ist vermutlich im Jahre 1503 abgerissen worden. Der Text des Einsidlensis ist die einzige Überlieferung von der Bogen-Inschrift, die Bormann in 4 Zeilen aufteilt (CIL VI 1184 = Dessau 781):

IMPERATORES · CAESARES · DDD · NNN · GRATIANVS · VALENTINIANVS
ET · THEODOSIVS · PII · FELICES · SEMPER · AVGGG
ARCVM·AD·CONCLVDENDVM·OPVS·OMNE·PORTICVVM·MAXIMARVM·AETERNI
NOMINIS·SVI·PECVNIA·PROPRIA·FIERI·ORNARIQ· IVSSERVNT

Imperatores Caesares ddd(omini) nnn(ostri) Gratianus Valentinianus | et Theodosius pii felices semper Auggg(usti) | arcum ad concludendum opus omne porticuum maximarum aeterni | nominis sui pecunia propria fieri ornariq(ue) iusserunt.
Die Imperatoren und Caesaren, unsere Herren Gratianus, Valentinianus und Theodosius, die frommen glücklichen, immerwährenden Augusti, haben den Bogen zum Abschluß des ganzen Werkes der Porticus Maximae als Beleg ihres ewigen Namens aus ihren eigenen Mitteln bauen und ausschmücken lassen.

Das Datum der Inschrift fällt in die Samtherrschaft der drei Kaiser Gratian, Valentinian II und Theodosius 379–383. Über die Lage des Bogens vgl. Richter 256: Ostende des Ponte S. Angelo.

16. Bauinschrift der Diokletiansthermen aus den Jahren 305/306

Der größte Teil der Inschrift ist allein beim Einsidlensis erhalten, welcher aber bei der Abschrift vom Original oder von seiner Vorlage zwei Zeilen ausgelassen hat. Zwei größere Fragmente der Marmortafel waren noch in der Renaissancezeit erhalten und werden von den Autoren dieser Zeit überliefert. Diese Bruchstücke sind heute verloren, dagegen sind zu Ende des 19. Jh. kleinere Inschriftfragmente zum Vorschein gekommen. Mommsen hat 1850 die Inschrift aus dem Einsidlensis und den älteren Fragmenten rekonstruiert, zu welchem Text die neuen Inschriftreste dazukommen. Wir geben nachstehend die Rekonstruktion Mommsens (CIL VI 1130) und die Umschrift Dessaus (ILS 646) vom Jahre 1892.

```
    DD · NN · DIOCLETIANVS · ET · MAX|IMIANVS · INVICTI
       SENIORES · AVGG·|PATRES · I|MPP · ET · CAESS · ET
   D|D · NN · CONSTANTIVS·|ET · MAXIMIA|NVS·INVICTI·AVGG·ET
   SEV|ERVS · ET · MAXIM|INVS · NO|BILISSIMI · CAESARES
5      THERMAS · FELIC|ES · d i o|CLETIANAS · QVAS
   m|AXIMIANVS · AVG| a b s e n|S · EX · AFRICA · SVB
   pr|AESENTIA · MAIE|s t a t i s|DISPOSVIT · AC
   f|IERI · IVSSIT · ET · DIO|CLETIANI·|AVG · FRATRIS · SVI
   N|OMINI · CONSECRA|VIT · COEM|PTIS · AEDIFICIIS
10 P|RO · TANTI · OPERIS| · MAGNITV|DINE · OMNI · CVLTV
     PERFECTAS · ROMANIS · SVIS·|DEDICAVERVNT
```

Dd(omini) nn(ostri) Diocletianus et Maximianus invicti | seniores Augg(usti) patres impp(eratorum) et Caess(arum) et | dd(omini) nn(ostri) Constantius et Maximianus invicti Augg(usti) et | Severus et Maximinus nobilissimi Caesares | ⁵thermas felices [Dio]cletianas quas | [M]aximianus Aug(ustus) re[dien]s ex Africa sub | [pr]aesentia maie[statis] disposuit ac | [f]ieri iussit et Diocletiani Aug(usti) fratris sui | nomini consecravit coemptis aedificiis | ¹⁰pro tanti operis magnitudine omni cultu | perfectas Romanis suis dedicaverunt.
Unsere Herren Diocletianus und Maximianus, die unbesiegten älteren Augusti, Väter der Kaiser und Caesaren, und unsere Herren Constantius und Maximianus, die unbesiegten Augusti, und Severus und Maximinus,

die allervornehmsten Caesaren, haben die gesegneten diocletianischen Thermen, welche Maximianus Augustus bei seiner Rückkehr aus Afrika in persönlicher Anwesenheit seiner Majestät angelegt hat und errichten ließ und dem Namen seines Bruders Diocletianus Augustus geweiht hat, durch Zukauf von weiteren Gebäuden für die Erhabenheit des ganzen Werkes mit allem Schmuck vollendet und ihren Römern gestiftet.
Wie die Inschrift besagt, ist der riesige Baukomplex der Diokletiansthermen, deren Reste heute in der Kirche S. Maria degli Angeli Michelangelos und in den Gebäuden des Thermenmuseums erhalten sind, von Maximianus Herculius bei seiner Rückkehr aus Afrika (um 299/300) begonnen worden. Dieser Bau geschah auf den Namen des Oberkaisers Diokletian. Die Bauzeit dauerte 5 bis 6 Jahre, in welche Zwischenzeit die Abdikation der beiden Kaiser Diokletian und Maximian und die Ernennung des Nachfolgercollegiums der 1. Tetrarchie fällt. Damit werden Diokletian und Maximian zu *seniores Augusti*, Constantius und Maximianus Galerius zu *Augusti*, Severus und Maximinus Daia zu *Caesares* (1. Mai 305). Constantius Chlorus starb am 25. Juli 306. Die Inschrift, welche den Abschluß des Thermenbaues anzeigt, fällt also noch vor das Ende der 1. Tetrarchie.

Die Namen der beiden Caesares auf Zeile 4, (Flavius) Severus und Maximinus (Daia), zeigen Spuren von Erasion. Diese Namenstilgungen müssen in constantinischer Zeit erfolgt sein, da Flavius Severus 307 und Maximinus Daia 313 gestürzt worden sind. Die Erasion des Maximianus-Namens in Zeile 6 könnte auf Irrtum des Steinhauers beruhen, da der Name von Diokletians Kollegen in Zeile 1 und 3 unversehrt stehen blieb. Möglicherweise aber stammen die Erasionen der drei Namen aus viel späterer Zeit, als nur das linke Bruchstück mehr erhalten war und als man nur den Namen des christenfreundlichen Constantius stehen lassen wollte.

Zur Geschichte der Diokletiansthermen vgl. Nash II 448, gute Abbildungen der noch erhaltenen Bauteile 449–453.

17–19. Bau- und Renovationsinschriften der Aqua Claudia

Im Jahre 52 vollendete Claudius den von Caligula begonnenen Aquaedukt, welcher das Wasser von den Quellgebieten im Osten von Rom in die Stadt führte. Er bezeichnete sein Werk als *aqua Claudia*. Die Wasserleitung mußte aber schon im Jahre 71 durch Vespasian und im Jahre 81 erneut durch Titus repariert werden. Alle drei Kaiser haben sich auf dem Hauptbogen verewigt, der durch Kaiser Aurelian in die Stadtbefestigung einbezogen worden ist. Der Bogen mit den drei Inschriften ist deshalb bis heute als *Porta Maggiore* erhalten geblieben. Die drei Inschriften sind nach dem Einsidlensis oft kopiert worden, auch von Mommsen während seines ersten Aufenthaltes in Rom 1844/5.

Henzen gibt CIL VI 1256–11258 folgende Texte nach seiner Abschrift:

1256 TI · CLAVDIVS · DRVSI · F · CAISAR · AVGVSTVS · GERMANICVS · PONTIF · MAXI
TRIBVNICIA · POTESTATE · XII · COS · V · IMPERATOR · XXVII · PATER · PATRIA
AQVAS · CLAVDIAM · EX FONTIBVS · QVI · VOCABANTVR · CAERVLEVS · ET · CVRTIVS · A MILLIARIO · XXXX
ITEM · ANIENEM · NOVAM · A MILLIARIO · LXII · SVA · IMPENSA · IN VRBEM · PERDVCENDAS · CVRAVI

1257 IMP · CAESAR · VESPASIANVS · AVGVST · PONTIF · MAX · TRIB · POT · II · IMP · VI · COS · III · DESIG · IIII · P ·
AQVAS · CVRTIAM · ET · CAERVLEAM · PERDVCTAS · A DIVO · CLAVDIO · ET · POSTEA · INTERMISSAS · DILAPSASQVE
PER ANNOS · NOVEM · SVA · IMPENSA · VRBI · RESTITVIT

1258 IMP · T · CAESAR · DIVI · F · VESPASIANVS · AVGVSTVS · PONTIFEX · MAXIMVS · TRIBVNI
POTESTATE · X · IMPERATOR · XVII · PATER · PATRIAE · CENSOR · COS · VIII
AQVAS · CVRTIAM · ET · CAERVLEAM · PERDVCTAS · A DIVO · CLAVDIO · ET · POSTEA
A DIVO·VESPASIANO·PATRE·SVO·VRBI·RESTITVTAS·CVM·A CAPITE·AQVARVM·A SOLO·VETVSTATE·DILAPSAE·ESSENT·NOVA·FORMA·REDVCENDAS·SVA·IMPENSA·CVRAVI

1256 *Ti(berius) Claudius Drusi f(ilius) Caisar Augustus Germanicus pontif(ex) maxim(us) | tribunicia potestate XII co(n)s(ul) V imperator XXVII pater patriae | aquas Claudiam ex fontibus qui vocabantur caeruleus et Curtius a milliario XXXXV | item Anienem novam a milliario LXII sua impensa in urben perducendas curavit.*
Tiberius Claudius Caesar, Sohn des Drusus, Augustus, Germanicus, Pontifex Maximus, im 12. Jahr seiner tribunizischen Gewalt, zum 5. Mal Konsul, zum 17. Mal Imperator, Vater des Vaterlandes, hat die Wasserleitung Claudia aus den Quellen, welche Caeruleus und Curtius genannt wurden, vom 45. Meilenstein, ferner die Leitung Anienis Nova vom 62. Meilenstein an auf seine eigenen Kosten in die Stadt führen lassen.

1257 *Imp(erator) Caesar Vespasianus August(us) pontif(ex) max(imus) trib(unicia) pot(estate) II imp(erator) VI co(n)s(ul) III desig(natus) IIII p(ater) p(atriae) | aquas Curtiam et caeruleam perductas a divo Claudio et postea intermissas dilapsasque | per annos novem sua impensa urbi restituit.*
Der Imperator Caesar Vespasianus, Pontifex Maximus, im 2. Jahr seiner tribunizischen Gewalt, zum 6. Mal Imperator, zum 3. Mal Konsul und zum 4. Konsulat designiert, Vater des Vaterlandes, hat die Leitungen der Aquae Curtia und Caerulea, die vom vergöttlichten Claudius gefaßt, aber später unterbrochen und zerfallen waren, während 9 Jahren auf eigene Kosten für die Stadt wiederhergestellt.

1258 *Imp(erator) T(itus) Caesar divi f(ilius) Vespasianus Augustus pontifex maximus tribunic(ia) | potestate X imperator XVII pater patriae censor co(n)s(ul) VIII | aquas Curtiam et caeruleam perductas a divo Claudio et postea | a divo Vespasiano patre suo urbi restitutas cum a capite aquarum a solo vetustate dilapsae essent nova forma reducendas sua impensa curavit.*

Der Imperator Titus Caesar, Sohn des Vergöttlichten, Vespasianus Augustus, Pontifex Maximus, im 10. Jahr seiner tribunizischen Gewalt, zum 17. Mal Imperator, Vater des Vaterlandes, Censor, zum 8. Mal Konsul, hat die vom vergöttlichten Claudius gefaßten Quellen Curtia und Caerulea, die vom vergöttlichten Vespasianus, seinem Vater, für die Stadt repariert worden waren, da sie wegen Alters von der Quellfassung an von Grund auf zerfallen waren, in neuer Leitung aus eigenen Mitteln herführen lassen.

Über die nachantike Geschichte des Aquaedukt-Bogens orientiert Nash II 225. Die Ausgrabungen der Jahre 1955/57 haben das ursprüngliche Straßenniveau freigelegt. Abbildungen der Porta Maggiore bei Nash II 226–227. Vgl. Tafel 4.

20. Inschrift der Kaiser Valentinianus, Valens und Gratianus am Macellum Liviae auf dem Esquilin

Der Einsidlensis überliefert eine verstümmelte Inschrift, welche zu einem Bau des 4. Jh. gehört haben muß. Da das Macellum Liviae, der Markt der Kaiserin Livia, darin genannt wird, scheint das Bauwerk auf dem Esquilin gelegen zu sein. Ein Bruchstück der Inschrift, verschleppt nach Trastevere, ist 1871 gefunden worden. Henzen vermutet im Text eine einzeilige lange Inschrift auf einem Epistyl (CIL VI 1178):

uno versu { ddd. nnn. *ualentinianus* VALENS ET GRATIANVS PII FELICES AC TRIVMPHATORES SEMPER AVggg
PORTICVS AREASQ.... ma*c*ELLO LIVIAE AD ORNATVM VRBIS SVAE ADDI DEDICARIQ · IVSSERVNT

[Ddd(omini) nnn(ostri) Valentinianus] Valens et Gratianus pii felices ac triumphatores semper Augg[g(usti)] porticus areasq(ue) [.... ma]cello Liviae ad ornatum urbis suae addi dedicariq(ue) iusserunt.
Unsere Herren Valentinianus, Valens und Gratianus, die frommen, glücklichen und immer triumphierenden Augusti haben Säulenhallen und Plätze.... beim Markt der Livia zum Schmuck ihrer Stadt zufügen und weihen lassen.

Um welchen Säulenbau es sich handelt, wissen wir nicht. Der Text des Einsidlensis gibt nur die beiden Namen von Valens und Gratian. Danach müßte die Inschrift aus der Zeit ihrer Samtherrschaft 375–378 stammen. Wenn der Name Valentinians ausgefallen ist, wie Henzen vermutet, müßte die Inschrift auf 367–375 datiert werden. Livia, nach welcher die Porticus Liviae und das Macellum Liviae auf dem Esquilin genannt werden, ist die 2. Gattin des Augustus.

21. Epitaph des Legionslegaten C. Dillius Vocula

Der Einsidlensis überliefert als einziger die Grabschrift des aus Tacitus bekannten C. Dillius Vocula, sagt aber nicht, an welcher Stelle er sie gefunden hat. Henzen und Bormann schlagen folgende Zeilenteilung des Textes vor (CIL VI 1402 = Dessau 983):

> C · DILLIO · A · F · SER · VOCVLAE
> TRIB · MILIT·LEG·I·IIII·VIRO·VIARVM·CVRANDAR
> Q·PROVINC·PONTI·ET·BITHyNIAE·TRIB·PL·PR
> LEG · IN GERMANIA · LEG · XXII · PRIMIGENIAE
> 5 HELVIA · T · F · PROCVLA · VXOR · FECIT

C(aio) Dillio A(uli) f(ilio) Ser(gia tribu) Voculae | trib(uno) milit(um) leg(ionis) I IIII-viro viarum curandar(um) | q(uaestori) provinc(iae) Ponti et Bithyniae trib(uno) pl(ebis) pr(aetori) | leg(ato) in Germania leg(ionis) XXII Primigeniae | ⁵ Helvia T(iti) f(ilia) Procula uxor fexit.

Für Caius Dillius Vocula, Sohn des Aulus, aus der Bürgerabteilung Sergia, Militärtribun in der Legio I, Mitglied des Collegiums der 4-Männer für die Straßenordnung, Quaestor der Provinz Pontus und Bithynien, Volkstribun, Praetor, Legat der 22. Legion Primigenia in Germanien, hat die Gattin Helvia Procula, Tochter des Titus, (das Grabmal) errichten lassen.

Vocula stammt wahrscheinlich aus einer senatorischen Familie der Stadt Corduba, der Heimat Lucans und der beiden Seneca, aber die Tribus Sergia weist ihn als Zugewanderten aus. Übliche Tribus für Corduba ist die Galeria. Geboren um 30 n. Chr. wurde er mit 20 Jahren Tribunus militum in der Legio I. Diese Einheit lag um 50 n. Chr. in Bonn. Vermutlich war er dort Waffenkamerad des älteren Plinius, was die Angaben in Tacitus' Historien erklären würde. Als erstes städtisches Amt bekleidete Vocula die Funktion eines Quattuorvir viarum curandarum, eine Polizeiaufgabe unter den Aedilen. Danach wurde er als Quaestor in die senatorische Provinz Pontus und Bithynien geschickt. Etwa im Jahre 63 wurde er von Kaiser Nero dem Senat zur Wahl ins 10-köpfige Volkstribunen-Collegium vorgeschlagen. Es folgt das Amt der Prätur und etwa 66 das Kommando über die Legio XXII Primigenia in Mainz. Das weitere Schicksal dieser Einheit und ihres Kommandanten ist in den Historien des Tacitus beschrieben. Vocula machte den Marsch auf Rom des Usurpators Vitellius nicht mit, sondern versuchte im Auftrag des Mainzer Statthalters, die rheinischen Garnisonen vor den aufständischen Galliern und Germanen zu schützen. Dabei wurde er von einem Deserteur aus der I. Legion ermordet (Tac. hist. 4,59). Die Gattin

Voculas, welche die Grabschrift setzte, stammte aus einem reichen Hause von Atina in Latium. Auch die Mutter Ciceros war eine Helvia. Über Vocula vgl. E. Groag *PIR* III² p. 20 n. 90; G. Alföldy *Die Legionslegaten der röm. Rheinarmeen* 1967, 9 n. 16.

22. Bauinschrift der Kaiser Valentinianus, Valens und Gratianus am Pons Cestius vom Jahre 370

Die Brücke, welche von der Tiberinsel auf das östliche Ufer hinüberführt, wurde im 1. Jh. v. Chr. von L. Cestius (curator viarum zwischen 62 und 27 v. Chr., vielleicht 43 v. Chr.) erbaut. Sie wurde im 4. Jh. renoviert, was auf zwei gleichlautenden Inschriften, auf der westlichen und östlichen Seite der Brückenbogen, festgehalten worden ist. Die östliche Inschrift ist 1849 im Krieg Garibaldis verloren gegangen, die westliche steht noch an Ort und Stelle, nachdem die Brücke 1885–1892 erneut umgebaut und renoviert worden ist. Bormann-Henzen geben folgende Abschrift des Textes (CIL VI 1175 = Dessau 771):

```
          DOMINI  ·  NOSTRI   ·   IMPERATORES   ·   CAESARES
FL · vaLENTINIANVS · PIVS · FeLix · MAXIMVS · VICTOR · AC · TRIVMF · SEMPER · AVG · PONTIF · MAXIMVS
GERMANIC · MAX · aLAMANN · MAX · FRANC · MAX · GOTHIC · MAX · TRIB · POT · VII · IMP · VI · CONS · II · P·P·P · ET
FL · vaLENS · PIVS · FeLix · MAX · VICTOR · AC · TRIVMF · SEMPER · AVG · PONTIF · MAXIMVS
GERMANIC · MAX · aLAMANN · MAX · FRANC · MAX · GOTHIC · MAX · TRIB · POT · VII · IMP · VI · CONS · II · P·P·P · ET
FL · GRATIANVS · PIVS · FeLix · MAX · VICTOR · AC · TRIVMF · SEMPER · AVG · PONTIF · MAXIMVS
GERMANIC · MAX · aLAMANN · MAX · FRANC · MAX · GOTHIC · MAX · TRIB · POT · II · IMP · II · CONS · PRIMVM · P·P·P
PONTEM · FeLicis · NOMINIS · GRATIANI · IN · VSVM · SENATVS · AC · POPVLI · ROM · CONSTITVI · DEDICARIQVE · IVSSERVNT
```

Domini nostri imperatores Caesares | Fl(avius) Valentinianus pius felix maximus victor ac triumf(ator) semper Aug(ustus) pontif(ex) maximus | Germanic(us) max(imus) Alamann(icus) max(imus) Franc(icus) max(imus) Gothic(us) max(imus) trib(unicia) pot(estate) VII imp(erator) VI cons(ul) II p(roconsul) p(ater) p(atriae) et | Fl(avius) Valens pius felix max(imus) victor ac triumf(ator) semper Aug(ustus) pontif(ex) maximus | ⁵ Germanic(us) max(imus) Alamann(icus) max(imus) Franc(icus) max(imus) Gothic(us) max(imus) trib(unicia) pot(estate) VII imp(erator) VI cons(ul) II p(roconsul) p(ater) p(atriae) et | Fl(avius) Gratianus pius felix max(imus) victor ac triumf(ator) semper Aug(ustus) pontif(ex) maximus | Germanic(us) max(imus) Alamann(icus) max(imus) Franc(icus) max(imus) Gothic(us) max(imus) trib(unicia) pot(estate) II imp(erator) II cons(ul) primum p(roconsul) p(ater) p(atriae) | pontem felicis nominis Gratiani in usum senatus ac populi Rom(ani) constitui dedicarique iusserunt.

Unsere Herren Imperatores Caesares, Flavius Valentinianus, der fromme und glückliche größte Sieger und Triumphator, immerwährender Augustus, Pontifex Maximus, größter Germanensieger, größter Alamannensieger, größter Frankensieger, größter Gotensieger, im Jahr seiner 7. tribunizischen Gewalt, zum 6. Mal Imperator, zum 2. Mal Konsul, Prokonsul, Vater des Vaterlandes, und Flavius Valens, der fromme und glückliche größte Sieger und Triumphator, immerwährender Augustus, Pontifex Maximus, größter Germanensieger, größter Alamannensieger, größter Frankensieger, größter Gotensieger, im Jahr seiner 7. tribunizischen Gewalt, zum 6. Mal Imperator, zum 2. Mal Konsul, Prokonsul, Vater des Vaterlandes, und Flavius Gratianus, der fromme und glückliche größte Sieger und Triumphator, immerwährender Augustus, Pontifex Maximus, größter Germanensieger, größter Alamannensieger, größter Frankensieger, größter Gotensieger, im Jahr seiner 2. tribunizischen Gewalt, zum 2. Mal Imperator, zum ersten Mal Konsul, Prokonsul, Vater des Vaterlandes, haben die Brücke auf den glücklichen Namen des Gratianus für Senat und Volk von Rom anlegen und weihen lassen.

Nach der Angabe der Tribuniciae Potestates fällt der Abschluß des Baues auf das Jahr 370. Die Brücke wird laut der Inschrift auf den Namen des jüngsten unter den drei Kaisern, Gratian, geweiht, der 370 ein Knabe von 11 Jahren war. Das *felix nomen* gilt aber auch der Erinnerung an den älteren Gratian, den Vater der Kaiser Valentinianus I und Valens. Er starb in den 60er Jahren des 4. Jh. Seit dem 4. Jh. bis ins Mittelalter hieß die Brücke *pons Gratiani*, später wurde sie nach der S. Bartolomeo-Kirche auf der Isola Tiberina *Ponte Bartolomeo* genannt. Heute ist sie wieder dem ersten Erbauer als *Ponte Cestio* zurückgegeben worden. Abbildung vom heutigen Zustand der Brücke bei Nash II 187 und 188. Abb. n. 921 zeigt den Pons Gratiani mit der Dedikationsinschrift vor der Zerstörung im Jahre 1885.

23. Verlorenes Epigramm aus der Kirche S. Anastasia

Der Anonymus hat in der alten Basilica S. Anastasia am Südhang des Palatin eine 6-zeilige Versinschrift kopiert, die heute nicht mehr erhalten ist. Über Kirche und Inschrift handelt R. Krautheimer *Corpus* 1, 1937, 44. Den Text geben de Rossi II 24, 25 und 150,18, ferner Diehl 1782 in folgender Form wieder:

Antistes Damasus picturae ornarat honore
 tecta, quibus nunc dant pulchra metalla decus.

divite testatur pretiosior aula nitore,
quos rerum effectus possit habere fides.
Papae Hilari meritis olim devota Severi
nec non Cassiae mens dedit ista deo.

Antistes Damasus hatte die Gewölbe mit der Zier der Bemalung geschmückt, denen nun schöne Metalle ihren Schmuck geben. Mit reichem Glanz bietet sich die Aula kostbarer dar, was zeigt, welche Wirkungen auf die Dinge der Glaube haben kann. Der fromme Sinn von Severus und Cassia, einst den Verdiensten des Papstes Hilarus ergeben, hat dies Gott geschenkt.

Die alte Titular-Basilica ist der Heiligen Anastasia geweiht, die nach der Tradition ihr Martyrium unter Diokletian erlitten hat (Martyr. Rom. zum 25. Dezember). Nach R. Krautheimer 1980, 34 wurde die erste Apsismalerei von Papst Damasus (336–384) gestiftet. Die Renovation und Neuausschmückung der Kirche unter Papst Hilarus (461–468) fällt in die letzten Jahre des weströmischen Kaisertums, als der allgewaltige Magister Militum Ricimer den frommen Kaiser des Westens Maiorianus beseitigte und an seiner Stelle 461 den ebenso frommen Libius Severus einsetzte. Dieser und seine Gattin Cassia unterstützten die Kirchenbauten des Hilarus, von dessen unermeßlichen Geldquellen Gregorovius (I 223) eindrücklich berichtet. Der Reichtum des Kaisers kam aus seinem süditalienischen Landbesitz. Severus starb 465 in Rom, Papst Hilarus überlebte ihn um drei Jahre.

Über das Ende des Weströmischen Reiches vgl. K. Stroheker *Der politische Zerfall des römischen Westens*, in: *Germanentum und Spätantike*, 1965, 88–100.

24. Inschrift vom Forum Palatinum aus dem Jahre 374

Die genaue Lage und Ausdehnung dieses Forums auf dem Palatin sind unbekannt. Die Bauinschrift des Stadtpräfekten Flavius Eupraxius des Jahres 374 ist nur durch den Einsidlensis erhalten. Es muß sich um eine Inschrifttafel gehandelt haben, die auf der rechten Seite abgebrochen war. Mommsen hat sie 1850 in folgender Form rekonstruiert (CIL VI 1177 = Dessau 776)

FORVM · POPVLO · ROMANO · SVO *dono dederunt*
DOMINI · ET · PRINCIPES · NOSTRI · *imppp. caesss*
VALENTINIANVS · ET · VALENS · ET *gratianus auggg*
CVRANTE · FLAVIO · EVPRAXIo V̄C̄ *praef. urbi*   a. 374

Forum populo Romano suo [dono dederunt] | domini et principes nostri [imppp(eratores) Caesss(ares)] | Valentinianus et Valens et [Gratianus Auggg(usti)] | curante Flavio Eupraxi[o] v(iro) c(larissimo) [praef(ecto) urbi].

Dieses Forum haben ihrem römischen Volk zum Geschenk gemacht unsere Herren und Fürsten, die Imperatoren und Caesaren Valentinianus und Valens und Gratianus, die Augusti. Flavius Eupraxius, Vir Clarissimus, Stadtpräfekt hat (den Bau) besorgt.

Die Samtherrschaft der drei Kaiser dauerte von 367 bis 375. Der Stadtpräfekt Flavius Eupraxius ist im Jahre 374 bezeugt (Stellen: Seeck, RE VI 1237) Er war im Jahre 367 führend an der Erhebung Gratians beteiligt (Ammian 27, 6, 14). Vgl. über ihn A. Chastagnol *Les fastes de la Préfecture de Rome au Bas-Empire* 1962, 190–191, n. 74.

25. Mosaikinschrift in der Kirche S. Sabina

Der Einsidlensis hat in der Kirche Santa Sabina auf dem Aventin die noch heute bestehende Mosaikinschrift abgeschrieben, die nach ihm von vielen anderen kopiert worden ist. Die Kirche mit den berühmten geschnitzten Holztüren stammt aus dem 5. Jh., was die Inschrift bestätigt, die von der Tradition Paulinus von Nola zugeschrieben wird. De Rossi gibt sie in folgender Form wieder (II 1 p. 24 n. 27 = Diehl 1778a, Krautheimer *Corpus* IV, 1970, 75 und 91 mit fig. 85)

Culmen apostolicum cum Caelestinus haberet
primus et in toto fulgeret episcopus orbe,
haec quae miraris fundavit presbiter urbis
Illyrica de gente Petrus, vir nomine tanto
dignus, ab exortu Xristi nutritus in aula,
pauperibus locuples, sibi pauper, qui bona vitae
praesentis fugiens meruit sperare futuram.

Als Caelestinus den apostolischen Gipfel innehatte und in der ganzen Welt als oberster Bischof glänzte, hat das, was du bewunderst, der Presbyter Petrus in Rom gegründet, von illyrischer Abkunft, seines Namens in hohem Grade würdig, von Beginn in der Kirche Christi erzogen, für die Armen reich, für sich selbst arm, die Güter des gegenwärtigen Lebens fliehend, hat er verdient, auf das künftige zu hoffen.

Caelestinus war nach der Tradition 422–432 Papst. Der Presbyter Petrus, der Gründer von S. Sabina, ist nur aus dieser Inschrift bekannt. Die Zuteilung des Epigrammes an Paulinus von Nola wird von der kritischen Patristik (auch aus chronologischen Gründen) abgelehnt.

26. Neubau der S. Pancratius-Basilica durch Papst Honorius (625–638)

Der Einsidlensis hat die Bauinschrift des Papstes Honorius in der S. Pancratius-Kirche auf dem Gianicolo kopiert. Sie ist heute nicht mehr erhalten und nur durch den Einsidlensis überliefert.
Diehl n. 1786 (Krautheimer, *Corpus* 3, 1967, 155) gibt folgende Lesung:
Ob insigne meritum et singulare beati Pan|crati martyris beneficium basilicam | vetustate confectam extra corpus mar|tyris neglectu antiquitatis exstructam | ⁵Honorius ep(i)s(copus) d(e)i famulus abrasa vetustatis | mole ruinaque minante a fundamentis noviter plebi d(e)i constru-x(it). et corpus | martyris quod ex obliquo aulae iacebat | altari insignibus ornato metallis loco proprio collocavit.
Wegen der besonderen Verdienste und einzigartigen Wohltaten des seligen Märtyrers Pancratius hat Honorius, Bischof (von Rom), Diener Gottes, die Kirche, die in alter Zeit errichtet und aus Nachlässigkeit außerhalb des Märtyrer-Körpers gebaut worden war, abgerissen und den alten Bau, der zusammenzustürzen drohte, von Grund auf neu errichtet für das Volk Gottes. Und den Körper des Märtyrers, der abseits in der Halle lag, hat er in den Hochaltar gebettet in den Schmuck hervorragender Metallarbeiten.
Nach der Tradition fällt das Martyrium des Pancratius unter Diokletian. Die St. Pancratius-Basilica wird in den Fundamenten dem 5. Jh. zugeschrieben. Papst Honorius (625–638) dürfte die Reliquien des Heiligen in einen Edelmetall-Schrein eingeschlossen haben beim Neubau der Kirche. Über diesen Bau um 630 durch Honorius vgl. Krautheimer *Corpus* 3, 1967, 172 und *Rome* 1980, 86–87. Die Kirche liegt etwas außerhalb der aurelianischen Mauer im Park der Villa Doria Pamphili.

27. Inschrift auf dem Obeliscus Vaticanus

Dieser Obelisk wurde von Kaiser Caligula aus Heliopolis in Ägypten nach Rom transportiert und im Circus aufgestellt, dessen Überreste südlich der Peterskirche ausgegraben worden sind. Nach dem Bau der St. Peters-Basilika wurde die Säule im Jahre 1586 durch Papst Sixtus V auf ihren heutigen Standplatz auf den Petersplatz versetzt. An Stelle der Kugel auf der Spitze des Obelisk wurde das Kreuz angebracht. Die antike Inschrift ist erhalten. Die früheste Abschrift des Einsidlensis gibt nur einen Teil des Inschrifttextes, der von späteren genauer kopiert worden ist. Vermutlich war die Inschrift zur Zeit des Einsidlensis teilweise zugedeckt. Bormann und Henzen geben in CIL VI 882 die vollständige Lesung (Dessau 115):

DIVO · CAESARI · DIVI · IVLII · F · AVGVSTO
TI · CAESARI · DIVI · AVGVSTI · F · AVGVSTO
SACRVM

Divo Caesari divi Iulii f(ilio) Augusto | Ti(berio) Caesari divi Augusti f(ilio) Augusto | sacrum.

Dem vergöttlichten Caesar Augustus, Sohn des vergöttlichten Iulius, (und) dem Tiberius Caesar Augustus, dem Sohn des vergöttlichten Augustus, geweiht.

Die Weihung des Caligula gilt seinen beiden Vorgängern, Augustus und Tiberius. Abbildung des Obelisken an seinem antiken Standort bei Nash II 161, am heutigen Standort II 162. Die vergoldete Bronze-Kugel, die ursprünglich die Spitze des Monumentes zierte, befindet sich heute im Museum des Konservatorenpalastes. Über die übrigen Obelisken in Rom vgl. die Liste bei A. W. Van Buren, RE XVII 1711–1713.

28. Inschrift vom Clivus Martis an der Via Appia

Seit frühen Zeiten der römischen Republik befand sich auf einer Anhöhe ca. 2 km außerhalb der Porta Appia ein Marstempel, zu dem ein ansteigender Weg (*clivus Martis*) hinaufführte. Der Zugang zu diesem Tempel von der Stadt aus wurde schon im Jahre 296 v. Chr. (Liv. 10, 23, 12) ausgebaut, im Jahre 189 v. Chr. erneuert (Liv. 38, 28) und später mit einer Säulenporticus (Ovid, Fasti 6, 192: *via tecta*) versehen. Aus welchem Jahre die Inschrift, die von der Abflachung des Weges spricht, stammt, wissen wir nicht, vermutlich aus der späten Kaiserzeit. Eine verwandte Inschrift aus dem 4. Jh. n. Chr. berichtet von einer baulichen Verbesserung eines Steilweges in Tibur: *Senatus populusq(ue) | Romanus | clivum Tiburtinum | in planitiem redegit* (CIL XIV 3582 = Dessau 729). Der Einsidlensis scheint die Inschrift noch an Ort und Stelle an der Via Appia gesehen zu haben. Später kam die große Marmorplatte

```
      SENATVS
     POPVLVSQVE
      ROMANVS
      CLIVOM
   5  MARTIS
    PECVNIA · PVBLICA
     IN PLANITIAM
     REDIGENDVM
      CVRAVIT
```

in verschiedene Renaissance-Paläste und zuletzt in die vatikanischen Museen. Henzen teilt die Zeilen des Textes nach dem Original folgendermaßen auf (CIL VI 1270 = Dessau 5386):
Senatus | populusque | Romanus | clivom | ⁵Martis | pecunia publica | in planitiam | redigendum | curavit.
Senat und Volk von Rom haben den zum Marsheiligtum ansteigenden Weg mit öffentlichen Mitteln abflachen lassen.
Die Abschrift des Einsidlensis ist korrekt, außer daß er die altertümlichen Formen *clivom* und *planitiam* durch die modernen *clivum* und *planitiem* wiedergibt. Über den Tempel am Clivus Martis vgl. Jordan-Hülsen I 3, 213 f. Vom Marstempel vor der Porta Capena nimmt die jährliche Ritterprozession (*transvectio equitum*) ihren Ausgang: vgl. G. Wissowa *Religion und Kultus der Römer* 1912², 146.

29. Inschrift am Titusbogen im Circus Maximus

An der süd-östlichen Schmalseite des Circus Maximus hat der Senat dem Kaiser Titus für seinen Sieg über Judaea einen Triumphbogen errichtet. Das Bauwerk mit der Weihinschrift aus dem Jahre 81 war bis ins 13. Jh. erhalten, ist aber heute bis auf die Fundamente zerstört (Nash I 240). Die Inschrift ist nur durch den Einsidlensis erhalten. Mommsen teilt sie in 7 Zeilen auf (CIL VI 944 = Dessau 264):

SENATVS · POPVLVSQ · ROMANVS
IMP · TITO · CAESARI · DIVI · VESPASIANI · F · VESPASIAN*o* · AVGVSTO
PONTIF · MAX · TRIB · POT · X · IMP · XVII · *c*OS · VIII · P · P · PRINCIPI · SVO   a. 81
QVOD · PRAECEPTIS · PATRI*is* · CONSILIISQ · ET · AVSPICIIS · GENTEM
5   IVDAEORVM · DOMVIT · ET · VRBEM · HIERVSOLYMAM · OMNIBVS · ANTE
SE · DVCIBVS · REGIBVS · GENTIBVS · AVT · FRVSTRA · PETITAM · AVT
OMNINO · INTEMPTATAM · DELEVIT

Senatus populusq(ue) Romanus | imp(eratori) Tito Caesari divi Vespasiani f(ilio) Vespasian[o] Augusto | pontif(ici) max(imo) trib(unicia) pot(estate) X imp(eratori) XVII [c]o(n)s(uli) VIII p(atri) p(atriae) principi suo | quod praeceptis patri[is] consiliisq(ue) et auspiciis gentem | ⁵Iudaeorum domuit et urbem Hierusolymam omnibus ante | se ducibus regibus gentibus aut frustra petitam aut | omnino intemptatam delevit.
Senat und Volk von Rom (haben) dem Imperator Titus Caesar Vespasianus Augustus, dem Sohne des vergöttlichten Vespasianus, Pontifex Maximus, im 10. Jahre seiner tribunizischen Gewalt, zum 17. Mal Im-

perator, zum 8. Mal Konsul, dem Vater des Vaterlandes, ihrem Fürsten (diesen Bogen geweiht), weil er nach Plan, Ratschlag und Auspicien der Vorfahren den Stamm der Juden gezähmt und die Stadt Jerusalem zerstört hat, was von allen früheren Führern, Königen, Volksstämmen entweder vergeblich angestrebt oder völlig unversucht gelassen worden war. Die Zerstörung Jerusalems im Jahre 70 wird mit dem Grundsatz des Augustus gerechtfertigt, daß auswärtige Völker, welche sich nicht zu völliger Sicherheit unterwerfen, vernichtet werden müssen (Res Gestae 3: *gentes, quibus tuto [ignosci pot]ui[t, co]nservare quam excidere m[alui]*. Die Zerstörung gilt der flavischen Zeit als endgültig, aber Jerusalem hat vor Titus in seiner langen Geschichte viele Zerstörungen überlebt, und auch nach der erneuten Eroberung und Vernichtung durch Hadrian (135) hat die unbeugsame Bevölkerung ihre Stadt immer wieder aufgebaut.

Titus war vom Jahre 70 an Oberbefehlshaber in Judaea und führte während dieses Jahres den Krieg zu Ende. Die Soldaten riefen ihn danach zum *imperator* aus, welchen Titel Kaiser Vespasian und der Senat im folgenden Jahre anerkannten. Am 13. Juni 80 trat Titus die Nachfolge Vespasians an. Der Bogen im Circus Maximus aus dem Jahre 81 muß noch kurz vor seinem Tode fertiggestellt worden sein. Die 10. Tribunicia Potestas dauerte bis zum 30. Juni 81, und am 13. September 81 starb der Kaiser.

30. Inschrift am Septizodium des Septimius Severus

(Fortsetzung auf Seite 89)

uno versu
{ (*a*) IMP·CAES·DIVI·M·ANTONINI·PII·GERM·SARM·FIL·DIVI·COMMODI·FRATER
ABNEP·DIVI·NERVAE·*adnep. l. septimius seuerus pius pertinax aug. arab. adiab. pc*
antoninus pius felix (*b*) AVG·TRIB·POT·VI COS· }

Septimus Severus hat im Jahre 203 am Südabhang des Palatins als Fassade seines Palastes gegen die Via Appia einen großen Säulenbau errichtet, der nach den 7 Planeten *Septizonium* oder *Septizodium* genannt wurde. Der größte Teil dieses Gebäudes hat das Mittelalter nicht überlebt, einige Säulenstellungen wurden aber erst 1588/89 durch Papst Sixtus V abgerissen und sind noch auf Veduten des 16. Jh. zu sehen. Von der langen einzeiligen Bauinschrift, die an der Front der Säulenhalle angebracht war, las der Einsidlensis noch den Anfang. Der Rest war zu seiner Zeit offenbar verschüttet oder schon verloren. Teile vom Ende der Inschrift, die der Einsidlensis nicht sah, sind von Autoren der Renaissancezeit überliefert. Mommsen und Henzen haben versucht, den ganzen Text zu rekonstruieren (CIL VI 1032 und 31229) und geben nachstehende Lesung, wobei die erste Partie (a) bis DIVI NERVAE dem Text des Einsidlensis entspricht, die nachfolgenden Worte in Kursivschrift dem verlorenen Teil, die 7 letzten Wörter der Renaissanceüberlieferung.

Imp(erator) Caes(ar) divi M(arci) Antonini Pii Germ(anici) Sarm(atici) fil(ius) divi Commodi frater divi Antonini Pii nep(os) divi Hadriani pronep(os) divi Traiani Parth(ici) abnep(os) divi Nervae [adnep(os) L(ucius) Septimius Severus Pius Pertinax Aug(ustus) Arab(icus) Adiab(enicus) Parth(icus) max(imus) pont(ifex) max(imus) trib(unicia) pot(estate) XI imp(erator) XI co(n)s(ul) III p(ater) p(atriae) et imp(erator) Caes(ar) M(arcus) Aurelius Antoninus pius felix Au]g(ustus) trib(unicia)pot(estate) VI co(n)s(ul) fortunatissimus nobilissimusque [princeps — — —].

Der Imperator Caesar, Sohn des vergöttlichten Marcus (Aurelius) Antoninus Pius, des Germanen- und Sarmatensiegers, Bruder des vergöttlichten Commodus, Enkel des vergöttlichten Antoninus Pius, Urenkel des vergöttlichten Hadrianus, Ururenkel des vergöttlichten Traianus, des Parthersiegers, Urururenkel des vergöttlichten Nerva, Lucius Septimius Severus Pius Pertinax Augustus, der Sieger über die Araber und Adiabener, größter Parthersieger, Pontifex Maximus, im 11. Jahr seiner tribunizischen Gewalt, zum 11. Mal zum Imperator ausgerufen, zum 3. Mal Konsul, Vater des Vaterlandes, und der Imperator Caesar Marcus Aurelius Antoninus, der fromme und glückliche Augustus, im 6. Jahr seiner tribunizi-

| (Fortsetzung von Seite 88)

ATER·DIVI·ANTONINI·PII·NEP·DIVI·HADRIANI·PRONEP·DIVI·TRAIANI·PARTH
|
ab. parth. max. pont. max. trib. pot. xi imp. xi cos. iii p. p. et imp. caes. m. aurelius
|
COS·FORTVNATISSIMVS·NOBILISSIMVSQVE...
|

schen Gewalt, Konsul, der vom Glück gesegnete und allervornehmste (Fürst, haben diesen Bau errichtet).

Die Inschrift gibt die vollständige Titulatur von Kaiser Septimius Severus (193–211) und seinem Sohne Caracalla vom Jahre 203. Severus hatte sich im Jahre 195 in die Antoninen-Familie seiner Vorgänger adoptiert – vor allem, wie es scheint, um an das Familienvermögen heranzukommen –, weshalb er Kaiser Marcus (Aurelius) Antoninus als seinen Vater, Commodus als seinen Bruder, Antoninus Pius als seinen Großvater, Hadrianus als seinen Urgroßvater, Traianus als seinen Ururgroßvater und Nerva als seinen Ur-ururgroßvater bezeichnet. Am Schluß der Inschrift, nach der *tribunicia potestas VI* des Caracalla, muß ursprünglich der Name des jüngeren Severus-Sohnes, L. Septimius Geta, gestanden sein. Dieser Name ist von Caracalla, nach dem Tode des Severus, im Jahre 212 bei der Ermordung des Bruders getilgt worden, wie auf anderen Inschriften, etwa dem Severusbogen (n. 34), auch. Anstelle des Geta-Namens hat Caracalla die Worte FORTVNATISSIMVS NOBILISSIMVSQVE einsetzen lassen. Der ursprüngliche Text lautete *et L(ucius) Septimius Geta nobilissimus Caesar*.

Zeichnungen mit den Resten des Septizodiums aus dem 16. Jh. gibt Nash II 303–305.

31. Epitaph des M. Camurius Soranus

Zwischen Septizodium auf dem Forum und dem Palatin notiert der Einsidlensis eine Grabschrift, die sonst nicht überliefert wird. Sie wird von den Herausgebern des Inschriftencorpus in 5 Zeilen aufgeteilt (CIL VI 14313 = Dessau 8205):

```
        IN FR · P · XXII · IN AG · P · XXVI
        M · CAMVRIVS · P · F · ROM · SORANVS
        HOC · MONVMENTVM · HEREDEM · NON · SEQVITVR
        SEi · HOC · MONVMENTO · VLLIVS · CANDIDATI · NOMEN
    5      INSCRIPSERO · NE · VALEAM
```

In fr(onte) p(edes) XXII in ag(ro) p(edes) XXVI | M(arcus) Camurius P(ublii) f(ilius) Rom(ilia tribu) Soranus | hoc monumentum heredem non sequitur | sei hoc monumento ullius candidati nomen | ⁵ inscripsero ne valeam.

In der Front 22 Fuß, in der Tiefe 26 Fuß. Marcus Camurius Soranus, Sohn des Publius, aus der Bürgerabteilung Romilia. Dieses Grabmal folgt dem Erben nicht (als Besitz). Wenn ich diesem Denkmal den Namen irgend eines Anwärters einschreibe, so soll mir das zum Unglück ausschlagen.

Typus eines einfachen Grabsteines, wie er auf römischen Friedhöfen häufig zu finden ist. In Zeile 1 wird zuerst die Größe des für das Grab gekauften Bodens angegeben. Dann folgt der bürgerliche Name des Toten mit Angaben des Vatersnamens und der Bürgertribus. Der Familienname Camurius kommt in Mittelitalien häufig vor (Schulze *Eigennamen* 1904, 141). Auch der Soldat, welcher Kaiser Galba tötete, hieß so. Die dritte Zeile gibt den Eigentumsvorbehalt des Grabes für den Toten. Der Erbe kann nicht darüber verfügen wie über das ererbte Vermögen. Die Bemerkung am Schluß der Inschrift in Zeilen 4/5 gehört zu den Drohungen gegen Grabschänder: Niemand darf etwas auf den Grabstein schreiben, vor allem keinen Namen eines Wahlkandidaten, wie dies häufig entlang der römischen Landstraßen und auf freien Wänden der Stadt geschah. Ein solcher Kandidat soll durchfallen bei der Wahl! (Reiche Auswahl von römischen Grabschriften: H. Geist, G. Pfohl *Römische Grabinschriften* Heimeran München 1969).

32. Fragment aus einer Märtyrer-Inschrift in S. Sebastiano

Unter der Ortsangabe *ad sanctum Sebastianum* hat der Einsidlensis zwei Zeilen einer Märtyrer-Inschrift bewahrt, die sonst nirgends überliefert sind. Rossi n. 34 gibt sie in folgender Form wieder (Diehl n. 2005):
O quam cito parvulis serenitas [rediit ---] nutrimentorum ad cruciatum vitam producere cogitasti [---].
O wie rasch ist den Kleinen die Seligkeit (zurückgekehrt) . . . . von der Nahrung . . . . du warst bedacht darauf, dein Leben zum Martyrium hinzuführen . . .
Der Fundort *ad S. Sebastianum* dürfte die S. Sebastian-Katakomben an der Via Appia bedeuten, 2,4 km außerhalb der Porta Appia („Porta S. Sebastiano"). Vgl. die Pläne der Katakombe bei P. Testini, 1966, 56 und im Guida del TCI 1965⁶, 396 f.

33. Inschrift einer Reiterstatue Kaiser Constantins vom Jahre 334

Der Einsidlensis hat auf dem Forum die Inschrift kopiert, welche zu einer heute verlorenen Reiterstatue Constantins gehörte. Die Fundamente dieses Standbildes sind 1872 ausgegraben worden (Nash I 388). Die Inschrift wird nur durch den Einsidlensis überliefert. Henzen teilt den Text folgendermaßen auf (CIL VI 1141 = Dessau 698):

```
        D · N · CONSTANTINO MAXIMO
     PIO · FELICI · AC · TRIVMPHATORI · SEMPER · AVGVSTO
   OB AMPLIFICATAM · TOTO · ORBE · REM·PVBLICAM·FACTIS·CONSVLTISQ·
               S · P · Q · R
 5  DEDICANTE·ANICIO·PAVLINO·IVNIORE·V·C·CONS·ORD·PRAEF·VRBI      a. 334
```

D(omino) n(ostro) Constantino Maximo | pio felici ac triumphatori semper Augusto | ob amplificatam toto orbe rem publicam factis con-

sultisq(ue) | *s(enatus) p(opulus)q(ue) R(omanus)* | ⁵*dedicante Anicio Paulino iuniore v(iro) c(larissimo) cons(ule) ord(inario) praef(ecto) urbi.*

Unserem Herrn Constantinus Maximus, dem frommen glücklichen und triumphierenden ewigen Augustus, weil er den Staat auf dem ganzen Erdkreis vermehrt hat durch seine Taten und Ratschläge, Senat und Volk von Rom. Gestiftet von Anicius Paulinus Iunior, Vir Clarissimus, ordentlicher Konsul, Stadtpräfekt.

Der Stadtpräfekt des Jahres 334 heißt mit vollem Namen Annius Manius Caesonius Nicomachus Anicius Paulinus Honorius. Zur Unterscheidung mit seinem Vorgänger in der Stadtpräfektur, Sex. Anicius Paulinus, nennt er sich *Paulinus iunior*. Beide gehörten der vornehmsten stadtrömischen Familie an, die sich zum christlichen Glauben bekannte und deshalb vom Kaiser besonders gefördert wurde. Zu Paulinus Iunior vgl. A. Chastagnol *Les fastes de la Préfecture de Rome au Bas-Empire* 1962, 90–92, n. 38.

34. Inschrift auf dem Severusbogen

Der Einsidlensis hat als erster die Inschrift auf dem Severusbogen, an der Westseite des Forums gegen das Kapitol, kopiert. Bogen und Inschrift (gleichlautend auf beiden Seiten des Bogens) sind bis heute erhalten, weshalb die Genauigkeit der einsiedler Lesung geprüft werden kann. Einzig die Bronzeeinlagen der severischen Kapitalbuchstaben sind verschwunden, trotzdem lassen sich die Lettern aus der Steinhauerarbeit genau erkennen. Henzen hat die Abschrift des Einsidlensis mit dem Original verglichen (CIL VI 1033 = Dessau 425):

IMP · CAES · LVCIO · SEPTIMIO · M · FIL · SEVERO · PIO · PERTINACI · AVG · PATRI · PATRIAE · PARTHICO · ARABICO · ET
PARTHICO · ADIABENICO · PONTIFIC · MAXIMO · TRIBVNIC · POTEST · X̄Ī · IMP · X̄Ī · COS · ĪĪĪ · PROCOS · ET
IMP · CAES · M · AVRELIO · L · FIL · ANTONINO · AVG · PIO · FELICI · TRIBVNIC · POTEST · V̄Ī · COS · PROCOS · P · P
OPTIMIS · FORTISSIMISQVE · PRINCIPIBVS
5   OB REM · PVBLICAM · RESTITVTAM · IMPERIVMQVE · POPVLI · ROMANI · PROPAGATVM
INSIGNIBVS · VIRTVTIBVS · EORVM · DOMI · FORISQVE · S · P · Q · R

Imp(eratori) Caes(ari) Lucio Septimio M(arci) fil(io) Severo Pio Pertinaci Aug(usto) patri patriae Parthico Arabico et | *Parthico Adiabenico pontific(i) maximo tribunic(ia) potest(ate) XI imp(eratori) XI co(n)s(uli) III proco(n)s(uli) et* | *imp(eratori) Caes(ari) M(arco) Aurelio L(uci) fil(io) Antonino Aug(usto) pio felici tribunic(ia) potest(ate) VI co(n)s(uli) proco(n)s(uli) [p(atri) p(atriae)]* | *optimis fortissi[mi]sque principi-*

bus |⁵ ob rem publicam restitutam imperiumque populi Romani propagatum | insignibus virtutibus eorum domi forisque s(enatus) p(opulus)-q(ue) R(omanus).

Dem Imperator Caesar Lucius Septimius Severus Pius Pertinax Augustus, Sohn des Marcus, Vater des Vaterlandes, Parthersieger, Araber- und Parthersieger, Adiabenersieger, Pontifex Maximus, im 11. Jahr seiner tribunizischen Gewalt, zum 11. Mal Imperator, zum 3. Mal Konsul, Prokonsul, und dem Imperator Caesar Marcus Aurelius Antoninus, Sohn des Lucius, dem frommen und glücklichen Augustus, im 6. Jahr seiner tribunizischen Gewalt, Konsul, Vater des Vaterlandes, den besten und tapfersten Kaisern, dafür daß sie den Staat wieder hergestellt und die Macht des römischen Volkes vergrößert haben, und ihren hervorragenden Tugenden zu Hause und auswärts, (haben) Senat und Volk von Rom (dies aufgestellt).

Auf der 4. Zeile der Inschrift stand ursprünglich der Name Getas (*et imp(eratori) Caes(ari) P(ublio) Septimio Getae Aug(usto)*), welcher Name im Jahre 212 getilgt und durch die jetzigen Wörter *optimis fortissimisque principibus* ersetzt worden ist. Auch in dieser Inschrift vom Jahre 203 (trib. pot. XI) gibt Severus, wie auf dem Septizodium (n. 30) als Vater nicht seinen leiblichen Vater Publius, sondern den fiktiven Adoptivvater Marcus an. Er unterläßt aber hier, die weitere fiktive Aszendenz zu notieren.

Gute Abbildungen vom Severusbogen bei Nash I 126 (vom Forum gesehen) und 127 (von der Kapitolseite gesehen). Vgl. Tafel 6.

Eine umfassende Dokumentation über den Severusbogen hat R. Brilliant *The Arch of Septimius Severus in the Roman Forum, Memoirs of the American Academy in Rome* 29, 1967, vorgelegt. Das Werk ist umso wichtiger, als der Reliefschmuck infolge der modernen Luftverschmutzung heute fast vernichtet ist und rasch der vollständigen Zerstörung entgegen geht. Die bis zum 2. Weltkrieg bekannten Inschriften von Septimius Severus stellt G.-J. Murphy *The Reign of the Emperor L. Septimius Severus from the Evidence of the Inscriptions* Diss. Philadelphia 1945, zusammen.

35. Tempelinschriften vom Forum

Unter dieser Nummer überliefert der Einsidlensis drei Inschriften, die zu verschiedenen Tempeln gehören, zum Saturntempel, zum Tempel des Divus Vespasianus und zur Aedes Concordiae. Die erste Inschrift ist noch in situ erhalten, von der zweiten ein kleines Bruchstück, die dritte ist verloren.

1. Der Tempel des Saturnus diente in der Republik als Staatskasse. Er wurde im Jahre 42 v. Chr. von Munatius Plancus, dem Gründer von Augst und Lyon, neu gebaut, und erfuhr bis in die Spätantike verschiedene Renovationen. Die heute noch aufrechtstehenden 8 Säulen stammen aus der Spätzeit. (Nash II 294—298). Aus welcher Zeit die erhaltene Reparaturinschrift stammt, ist ungewiss. Henzen gibt sie nach eigener Abschrift folgendermaßen wieder (CIL VI 937):

SENATVS · POPVLVSQVE · ROMANVS
INCENDIO · CONSVMPTVM·RESTITVIT

Senatus populusque Romanus | incendio consumptum restituit.
Senat und Volk von Rom haben den durch Feuersbrunst zerstörten (Tempel) wiederhergestellt. Vgl. Tafel 2.

2. Vom Tempel des Divus Vespasianus stehen heute noch zwei Säulen des Pronaos und Teile der Cella-Rückwand (Nash II 501). Der Bau wurde in der severischen Zeit renoviert, von welcher Reparaturinschrift noch 8 Buchstaben erhalten sind. Die ganze Inschrift hat der Einsidlensis kopiert. Henzen gibt sie folgendermaßen wieder (CIL VI 938 = Dessau 255)

a   DIVO·VESPASIANO·AVGVSTO·S·P·Q·R
b   IMP·CAESS·SEVERVS·ET·ANTONINVS·PII·FELIC·AVGG·R|ESTITVER

[*Divo Vespasiano Augusto s(enatus) p(opulus)q(ue) R(omanus) | impp(eratores) Caess(ares) Severus et Antoninus pii felic(es) Augg(usti) r]estituer(unt).*
Dem vergöttlichten Vespasianus Senat und Volk von Rom. Die Kaiser Severus und Antoninus, die frommen und glücklichen, haben (den Tempel) wieder hergestellt.

3. Vom Concordiatempel, der zum ersten Mal im 4. Jh. v. Chr. errichtet, im Jahre 121 v. Chr. von L. Opimius renoviert und von Tiberius in den Jahren 7 v. Chr.—10 n. Chr. völlig umgestaltet worden war, existieren heute noch Fundamente und Bruchstücke (Nash I 292). Die Bauinschrift dieses Neubaus hat der Einsidlensis kopiert. Sie ist heute verloren. Henzen schlägt nach dem Einsidlensis folgende Zeilenverteilung vor (CIL VI 89 = Dessau 3781):

S · P · Q · R
AEDEM · CONCORDIAE · VETVSTATE · COLLAPSAM
INMELIOREM·FACIEM·OPERE·ET·CVLTV·SPLENDIDIORE·RESTITVIT

S(enatus) p(opulus)q(ue) R(omanus) | aedem Concordiae vetustate collapsam | in meliorem faciem opere et cultu splendidiore restituit.
Senat und Volk von Rom haben den Tempel der Concordia, der durch Alter zerfallen war, in bessere Gestalt gebracht und Bauwerk und Ausschmückung glänzender gemacht.

36. Inschrift auf dem Constantinsbogen

Der Triumphbogen Constantins auf den Sieg über Maxentius ist drei Jahre nach dem Sieg am Pons Milvius geweiht worden (315). Die gleichlautende Inschrift auf beiden Seiten des Bogens wird zuerst vom Einsidlensis überliefert. Sie ist heute noch gut erhalten und wird von Henzen folgendermaßen wiedergegeben (CIL VI 1139 = Dessau 694):

re ad occidentem verso:	*in utraque facie:*	*in latere ad orientem verso:*
· X SIC · XX	IMP · CAES · FL · CONSTANTINO MAXIMO	VOTIS · X VOTIS · XX
	P · F · AVGVSTO S · P · Q · R ·	
	QVOD INSTINCTV DIVINITATIS MENTIS	
	MAGNITVDINE CVM EXERCITV SVO	
	5 TAM DE TYRANNO QVAM DE OMNI EIVS	
	FACTIONE VNO TEMPORE IVSTIS	
	REMPVBLICAM VLTVS EST ARMIS	
	ARCVM TRIVMPHIS INSIGNEM DICAVIT	

intra fornicem

ab altera parte:	*ab altera:*
LIBERATORI VRBIS	FVNDATORI QVIETIS

Imp(eratori) Caes(ari) Fl(avio) Constantino Maximo | p(io) f(elici) Augusto s(enatus) p(opulus)q(ue) R(omanus) | quod instinctu divinitatis mentis | magnitudine cum exercitu suo | ⁵ tam de tyranno quam de omni eius | factione uno tempore iustis | rem publicam ultus est armis | arcum triumphis insignem dicavit.
ab altera parte: *liberatori urbis*   ab altera: *fundatori quietis*
Dem Imperator Caesar Flavius Constantinus Maximus, dem frommen und glücklichen Augustus, haben Senat und Volk von Rom, weil er auf Eingebung der Gottheit und durch die Größe seines Geistes mit seinem Heer den Staat zugleich sowohl gegenüber dem Tyrannen als gegenüber dessen ganzer Partei mit gerechten Waffen gerächt hat, diesen Bogen als Zeichen für seine Triumphe gewidmet.
Dem Befreier der Stadt, dem Begründer des inneren Friedens.

Die Datierung auf das Jahr 315 ergibt sich aus den Vota zu den Decennalien über den beiden kleinen Durchlässen des Bogens, die der Einsidlensis nicht kopiert hat. Die panegyrische Lobesformel für den Sieger am Ponte Molle ist eigentümlich verschlüsselt. Der Tyrann Maxentius wird nicht mit Namen genannt, und aus der rätselhaften Andeutung *instinctu divinitatis* ist die große Diskussion über das religiöse Credo des Kaisers entstanden. Die einen Forscher nehmen die Formel als Bekenntnis zum Christentum, die andern zum Sonnengott. Eine Besonderheit des Bogenschmuckes ist es, daß ein großer Teil der Skulpturen und Reliefs aus Bauten Traians, Hadrians und Mark Aurels stammen. Ob diese Übertragungen symbolisch gemeint sind, im Sinne der Anknüpfung an die großen Reichskaiser, wird in der Forschung lebhaft erörtert.
Gute Abbildungen vom Konstantinsbogen bei Nash I 104—112. Vgl. Tafel 5.

37. Inschrift des Titusbogens auf dem Forum

Der Triumphbogen, welcher den Sieg des Titus über die Juden feiert und der heute am östlichen Ausgang des Forum Romanum steht, war im 12. Jh. mit dem Colosseum in die Festung des Stadtgeschlechtes der Frangipani einbezogen. Zuerst unter Papst Sixtus IV (1471—1484), dann 1822 wurde er wieder freigelegt und restauriert. Die Bauinschrift aus domitianischer Zeit stand ursprünglich auf beiden Seiten. Die westliche, gegen das Forum gerichtet, ist 1823 durch eine Renovationsinschrift von Pius VII ersetzt worden, die östliche steht an ihrem alten Ort. Welche Kopie dem Einsidlensis als Vorlage diente, wissen wir nicht. Er hat sie in jedem Fall noch vor der Verbauung des Bogens durch die Frangipani gesehen. Henzen teilt die Inschrift nach dem heutigen Stand in vier Zeilen ein (CIL VI 945 = Dessau 265):

SENATVS
POPVLVSQVE · ROMANVS
DIVO · TITO · DIVI · VESPASIANI · F
VESPASIANO · AVGVSTO

Senatus | populusque Romanus | divo Tito divi Vespasiani f(ilio) | Vespasiano Augusto.
Senat und Volk von Rom dem vergöttlichten Titus Vespasianus Augustus, dem Sohne des vergöttlichten Vespasianus.
Die berühmten Reliefbilder auf der Innenseite des Bogens zeigen auf der Nordseite Titus im Triumphwagen, auf der Südseite die im Triumphzug

mitgeführte Beute aus Jerusalem, darunter den siebenarmigen Leuchter aus dem jüdischen Tempel (Nash I 135). Nach diesem Leuchter heißt der Triumphbogen im Mittelalter *arcus septem lucernarum* (Richter 172). Vgl. Tafel 1.

38. Inschrift vom ehemaligen Triumphbogen des Kaisers Marcus Aurelius

Der Einsidlensis notiert eine Triumphinschrift aus dem Jahre 176, welche wahrscheinlich zu einem Siegesbogen für die Markomannen- und Quadensiege der Jahre 166—175 gehörte. Vermutlich haben sich drei Reliefplatten von diesem Monument erhalten, die heute im Konservatorenpalast stehen (Helbig[4] Nr. 1444). Die Inschrift ist im Mittelalter untergegangen und wird nur durch den Einsidlensis überliefert. Henzen schlägt folgende Zeilenverteilung vor (CIL VI 1014 = Dessau 374):

```
            S · P · Q · R
   IMP · CAES · DIVI · ANTONINI · FIL · DIVI · VERI · PARTH · MAX · FRATRI
   DIVI · HADRIANI · NEP · DIVI · TRAIANI · PARTH · pro NEP · DIVI · NERVAE · ABNEP
            M · AVRELIO · ANTONINO · AVG · GERM · SARM
5  PONTIF · MAXIM · TRIBVNIC · POT · XXX · IMP · VIII · COS · III · P · P     a. 176
   QVOD · OMNES · OMNIVM · ANTE SE · MAXIMORVM · IMPERATORVM · GLORIAS
   SVPERGRESSVS · BELLICOSISSIMIS · GENTIBVS · DELETIS · AVT · SVBACTIS
   . . . . . . . . . . . . . . . . . . . . . . . . . . . . . . . . . . . . .
```

S(enatus) p(opulus)q(ue) R(omanus) | imp(eratori) Caes(ari) divi Antonini fil(io) divi Veri Parth(ici) max(imi) fratri | divi Hadriani nep(oti) divi Traiani Parth(ici) [pro]nep(oti) divi Nervae abnep(oti) | M(arco) Aurelio Antonino Aug(usto) Germ(anico) Sarm(atico) | ⁵ pontif(ici) maxim(o) tribunic(ia) pot(estate) XXX imp(eratori) VIII co(n)s(uli) III p(atri) p(atriae) | quod omnes omnium ante se maximorum imperatorum glorias | supergressus bellicosissimis gentibus deletis aut subactis | [— — —].

Senat und Volk von Rom haben dem Imperator Caesar Marcus Aurelius Antoninus, dem Sohne des vergöttlichten Antoninus, dem Bruder des vergöttlichten Verus, des Parthersiegers, dem Enkel des vergöttlichten Hadrianus, dem Urenkel des vergöttlichten Traianus, des Parthersiegers, dem Ur-urenkel des vergöttlichten Nerva, dem Augustus, Germanensieger, Sarmatensieger, Pontifex Maximus, im 30. Jahr seiner tribunizischen Gewalt, zum 8. Mal Imperator, zum 3. Mal Konsul, dem Vater des Vaterlandes, weil er allen Kriegsruhm aller größten Feldherren vor ihm überschritten hat und die kriegerischsten Völker vernichtet oder unterworfen hat, [diesen Bogen gestiftet].

Der Schluß der Inschrift fehlt, wo vermutlich der Sieg *de Germanis et Sarmatis* präzisiert war. Das Datum des Triumphes ist der 27. November 176, an welchem Tage der Kaiser auch seinen Sohn Commodus zum Mitregenten erhob. Über den Marcomannen-Quaden-Sieg, der mit dem Triumph gefeiert wurde, vgl. L. Schmidt *Die Westgermanen* I², 1938, 162 ff.; A. Birley *Marcus Aurelius* 1966, 260 ff. J. Fitz *Der markomannisch-quadische Angriff* Historia 15, 1966, 336–367, teilt die germanischen Angriffe in verschiedene Phasen ein. Der gefährliche Vorstoß gegen Aquileia erfolgte erst 169.

39. Ehreninschrift für Kaiser Nerva vom Jahre 96

Der Einsidlensis notiert als einzige Quelle eine Ehreninschrift für Kaiser Nerva auf dem Kapitol, welche die wiedergewonnene Freiheit nach dem Tode Domitians feiert. Es wird auf ihr das genaue Datum der Thronerhebung Nervas nach der capitolinischen Aera angegeben. Henzen teilt die heute verlorene Inschrift folgendermaßen auf (CIL VI 472 = Dessau 274)

LIBERTATI · AB · IMP · NERVA · CA*es*AR*e* · AVG · ANNO · AB
VRBE · CONDITA · DCCCXXXXIIX · XIIII · *k* · OC*t* RESTITV*tae*
S · P · Q · R

Libertati ab imp(eratore) Nerva Ca[es]ar[e] Aug(usto) anno ab | urbe condita DCCCXXXXIIX XIIII [K(alendas)] Oc[t(obres)] restitu[tae] | s(enatus) p(opulus)q(ue) R(omanus).
Der Freiheit, die vom Imperator Nerva, Caesar Augustus im 848. Jahre nach der Stadtgründung, am 18. September, wiederhergestellt worden ist, Senat und Volk von Rom.

Den ursprünglichen Standort der Inschrift kennen wir nicht genau. Ein *atrium libertatis* lag nach späten Quellen bei der Curia, dem Sitzungssaal des Senates, auf dem Forum. Vielleicht gehört die vom Einsidlensis überlieferte Inschrift in diese Kapelle. Daß der Tag der Ermordung von Domitian und der Erhebung des Nerva als Tag der Freiheit gefeiert wurde, berichten auch Plin. ep. 9, 13, 4 und Tac. Agr. 3. Es wurden Münzen mit der Legende *libertas publica* (RIC II, Nerva nn. 7, 19, 31, 36) geschlagen. Die in der Inschrift verwendete Jahreszählung ist die Aera der capitolinischen Fasten mit dem Gründungsdatum von Rom im Jahre

752. Die häufigere Zählung nach dem augusteischen Grammatiker Varro setzt die Gründung auf 753, was eine Verschiebung um 1 Jahr ergibt. Die Ermordung Domitians mit der darauf folgenden Erhebung Nervas geschah am 18. September 96. Nach Varros Rechnung ist dieses Datum 753 + 96 = 849 *ab urbe condita,* nach der capitolinischen Zählung 752 + 96 = 848. Über die römische Zeitrechnung vgl. H. Kaletsch *Der kleine Pauly* 5, 1979, 1486; A. E. Samuel *Greek and Roman Chronology* 1972, 250 ff.

40. Ehrung für den Senatoren Caeonius Rufius Albinus (335–337 n. Chr.)

Der Einsidlensis hat auf dem Kapitol eine Statueninschrift kopiert, welche dem Caeonius Rufius Albinus, dem Sohne des bekannten Generals des Maxentius, C. Caeonius Rufius Volusianus, galt. Diese Ehrung geschah für das Verdienst, daß Albinus dem Senat beim Kaiser eine Kompetenz verschaffte, welche der Körperschaft in der Diktatur Caesars verlorengegangen war, also vor 381 Jahren. Vermutlich ist damit das Recht des Staatschefs gemeint, die Hälfte der unteren Magistraten zu designieren (*Lex Antonia de candidatis*). Constantin scheint also kurze Zeit vor seinem Tode die Wahl der Quaestoren und Praetoren dem Senat überlassen zu haben, während die Designation für das wichtige Repräsentativamt des Konsulates in seiner Hand blieb. Die Inschrift ist nur aus der Abschrift des Einsidlensis überliefert, aber wahrscheinlich fehlt in seiner Version ein Teil des Textes, weshalb die modernen Herausgeber verschiedene Rekonstruktionen vorschlagen. CIL VI 1708 bietet den Einsiedler Text in folgender Zeilenverteilung:

```
      CEIONIVM · RVFIVM · ALBINVM · V · C · CONS · PHILOSOPHVM
      RVFI · VOLVSIANI · BIS · ORDINARII · CONS · FI IIVM    a. 311. 314
             SENATVS · EX  CONSVLTO . SVO
      QVOD · EIVS · LIBERIS · POST · CAESARIANA · TEMPORA · ID · EST · POST
  5   ANNOS · CCCLXXX · ET · I · AVCTORITATEM · DECREVERIT
             FL · MAGNVS · IENVARIVS · V · C · CVR · STATVARVM
```

O. Seeck und nach ihm H. Dessau (1222) stellen folgende Rekonstruktion vor:

C*a*EIONIVM RVFIVM ALBINVM V C CONS *ord praef urb procons Africae*
PHILOSOPHVM RUFI VOLVSIANI BIS ORDINARII CONS *bis praefecti urbis et praefecti praetorio*

FI*lI*VM SENATVS EX CONSVLTO SVO QVOD EIVS LI*tt*ERIS *exoratus d n Constantinus max p f semper aug*
POST CAESARIANA TEMPORA ID EST POST ANNOS CCCLXXX
ET I *sibi praetorum quaestorumq creandor*
AVCORITATEM DECREVERIT
FL MAGNVS IENVARIVS V C CVR STATVARVM *ponendum curavit.*

(Ehrung für) Caeionius Rufius Albinus, Vir Clarissimus, ordentlicher Konsul, Stadtpräfekt, Prokonsul in Afrika, Philosoph, Sohn des Rufius Volusianus, der zweimal ordentlicher Konsul war, zweimal Stadtpräfekt und Praefectus Praetorio, nach Beschluß des Senates, weil durch seinen Antrag bewegt unser Herr Constantinus, der Größte, fromme und glückliche immerwährende Augustus, nach den Zeiten Caesars, das ist nach 381 Jahren, das Vorrecht, die Praetoren und Quaestoren zu bestimmen, ihm (dem Senat) übergeben hat. Flavius Magnus Ienuarius, Vir Clarissimus, Curator für die Statuen, hat für die Aufstellung des Denkmals gesorgt.

Das Privileg, das Kaiser Constantin dem römischen Senat erteilt, gehört zu den Ehrenrechten, auf welches die traditionelle Körperschaft besonders nach der Gründung eines Parallel-Senates in Konstantinopel stolz war. Politisch freilich war die neue Kompetenz des Senates ohne Gewicht, denn, wenn die genannten Beamten auch noch ihre republikanischen Namen führten, waren sie längst in die Allmacht der kaiserlichen Regierung eingefügt. Der Rückgriff auf Caesars Ausnahmegesetz zu Ende der Republik paßt zur Geschichtskonstruktion des vornehmen Hauses der Senatoren. Sie nahmen es, um ihre Stellung zu verklären, auch auf sich, die ganze wechselvolle Geschichte der Beamtenwahl in der früheren Kaiserzeit zu unterschlagen. Daß der Senat sein neues Recht wahrgenommen hat, beweist Cod. Theod. 6, 4, 10 und 6, 4, 8.

Vgl. zur Person des Albinus A. Chastagnol *Les fastes de la Préfecture de Rome au Bas-Empire* 1962, 92–96 n. 39. Das Verdienst, die Inschrift erklärt und sinnvoll ergänzt zu haben, gebührt O. Seeck *Die Inschrift des Caeonius Rufius Albinus* Hermes 19, 1884, 186–197. Die Quellen zu Caesars Ermächtigungsgesetz bei G. Rotondi *Leges publicae populi Romani* 1912, 427 (*Lex Antonia de candidatis*: dazu M. Gelzer *Caesar* 1960[6], 287). Diskussion des caesarischen Wahlgesetzes und der Beamtenwahl in der früheren Kaiserzeit bei R. Frei-Stolba *Untersuchungen zu den Wahlen in der römischen Kaiserzeit* Diss. Zürich 1967.

41. Weihung des Kaisers Claudius an die Pietas Augusta

Der Einsidlensis hat in Rom eine Weihinschrift an die Pietas Augusta kopiert, die im Jahre 22 n. Chr. vom Senat beschlossen, aber erst von Kaiser Claudius im Jahre 43 aufgestellt worden ist. Ob sie sich auf einem Altar oder einem Tempel befunden hat, wird nicht überliefert. Bauwerk und Inschrift sind im Mittelalter verlorengegangen. Der Einsidlensis überliefert sie als einziger. Henzen schlägt CIL VI 562 folgende Verteilung der Zeilen vor (Dessau 202):

```
       PIETATI · AVGVSTAE
    EX S·C· QVOD · FACTVM · EST ·D · HATERIO
    AGRIPPA  ·  C  ·  SVLPICIO  ·  GALBA  ·  COS        a. p. C. 22
    TI · CLAVDIVS · CAESAR · AVG · GERMANICVS
  5 PONTIF·MAX·TRIB · POT·III·COS·III·IMP·III·P·P       a. p. C. 43
           DEDICAVIT
```

Pietati Augustae | ex s(enatus) c(onsulto) quod factum est D(ecimo) Haterio | Agrippa C(aio) Sulpicio Galba co(n)s(ulibus) | Ti(berius) Claudius Caesar Aug(ustus) Germanicus | ⁵pontif(ex) max(imus) trib(unicia) pot(estate) III co(n)s(ul) III imp(erator) III p(ater) p(atriae) | dedicavit.

Der Pietas Augusta gemäß Senatsbeschluß, der unter dem Konsulat des Decimus Haterius Agrippa und des Caius Sulpicius Galba gefaßt worden war, hat Tiberius Claudius Caesar Augustus Germanicus, im 3. Jahr seiner tribunizischen Gewalt, zum 3. Mal Konsul, zum 3. Mal Imperator, Vater des Vaterlandes, (dies) gestiftet.

Nach Tac. ann. 3, 64 erkrankte im Jahr 22 n. Chr. die Kaiserin-Mutter Livia Drusilla, was Tiberius zur eiligen Rückkehr in die Stadt Rom, den Senat zu verschiedenen religiösen Beschlüssen veranlaßte. Vielleicht gehört zu diesen Bitt-Beschlüssen die Errichtung eines Pietas-Altares. Vermutlich kam der Bau damals infolge von Differenzen zwischen dem Kaiser und seiner Mutter nicht zustande. Sie starb 86-jährig im Jahre 29, wurde aber erst durch Claudius konsekriert (Dio 60, 5, 2). Bei dieser Gelegenheit scheint Claudius den Senatsbeschluß vom Jahre 22 realisiert zu haben. Von den Archäologen werden heute elegante Marmorfragmente im ionischen Stil, die in der Renaissance in der Villa Medici verbaut waren, diesem Monument zugeschrieben. Nach Funden der Jahre 1923 und 1933 muß der Altar an der Via Flaminia in der Höhe der Kirche S. Maria in Via Lata gestanden sein (Nash I 74).

42. Inschrift der Curatores operum publicorum

Der Einsidlensis hat — nach seiner Angabe auf dem Kapitol — eine sonst verlorene Inschrift kopiert, auf welchem die Curatores operum publicorum einen bestimmten Platz reservieren. Diese Curatores operum publicorum erscheinen in der Kaiserzeit als Beauftragte des Kaisers und der Stadt für öffentliche Bauten. Wir kennen aber weder Zeit und Persönlichkeit dieser beiden Beamten, noch das Gebäude, welches die Inschrift betraf. Henzen teilt CIL VI 1472 die Inschrift folgendermaßen auf:

LOCVS · ADSIGNATVS
AB NIGRO · ET · COSCONIANO
CVR · OPERVM · PVBLICORVM

Locus adsignatus (est) | ab Nigro et Cosconiano | cur(atoribus) operum publicorum.
Dieser Platz ist reserviert durch Niger und Cosconianus, Beauftragte für die öffentlichen Bauten.
Die Formel *locus adsignatus est* wird auch z.B. für den Honoratioren reservierte Plätze im Kolosseum verwendet (CIL VI 32363 = Dessau 5049: *Loca adsignata in amphitheatro* für die Arvalbrüder aus flavischer Zeit.

43. Bauinschrift des Kaisers Claudius vom Jahre 46

Der Einsidlensis hat als einziger die Inschrift eines Gebäudes bewahrt, welches Kaiser Claudius im Jahre 46 durch das Dreimänner-Collegium der *curatores tabulariorum publicorum* errichten ließ. Nach Mommsen (Staatsrecht II³ 558) handelt es sich um eine aus Senatoren bestehende Spezialkommission, welche vom Kaiser zur Beschaffung fehlender Finanzurkunden eingesetzt war (nach anderen zur Eintreibung rückständiger Steuern) und die mit korrektem Titel *curatores tabularum publicarum* heiße. Die Lesung des Einsidlensis beruhe auf unrichtiger Ergänzung. Von den drei Senatoren ist der erste, C. Calpetanus Rantius Sedatus Metronius vielleicht noch durch eine Inschrift in Salona bekannt (PIR² II n. 235), der zweite, M. Petronius Lurco, und der dritte T. Satrius Decianus, nur durch diese Inschrift. Um welches Gebäude es sich handelt, wissen wir nicht. Das offizielle Tabularium der Republik und der Kaiserzeit, das Staatsarchiv, war derjenige Bau am Südost-Abhang des Kapitols, auf welchen das Mittelalter den Konservatorenpalast gesetzt hat. Das antike Tabularium ist heute unter dem Konservatorenpalast zum großen Teil freigelegt (Nash II 402–408). Henzen unterteilt die überlieferte Inschrift in CIL VI 916 folgendermaßen:

```
        TI · CLAVDIVS · DRVSI · F · CAESAR · AVG
        GERMANICVS · PONTIF · MAX
        TRIB · POTEST · V · COS · III · DESIG · IIII · IMP · X · P · P    a. p. C. 46
                          EX · S · C
    5  per C · CALPETANVM · RANTIVM · SEDATVM · METRONIVM
       M · PETRONIVM · LVRCONEM · T · SATRIVM · DECIANVM
          CVRATOReS · TABVLAR · PVBLIC · FAC · CVR
```

Ti(berius) Claudius Drusi f(ilius) Caesar Aug(ustus) | Germanicus pontif(ex) max(imus) | trib(unicia) potest(ate) V co(n)s(ul) III desig(natus) IIII imp(erator) X p(ater) p(atriae) | ex s(enatus) c(onsulto) | ⁵[per] C(aium) Calpetanum Rantium Sedatum Metronium | M(arcum) Petronium Lurconem T(itum) Satrium Decianum | curator[e]s tabular(um) public(arum) fac(iendum) cur(avit).
Tiberius Claudius Caesar Augustus Germanicus, Sohn des Drusus, Pontifex Maximus, im 5. Jahre seiner tribunizischen Gewalt, zum 3. Mal Konsul und für das 4. Konsulat designiert, zum 10. Mal Imperator, Vater des Vaterlandes, hat (diesen Bau) durch Caius Calpetanus Rantius Sedatus Metronius, Marcus Petronius Lurco, Titus Satrius Decianus, die Curatores für die öffentlichen Rechnungen, erstellen lassen.

44. Inschrift der Kaiser Diocletianus und Maximianus für den Pater Tiberinus

Der Einsidlensis hat als einziger eine Inschrift am Tiber abgeschrieben, welche aus den Jahren 284–305 stammt und eine Flußkorrektur bezeugt. Der Text lautet in der Aufgliederung Henzens (CIL VI 773) wie folgt (Dessau 626):

```
        IMPP · DIOCLETIANVS · ET · MAXIMIANVS · AVGG
        PERPVRGATIS · FONTIVM · RIVIS · ET · ITINERIBVS
        EORVM · AD PERENNEM · VSVM · REFECTIS
        TIBERINO · PATRI · AQVARVM OMNIVM · ET
    5  REPERTORIBVS · ADMIRABILIVM · FABRICARVM
        PRISCIS · VIRIS · HONORI · DEDERVNT
        CVRANTE · AQVAS · L · AELIO · DiONySIO · C̄V̄
```

Impp(eratores) Diocletianus et Maximianus Augg(usti) | perpurgatis fontium rivis et itineribus | eorum ad perennem usum refectis | Tiberino patri aquarum omnium et | ⁵ repertoribus admirabilium fabricarum | priscis viris honori dederunt | curante aquas L(ucio) Aelio D[i]on[y]sio c(larissimo) v(iro).

Die Imperatoren und Augusti Diocletianus und Maximianus haben, nachdem sie die Zuläufe und Leitungen der Brunnenanlagen gereinigt und für ewigen Gebrauch wiederhergestellt hatten, dem Tiberinus, dem Vater aller Gewässer, und den Schöpfern dieser wunderbaren Werke, den Männern der Vorzeit zu Ehre (diese Inschrift) gegeben. Der Beauftragte für die Wasserwerke Lucius Aelius Dionysius, Clarissimus Vir.

Die Personifizierung des Tiber, der *pater Tiberinus*, besaß auf der Tiberinsel ein Heiligtum und wurde als Schutzgott der stadtrömischen Wasserversorgung verehrt (Wissowa, Religion 1912², 225). Der Senator L. Aelius Helvius Dionysius ist auch aus anderen Inschriften bekannt. Er war zur Zeit der Inschrift *curator aquarum*, später (301–302) Stadtpräfekt. In einer Quelle wird er ein Freund der beiden Kaiser Diokletian und Maximian genannt (PIR I² 32, n. 188).

45. Grabschrift des Cn. Domitius Primigenius und seiner Gattin

Der Einsidlensis hat an der Via Salaria ein Epitaph abgeschrieben, das er als einziger überliefert. Die Herausgeber von CIL VI 16963 teilen den Text folgendermaßen auf:

```
         CN · DOMITIVS · PRIMIGENIVS·
         ET · AFRANIA · BVRRI · LIB · CaENIS
         CONIVGES·VIVI·FECERVNT·SIBI·ET
         LIBERTIS·LIBERTABVSQ·SVIS·POSTE
      5        RISQVE · EORVM
         IN FRONTE · P · XXXV · H · M · H · N · S
```

Cn(aeus) Domitius Primigenius | et Afrania Burri lib(erta) C[a]enis | coniuges vivi fecerunt sibi et | libertis libertabusq(ue) suis poste | ⁵ risque eorum | in fronte p(edes) XXXV h(oc) m(onumentum) h(eredem) n(on) s(equitur).

Cnaeus Domitius Primigenius und Afrania Caenis, die Freigelassene des Burrus, Eheleute, haben dies zu Lebzeiten erstellt für sich und für ihre männlichen und weiblichen Freigelassenen und für deren Nachkommen. In der Front 35 Fuß breit. Diese Grabstätte geht nicht auf den Erben (des Vermögens) über.

Das seltene griechische Cognomen *Caenis* (zum Masculinum καινεύς gehörend) ist bei Ovid, Metamorph. 12, 489 ff. mit einer Verwandlungsgeschichte verbunden: das Mädchen *Kainis* wird von Poseidon in einen Jüngling *Kaineus* verwandelt. Eine Konkubine von Kaiser Vespasian hieß *Antonia Caenis* (Sueton, Vesp. 3).

46. und 52. Zolldekret der Kaiser Marcus Aurelius und Commodus

Zwischen 177 und 180 haben die Kaiser an verschiedenen Ausfallstraßen von Rom ein Zolldekret aufstellen lassen, das die nach Rom fahrenden Händler vor der Willkür der Zöllner schützen sollte. Von diesen Tafeln haben sich zwei bis heute erhalten (CIL VI 1016a und 31227), den Text von zwei anderen, die heute nicht mehr erhalten sind, überliefert allein der Einsidlensis.

Das heute in der Villa Albani ausgestellte Stück wird von de Rossi folgendermaßen wiedergegeben (CIL VI 1016 = Dessau 375):

```
        IMP  CAESAR  M  AVRELIVS
           ANTONINVS · AVG
         GERMANICVS · SARMAT · ET
        IMP · CAESAR · L · AVRELIVS
5          COMMODVS · AVG
         GERMANICVS · SARMATIC
      HOS · LAPIDES · CONSTITVI · IVSSERVNT
       PROPTER · CONTROVERSIAS · QVAE
        INTER · MERCATORES · ET · MANCIPES
10       ORTAE · ERANT VTI FINEM
         DEMONSTRARENT  VECTIGALI
         FORICVLARI TE ANSARII       sic
         PROMERCALIVM · SECVNDVM
          VETEREM · LEGEM · SEMEL · DVM
15           TAXAT · EXIGVNDO
```

Imp(erator) Caesar M(arcus) Aurelius | Antoninus Aug(ustus) | Germanicus Sarmat(icus) et | imp(erator) Caesar L(ucius) Aurelius | ⁵Commodus Aug(ustus) | Germanicus Sarmatic(us) | hos lapides constitui iusserunt | propter controversias quae | inter mercatores et mancipes | ¹⁰ortae erant uti finem | demonstrarent vectigali | foriculari et ansarii | promercalium secundum | veterem legem semel dum | taxat exigundo.
Der Imperator Caesar Marcus Aurelius Antoninus Augustus, Germanen- und Sarmatensieger, und der Imperator Caesar Lucius Aurelius Commo-

dus Augustus, Germanen- und Sarmatensieger, haben diese Steine aufstellen lassen wegen der Streitigkeiten, die zwischen Kaufleuten und Zollpächtern ausgebrochen waren; sie sollen die Grenze für den Eingangszoll und den Henkelzoll auf Handelsware bezeichnen, der nach einem alten Gesetz nur einmal erhoben werden darf.

Das Edikt ist die kaiserliche Entscheidung in Streitigkeiten zwischen Kaufleuten, die Waren nach Rom einführten, und den Zollpächtern an der Stadtgrenze. Sie richtet sich gegen die Praxis der Zollorgane, Einfuhrgüter doppelt zu besteuern, einmal für den kaiserlichen Fiscus und einmal für die Tasche des Beamten. Was die Ausdrücke *foricularium* und *ansarium* genau bedeuten, ist trotz vielfacher Erörterung bis heute nicht klar geworden. *Ansarium* scheint sicher von *ansa* = Henkel von Wein- und Oelamphoren, abzuleiten. An der *ansa* war die Zollplombe befestigt. Wie in der heutigen Zeit waren die Zöllner in der römischen Öffentlichkeit ein unbeliebter Stand, und es gibt zahllose antike Anekdoten und Berichte über die Unredlichkeit der Zollbeamten. Die Gleichsetzung von Zöllner und Sünder in der Bergpredigt (Matth. 11, 19; Luk. 7, 34) entspricht dem populären Urteil der Reichsbevölkerung. Etwas gerechter urteilt Plutarch *de curiositate 7: Wir beschweren uns und sind unwillig über die Zollaufseher, nicht sowohl darum, daß sie die offenen Waren besichtigen, als weil sie den versteckten nachsuchen und in fremdem Gepäck und in fremden Waren herumwühlen; und doch gibt ihnen das Gesetz dazu die Erlaubnis, und die Unterlassung bringt ihnen Schaden.*

Nach dem Tode des Commodus und seiner Damnatio memoriae 192 wurde auf den meisten Tafeln — nicht aber auf dem Exemplar in der

```
       IMP · CAESAR · M · AVRELIVS
          ANTONINVS · AVG
       GERMANICVS · SARMATIC · //
     //////////////////////////
 5      //////////////////
     //////////////////////////
       HOS · LAPIDES · CONSTITVI · IVSSIT
       PROPTER · CONTROVERSIAS · QVAE
       INTER · MERCATORES · ET · MANCIPES
10     ORTAE · ERANT · VTI · FINEM
       DEMONSTRARENT · VECTIGALI
       FORICVLARI · ET · ANSARII
       PROMERCALIVM · SECVNDVM
       VETEREM · LEGEM · SEMEL · DVM
15        TAXAT · EXIGVNDO
```

Villa Albani — der Name des gestürzten Kaisers ausgemeißelt und durch einen späteren Kaisernamen ersetzt. Diese Veränderung der Inschrift zeigt sich auf den beiden Stücken, die der Einsidlensis abgeschrieben hat. Henzen gibt den Text, welchen der Einsidlensis an der Via Salaria kopiert hat, folgendermaßen wieder: (Einsidl. n. 46 = CIL VI 1016 b): Name und Titulatur des Commodus sind hier getilgt, wodurch zwischen der Titulatur des Marcus Aurelius und dem Text des Ediktes eine Lücke von 3 Zeilen entstanden ist.

Den zweiten Text hat der Einsidlensis an der Porta Flaminia kopiert (Einsidl. n. 52 = CIL VI 1016 c). Henzen gibt ihn folgendermaßen wieder:

```
        IMP · CAESAR · M · AVRELIVS
            ANTONINVS · AVG
          GERMANICVS · SARMAT · ET
        M · AVRELIVS · SEVERVS
 5         ALEXANDER · PIVS
              FELIX · AVG
        HOS·LAPIDES·CONSTITVI·IVSSERVNT·MAXIME
        PROPTER · CONTROVERSIAS · QVAE
        INTER · MERCATORES · ET · MANCIPES
10      ORTAE · ERANT · VTI · FINEM
        DEMONSTRARENT · VECTIGALI
        FORICVLARII · ET · ANSARII
        PROMERCALIVM · SECVNDVM
        VETEREM · LEGEM · SEMEL · DVM
15         TAXAT · EXIGVNDO
```

Anstelle des Commodus ist vom Steinmetz an der eradierten Stelle die Titulatur des Severus Alexander (222–235) eingemeißelt worden. Nach Mommsen ist bei dieser Revision auch das überflüssige *maxime* auf Zeile 7 in den Text gekommen. Die Korrektur ist ein Beweis dafür, daß die Tafeln noch 50 Jahre nach Mark Aurel Gültigkeit besaßen.

Zum Zolldekret in der Villa Albani vgl. den Kommentar von H.-G. Kolbe, in W. Helbig *Führer durch die öffentlichen Sammlungen klassischer Altertümer in Rom* IV[4], 1972, 286–289, n. 3316. Über den üblen Ruf der Zöllner vgl. z.B. L. Friedländer *Sittengeschichte* I[10] 1922, 351f.

47. Edikt des Stadtpräfekten Claudius Dynamius über die Mühlen auf dem Janiculus

Auf dem 81 m hohen Mons Janiculus endete die traianische Wasserzuführung für den Westteil der Stadt. Das Wasser floß von hier mit starkem Gefälle in die Wasserleitungen und trieb dabei einige Kornmühlen, die bis zum Goteneinfall von 537 in Betrieb waren. An dieser Stelle hat der Einsidlensis ein Edikt des Stadtpräfekten Claudius Iulius Ecclesius Dynamius vom Ende des 5. Jh. gegen Mißbräuche bei der Kornausmahlung abgeschrieben, das sonst nirgends überliefert ist. Der Stein ist heute verloren. Henzen schlägt CIL VI 1711 folgende Verteilung der Zeilen vor:

```
   CLAVDIVS · IVLIVS · ECcLESIVS · DYNAMIVS · V̄C̄ · ET · ĪNL̄ · VRB · PRAEF · D
   AMORE · PATRIAE · CONPVLSI · NE · QVID · DILIGENTIAE · DEESSE · VIDEATVR
   STVDIO · NOSTRO · ADICI·NOVIMVS · VT · OMNIVM · MOLENDINARIORVM · FRAVDES
   AMPVTENTVR · QVAS · SVBINDE · VENERABILI · POPVLO · ATQ·VNIVERSITATI · FIERI
 5 SVGGERENTIBVS · NOBIS · AGNOVIMVS · ET · IDEO · STATERAS · FIERI · PRAECEPIMVS
   QVAS · IN IANICVLO · CONSTITVI · NOSTRA · PRAECEPIT · AVCTORITAS · VNDE · HOC
   PROGRAMMATE · VNIVERSITATEM · NOSSE · DECERNIMVS · FRVMENTA · CVM · AD
   HAEC · LOCA · CONTERENDA · DETVLERINT · CONSVETA · FRAVDIBVS · LICENTIA
   quo modo · POSSIT · AMOVERI · PRIMO · PENSARE · NON · DIFFERANT · DEINDE · POST
10 QVAM · FREGERINT · PROPTER · FIDEM · INTEGRAE · OBSERVATIONIS · ADHIBITIS
   ISDEM · PONDERIBVS · AGNOSCANT · NIHIL · SIBI · ABSTVLISSE · LICENTIAM · FRAV
   DATORVM · ACCIPERE · AVTEM · SECVNDVM · CONSTITVTVM · BREVEM · MOLENDin
   ARIOS · TAM · IN IANICVLO · QVAM · PER DIVERSA · PRAECIPIMVS · PER MODIVM · VNVM
   NVMMOS · III · ITA · QVOD · SI · QVIS · EORVM · INLICITA · PRAESVMPTIONE · FARINAM
15 CREDIDERIT · POSTVLANDAM · DEPREHENSVS · ET · MVLTAE · SVBIACEAT · ET
   FVSTIARIO · SVPPLICIO · SE · NOVERIT · ESSE · SVBDENDVM · ILLVD · AVTEM · HV
   MANITAs · nostrA · PROPTER · CORPORATORVM · LEVAMEN · ADICIT · VT · SI · QVI · VO
   LVNTATE · PROPRIA · NON · CONPVLSVS · SED · DONANDI · ANIMO · FARINAM
   OFFERRE · VOLVERIT · HABEAT · QVI · ACCIPIT · LIBERAM · FACVLTATEM
```

Claudius Iulius Ec[c]lesius Dynamius v(ir) c(larissimus) et inl(ustrissimus) urb(i) praef(ectus) d(icit): | amore patriae compulsi, nequid diligentiae deesse videatur, | studio nostro adici novimus, ut omnium molendinariorum fraudes | amputentur, quas subinde venerabili populo atq(ue) universitati fieri | ⁵suggerentibus nobis agnovimus, et ideo stateras fieri praecepimus, | quas in Ianiculo constitui nostra praecepit auctoritas. Unde hoc | programmate universitatem nosse decernimus frumenta cum ad | haec loca conterenda detulerint, consueta fraudibus licentia | [quo modo] possit amoveri: primo pensare non differant, dein-

de post | ¹⁰quam fregerint, propter fidem integrae observationis adhibitis | isdem ponderibus agnoscant nihil sibi abstulisse licentiam frau|datorum. Accipere autem secundum constitutum brevem molend[in]|arios tam in Ianiculo quam per diversa praecipimus per modium unum | nummos III. Ita quod si quis eorum inlicita praesumptione farinam | ¹⁵crediderit postulandam, deprehensus et multae subiaceat et | fustiario supplicio se noverit esse subdendum. Illud autem hu|manita[s nostr]a propter corporatorum levamen adicit ut, si qui vo|luntate propria non compulsus, sed donandi animo farinam | offerre voluerit, habeat qui accipit liberam facultatem. (Umschrift nach Mommsen-Henzen)
Claudius Iulius Ecclesius Dynamius, Vir Clarissimus und Inlustrissimus, Stadtpräfekt erklärt: Von der Liebe zum Vaterland getrieben, damit es nicht an der nötigen Sorgfalt zu fehlen scheine, erkennen wir nach der von uns durchgeführten Untersuchung, daß die Betrügereien aller Mühlenbesitzer abgestellt werden müssen. Solche Unredlichkeiten sind immer wieder dem ehrenwerten Volke und der Allgemeinheit widerfahren, wie uns berichtet wurde und wir geprüft haben, weshalb wir anordnen, daß Waagen aufgestellt werden müssen; so befiehlt es auf dem Ianiculus unsere Amtsgewalt. Deshalb soll die Allgemeinheit durch dieses Edikt davon Kenntnis erhalten, daß wir befehlen, wie das Getreide, wenn es zum Mahlen an diesen Ort gebracht wird, den üblichen Betrügereien entzogen werden kann: Zunächst muß das (angegebene) Waaggewicht übereinstimmen, darauf ist nach dem Mahlen bei genauer Beobachtung der Gewichte festzustellen, daß die Willkür der Betrüger nichts unterschlagen hat. Empfangen sollen die Müller nach der kurzen Vorschrift sowohl auf dem Ianiculus als anderswo für den Modius 3 Sesterz (als Mahllohn), so bestimmen wir. Wenn einer von ihnen aus ungesetzlicher Erwartung glaubt, Mehl fordern zu dürfen, soll er angehalten und der Strafe überantwortet werden. Er soll wissen, daß er die Prügelstrafe erwarten muß. Unsere Großzügigkeit fügt als Erleichterung für die Müller-Collegien hinzu, daß, wenn einer aus eigenem Willen, nicht gezwungen, sondern aus reiner Schenkungsfreude, Mehl anbietet, dann soll der Beschenkte das freie Recht haben, die Gabe anzunehmen.
Wie aus dem Text des Ediktes hervorgeht, gaben sich die Müller nicht mit dem Mahllohn zufrieden, sondern beanspruchten auch einen Teil des Mehles, das in den Kriegszeiten des 5. Jh. begreiflicherweise mehr Wert war als die abgewerteten Sesterze. Über den Stadtpräfekten Dynamius vgl. J. R. Martindale *The Prosopography of the Later Roman Empire* II, 1980, 382.

48. Mosaik-Inschrift in der Kirche S. Paolo fuori le Mura

In der Apsis, am Apsis-Bogen und am Triumphbogen der S. Paolo-Basilica waren verschiedene Epigramme dem Mosaikwerk eingefügt, die noch heute in renoviertem Zustand gelesen werden. Die vom Einsidlensis überlieferten zwei Zeilen stammen nach de Rossi aus der Zeit des Kaisers Honorius (395–423). Seine Vorgänger Theodosius und Valentinianus II hatten die von Constantin errichtete Basilica durch eine neue, viel größere ersetzt. Diehl 1761 gibt den Text der Inschrift in folgender Form wieder:

Theodosius coepit, perfecit Honorius aulam
doctoris mundi sacratam corpore Pauli.

Theodosius hat die Kirche begonnen, Honorius hat sie vollendet, die geweiht ist durch den Körper des Doctor Mundi, Paulus.
Paulus als *doctor mundi*: vgl. Paulus *ad Timoth.* 1, 2, 7: *in quo positus sum ego praedicator et apostolus (veritatem dico, non mentior) doctor gentium in fide et veritate* (Luther: *Lehrer der Heiden*).
Zur Baugeschichte der Basilica vgl. R. Krautheimer *Corpus* 5, 1977, 93 ff. Der Stiftungsbrief des Neubaus aus den Jahren 383–384 ist von den drei Kaisern Gratianus, Valentinianus II und Theodosius signiert. Das Werk des Honorius hat Prudentius (348–405) noch gesehen (Peristeph. XII), also stammt die Dekoration des Honorius aus seinen früheren Jahren, ca. 404.

49. Inschrift im Baptisterium von S. Paolo

Der Einsidlensis überliefert diese Inschrift *in absida ad fontem*, spätere *in baptisterio basilicae S. Pauli*. Sie ist heute verloren. De Rossi (n. 53) und Diehl (n. 1838a) geben den Text folgendermaßen wieder:

Haec domus est fidei, mentes ubi summa potestas
liberat et sancto purgatas fonte tuetur.

Dieses Haus ist des Glaubens, wo die höchste Macht die Seelen befreit und sie gereinigt im heiligen Quell beschützt.
Domus fidei, Haus des Glaubens, wird die Kirche auch in der Mosaikinschrift von S. Peter n. 10 genannt.
Zum Ort der Inschrift vgl. Krautheimer *Corpus* 5, 1977, 99.

50. Reparatur-Inschrift des Pompeius-Theaters aus den Jahren 395—408

Das Theater, das Pompeius im Jahre 55 v. Chr. auf dem Marsfeld errichtet hatte, war der erste steinerne Theaterbau in Rom und galt bis in die Spätantike als eines der römischen Bauwunder. Im Mittelalter ist es in die Wohnstadt einbezogen worden, weshalb sich Fundamente und Stützmauern bis heute erhalten haben (Nash II 423 ff.). Der Anonymus Einsidlensis kopierte hier eine Reparaturinschrift aus dem Anfang des 5. Jh., ohne aber zu merken, daß der rechte Teil der Schriftplatte abgebrochen war. Mommsen und Henzen haben den ursprünglichen Text in CIL VI 1191 wiederhergestellt (Dessau 793):

```
        DD · NN · ARCADIVS · ET · HONORIVS inuicti et
        PERPETVI · AVgg · THEATRVM · POMPEI collapso
        EXTERIORE · AMBITV · MAGNA · ETIAM ex parte
        INTERIORe RuenTE · CONVVLSVM ruderibus
    5   SVBDVCTIS · ET · EXCITATIS · INVICEm fabricis
              nouis   restituerunt
```

Dd(omini) nn(ostri) Arcadius et Honorius [invicti et] | perpetui Au[gg(usti)] theatrum Pompei [collapso] | exteriore ambitu magna etiam [ex parte] | interior[e] r[uen]te convulsum [ruderibus] | ⁵subductis et excitatis invice[m fabricis | novis restituerunt].
Unsere Herren Arcadius und Honorius, die unbesiegten und ewigen Augusti, haben das Theater des Pompeius, da der äußere Umkreis eingestürzt und auch zum großen Teil das Innere in Trümmern war, aus seiner Zerstörung durch Wegführen der Trümmer und Aufführung neuer nebeneinander liegender Kunstbauten wiederhergestellt.

Die Inschrift, die nur durch den Einsidlensis überliefert ist, beweist, daß das Pompeiustheater noch zur Zeit der frühmittelalterlichen Stadtbeschreibung erhalten war. Nach der in der Inschrift vermerkten Renovation ist der Bau noch einmal durch Theoderich erneuert worden, wovon Cassiodor berichtet. Seit dem 12. Jh. haben dann die Orsini darauf eine ihrer Stadtfestungen errichtet.
Liste der Renovationen des Baus bis in die Spätantike bei Richter *Topographie* 1901, 228.

51. Epigramm aus dem Kloster Clivo di Scauro

Der Einsidlensis gibt als Standort dieser Inschrift an *in bibliotheca Sancti Gregorii, quae est in monasterio Clitauri, ubi ipse dyalogorum scripsit.* Es handelt sich um das ehemalige Wohnhaus Gregors des Grossen, das der frühere Stadtpräfekt um 575 in ein Andreas-Kloster verwandelt hatte und das später zur heutigen Kirche S. Gregorio Magno bei der Porta Capena umgebaut worden ist. Die Inschrift ist heute verloren, de Rossi (n. 55) und Diehl (n. 1898) geben sie in folgender Form wieder:

S(an)c(t)orum veneranda cohors sedet ordine [longo]
　divinae legis mystica dicta docens.
hos inter residens Agapetus iure sacerdos
　codicibus pulchrum condidit arte locum.
gratia par cunctis, s(an)c(tu)s labor omnibus unus,
　dissona verba quidem, sed tamen una fides.

Der Heiligen verehrungswürdige Schar sitzt in langer Reihe, des göttlichen Gesetzes mystische Worte lehrend. Unter diesen thront Agapetus, dem Rechte nach Priester hat er kunstvoll mit Handschriften diesen schönen Platz bestellt. Die Gnade ist allen gleich, allen dieselbe heilige Bemühung, freilich in Worten verschieden, aber einheitlich im Glauben.

Das schöne Epigramm in 3 Distychen erinnert an die großartigen Bemühungen des spätantiken christlichen Adels, die antiken Bildungsgüter im Untergang Roms zu retten. Cassiodors, des Sekretärs Theoderichs, Plan, mit Hilfe des Papstes Agapetus (535–536) in Rom eine theologische Hochschule zu gründen, scheiterte in der Not des Gotenkrieges. 40 Jahre später stiftete der Stadtpräfekt von 573, der spätere Papst Gregor der Große (590–604), die Bibliothek am Abhang des Mons Celius. Nach der Angabe des Einsidlensis hat Gregor hier seine 4 Bücher *Dialogi de vita et miraculis patrum Italicorum* geschrieben, die in antiker Dialogform von Wundertaten, Prophezeihungen und Visionen der christlichen Väter berichten und die im Mittelalter viel gelesen worden sind (vgl. Altaner *Patrologie* 1978[8], 469).

Bei den an die Bibliotheksinschrift anschließenden Maßangaben *in fronte pedes XXV..* handelt es sich entweder um die Stiftung eines Fußboden-Mosaiks (so Krautheimer mit Verweis auf G. Brusin – P. L. Zovatto *Mon. paleocrist. di Aquileia* 1953, 333. 339 und passim), oder um anderswo liegende Grabsteine, deren Inschriften verloren sind.

53–55. Monument des Rennfahrers P. Aelius Gutta Calpurnianus

An der Via Flaminia, eine kurze Strecke außerhalb der Porta Flaminia, hat der Einsidlensis die Inschrift auf einem Denkmal eines erfolgreichen Rennfahrers aus dem 2. Jh. n. Chr. kopiert, die sonst nirgends erhalten geblieben ist. Wahrscheinlich ist dieses Grabmal schon beim Bau der aurelianischen Mauer zerstört und Teile davon für den Torbau verwendet worden. Als 1877 der Ostturm des Tores abgerissen wurde, fanden sich im Füllmaterial Fragmente des Reliefschmuckes mit drei Quadrigen, die heute im Nuovo Museo Capitolino aufbewahrt werden (Nash II 308). Vom Text der Inschrift ist nichts mehr erhalten. Mommsen und Henzen rekonstruieren die ursprüngliche Inschrift wie folgt (CIL VI 10047; zu den Ergänzungen haben Dessau (5288) und F. Drexel bei Friedländer *Sittengeschichte* IV[10], 1921, 179 ff. beigetragen):

```
53 = CIL VI 10047 a   P·AELIVS·MARI·ROGATI·FIL·GVTTA
                           CALPVRNIANVS
                   EQVIS·HIS·VICI·IN FACTIONE·VENETA
                   GERMINATORE·N·AF·           LXXXXII
              5    SILVANO·R·AF·                   CV
                   NITID·GIL·AF·                  LII
                   SAXONE·N·AF·                    LX
                   ET·VICI·PRAEMIA·M·L̄·I·X̄L̄·IX·X̄X̄X̄·XVII


55 = CIL VI 10047 c   P·AELIVS·MARI·ROGATI·FIL·GVTTA
                           CALPVRNIANVS
                   MILLe·PALMAS·COMPLEVI·IN FACTIONE·PRASINA
                              EQVIS · HIS
              5    DANAO · B · AF ·               XIX
                   OCEANO · N                   CCVIIII
                   VICTORE · R                  CCCCXXIX
                   VINDICE · B                   CLVII
                   ET · VICI · PRAEMIA · MAIORA · X̄L̄ · III · X̄X̄X̄ · III
```

54 = CIL VI 10047 b

```
EX  NVMERO · PALMARVM · SVPRA · SCRIPTARVM · ∞CXXVII · VICI·IN  FACTIONE · ALBATA · CII
REMISSVS · II·X̄X̄X̄·I·X̄L̄·I·A POMPA·IIII·EQVORVM·ANAGONVM·I·SINGVLARVM·LXXXIII·
BINARVM · VII·TERNARVM·II·IN FACTIONE·RVSSATA·VICI·LXXIIX·REMISSVS·SEMEL·X̄X̄X̄·I
QVATERNARVM · I · SINGVLARVM · XLII·BINARVM · XXXII·TERNARVM·III·QVATERNARVM·SEMEL
5  IN FACTIONE·VENETA·VICI·BLXXIII·X̄X̄X̄·XVII·SEIVGE·I·X̄L̄·VIIII·L̄·I·A POMPA·XXXV·TRIGAS
X̄·VII·TRIGA·X̄X̄V·I·EQVORVM·ANAGONVM·I·SACRO·QVINQVENNALIS·CERTAMINIS · I · REMISSVS
SEMEL·SINGVLARVM · CCCXXXIIII · BINARVM·CLXXXIV·TERNARVM · LXV·IN FACTIONE · PRASINA
VICI·CCCLXIV·X̄X̄X̄·I·X̄L̄·II·PEDIBVS·AD QVADRIGAM·LXI·A POMPA·VI·SINGVLARVM·CXVI
BINARVM · CLXXXIIII · TERNARVM · LXIIII · HOC · MONVMENTVM · VIVVS · FECI
```

(53) P(ublius) Aelius Mari Rogati fil(ius) Gutta | Calpurnianus | equis his vici in factione veneta: | Ge⟨r⟩minatore n(igro) Af(ro) LXXXXII | ⁵Silvano r(ufo) Af(ro) CV | Nitid(o) gil(vo) Af(ro) LII | Saxone n(igro) Af(ro) LX | et vici praemia m(aiora) L, I, XL, IX, XXX, XVII.

(55) P(ublius) Aelius Mari Rogati fil(ius) Gutta | Calpurnianus | mill[e] palmas complevi in factione prasina | equis his: | ⁵Danao b(adio) Af(ro) XIX | Oceano n(igro) CC VIIII | Victore r(ufo) CCCCXXIX | Vindice b(adio) CLVII | et vici praemia maiora XL III, XXX III.

(54) Ex numero palmarum supra scriptarum ∞ CXXVII: vici in factione albata CII | remissus II, XXX I, XL I, a pompa IIII, equorum anagonum I; singularum LXXXIII, | binarum VII, ternarum II. In factione russata vici LXXIIX, remissus semel, XXX I | ⟨quaternarum I⟩, singularum XLII, binarum XXXII, ternarum III, quaternarum semel. | ⁵In factione veneta vici DLXXXIII, XXX XVII, seiuge I, XL VIIII, L I, a pompa XXXV, trigas | X VII, triga XX VI¹, equorum anagonum I, sacro quinquennalis certaminis I, remissus | semel; singularum CCCXXXIIII, binarum CLXXXIV, ternarum LXV. In factione prasina | vici CCCLXIV, XXX L², XL II, pedibus ad quadrigam LX I³, a pompa VI, singularum CXVI | binarum CLXXXIIII, ternarum LXIII. Hoc monumentum vivus feci.   1—3 nach Drexel.

(53) Ich, Publius Aelius Gutta Calpurnianus, Sohn des Marius Rogatus, habe mit folgenden Pferden in der blauen Partei gesiegt: mit dem afrikanischen Rappen Geminatus 92 mal, mit dem afrikanischen Fuchs Silvanus 105 mal, mit dem afrikanischen Falben Nitidus 52 mal, mit dem afrikanischen Rappen Saxo 60 mal, und ich habe folgende Große Preise erhalten: Prämie von 50.000 Sesterz einmal, von 40.000 Sesterz 9 mal, von 30.000 Sesterz 17 mal.

(55) Ich, Publius Aelius Gutta Calpurnianus, Sohn des Marius Rogatus, habe 1000 mal die Siegespalmen in der grünen Partei erhalten mit folgenden Pferden: mit dem afrikanischen Braunen Danaus 19 mal, mit dem Rappen Oceanus 209 mal, mit dem Fuchs Victor 429 mal, mit dem Braunen Vindex 157 mal, und ich habe folgende Große Preise gewonnen: die Prämie zu 40.000 Sesterz 3 mal, zu 30.000 Sesterz 3 mal.

(54) Die oben aufgeführten 1.127 Siege habe ich wie folgt errungen: In der weißen Partei 102 Preise, 2 Preise im 2. Lauf, 30.000-Sesterz-Preis 1 mal, 40.000-Sesterz-Preis 1 mal, Preis für das Zirkus-Prozessions-Rennen 4 mal, Preis für das Rennen der Neupferde 1 mal; 83 Preise für Rennen mit je einer Quadriga pro Partei, 7 Preise für die

Doppel-Rennen, 2 Preise für die Tripel-Rennen. In der roten Partei habe ich 78 Siege errungen, 1 Preis im 2. Lauf, 1 mal den 30.000-Sesterz-Preis, 42 mal den Einzel-Quadriga-Preis, 32 mal den Doppel-Quadriga-Preis, 3 mal den Tripel-Quadriga-Preis, 1 mal den Quadrupel-Quadriga-Preis. In der blauen Partei habe ich 583 Siege errungen, 17 mal den 30.000 Sesterz-Preis (davon 1 mal sechsspännig), 9 mal den 40.000-Sesterz-Preis, 1 mal den 50.000-Sesterz-Preis, 35 mal den Preis der Zirkus-Prozession, 2 mal den 15.000-Sesterz-Preis für Dreigespanne, 6 mal den 20.000-Preis für Dreigespanne, 1 mal den Preis für Neupferde, 1 mal den 5-jährigen heiligen (capitolinischen) Rennpreis, 1 mal den Preis für den 2. Lauf, 334 mal den Einzel-Quadriga-Preis, 184 mal den Doppel-Quadriga-Preis, 65 mal den Tripel-Quadriga-Preis. In der grünen Partei habe ich 364 Siege errungen, 1 mal den 20.000-Sesterz-Preis, 2 mal den 40.000-Sesterz-Preis, 1 mal den 60.000-Sesterz-Preis mit Läufern, 6 mal den Preis der Zirkus-Prozession, 116 mal den Preis der Einzelquadriga, 184 mal den Preis der Doppel-Quadriga, 64 mal den Preis der Tripel-Quadriga. Dieses Denkmal habe ich zu Lebzeiten aufgestellt.

Die drei Inschriften vom Monument des Gutta, die in der Abschrift des Einsidlensis erhalten sind, gehören zu den Rennfahrer-Texten, die beim sportbegeisterten Publikum in Rom und Konstantinopel Interesse fanden, heute aber wegen der vielen technischen Angaben schwer zu verstehen sind. Der ausführliche Kommentar von F. Drexel bei Friedländer-Wissowa, *Sittengeschichte* IV[10], 1921, 179–185 ist deshalb heranzuziehen. Drexel bespricht hier auch zwei andere Inschriften dieser Art, welche das Verständnis der Termini technici des Rennsports erläutern helfen. Ob der Einsidler Mönch den Inhalt seiner Abschrift verstanden hat, kann füglich bezweifelt werden, denn der antike Rennsport war bei den Christen nicht beliebt. Es ergibt sich aus der Inschrift, daß die Star-Rennfahrer abwechselnd für verschiedene Zirkusparteien fuhren, wobei sich offenbar die Partei der Grünen (*factio prasina = lauchgrün*), der Blauen (*factio veneta = seeblau*), der Weißen (*factio albata*) und der Roten (*factio russata*) gegenseitig die Champions durch günstige Verträge abwarben. Die Rennfahrer waren jeweils in ihre Parteifarben gekleidet. Gutta ist für alle vier Parteien gefahren. Seine Siege bei der weißen und der roten Partei sind aber beim Einsidlensis nicht überliefert, sei es, daß er sie ausgelassen hat, oder daß das Monument im 9. Jh. schon verstümmelt war. Nur aus der Gesamtrechnung am Schluß können wir die Erfolge Guttas in diesen beiden Parteien ersehen. Von den berühmten Rennpferden gibt die Inschrift jeweils Namen, Farbe und Herkunft an. Das beste Pferd wird in der Quadriga immer als Leittier links außen verwendet, da das Rennen im Uhrzeigersinn verläuft. Es gibt der ganzen Quadriga den Namen. Im normalen Rennen stellt jede Partei ein Gespann, das sind die Rennen der *singulae quadrigae*. Es kommt aber vor, daß die Zirkusparteien je zwei, drei oder vier Gespanne (= *binae, ternae, quaternae*) gleichzeitig gegeneinander laufen lassen. Über die technischen Einzelheiten des Rennbetriebes gibt der Kommentar von Drexel Auskunft, auch über die ausgesetzten Preise. Zum Vergleich mag herangezogen werden, daß die Summe von 60.000 Sest. dem Jahresgehalt eines höheren Beamten im kaiserlichen Dienst entsprach.

55.–66. Inschriften vom Mausoleum Hadriani (Engelsburg)

Augustus errichtete im Jahre 28 v. Chr. für sich und seine Familie auf dem Marsfeld das große Mausoleum, das in den Jahren 1936–1938 freigelegt worden ist. Hier sind alle römischen Kaiser bis Nerva (98 n. Chr.) begraben. Traian, der Nachfolger Nervas, ließ sich im Monumentum der Traianssäule bestatten (vgl. oben n. 13). Hadrian begann gegen Ende seiner Regierung für seine Dynastie gegenüber dem Marsfeld auf der rechten Tiberseite das Grabmal zu bauen, welches heute als Engelsburg, Castel S. Angelo, erhalten ist. Es diente bis Caracalla als kaiserliche Grabstätte. Unter Aurelian wurde der Bau als Festung in die Stadtverteidigung einbezogen (im Jahre 271). Seither spielte er als Bastion der römischen Ringmauer eine große Rolle, war beim Angriff der Goten 537 umkämpft – dabei ging der gesamte Figurenschmuck zugrunde – und lebte als mittelalterliche Befestigung und als Gefängnis weiter. Cola di Rienzo flüchtete sich nach seinem Sturz 1347 in die Engelsburg, Papst Clemens VII 1527 beim Sacco di Roma. Benvenuto Cellini und Giordano Bruno waren dort Gefangene. Im 19. Jh. diente das Kastell als Kaserne, heute ist es Museum.

Die Grabschriften der kaiserlichen Familien waren an der Außenseite des Monumentes in verschiedenen Reihen angebracht. Von diesen Inschriften hat der Einsidlensis insgesamt 11 kopiert, die also im früheren Mittelalter noch erhalten waren. Ein Teil dieser Texte war auch noch in der Renaissance lesbar, weshalb die Inschriftensammler von Poggio an eigene Lesungen vermitteln. 6 Inschriften aber waren in der Renaissancezeit schon zerstört, sodaß der Einsidlensis die einzige Überlieferung bedeutet. Auffälliger Weise fehlt beim Einsidlensis gerade die Grabschrift Hadrians, die auf der Stirnseite des Mausoleums angebracht war und die Poggio gelesen hat. Offensichtlich war sie zur Zeit des Einsidlensis durch

Die Inschriftensammlung 117

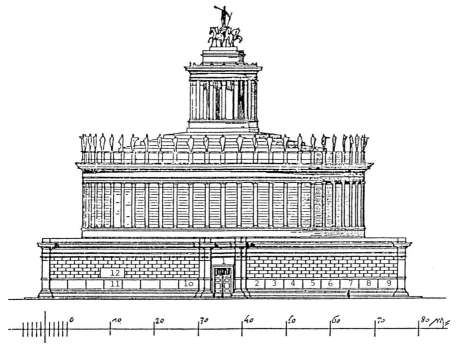

Verteilung der Inschriften am Mausoleum Hadriani nach Huelsen (Röm. Mitt. 1891)

Schutt verdeckt, im 16. Jh. ging sie dann ganz verloren. Von allen Inschriften des Mausoleums ist heute keine einzige mehr erhalten.
Nach Mommsen sind von der Engelsburg im ganzen 12 Grabschriften bekannt. Sie betreffen:
1. Kaiser Hadrian † 138 und Kaiserin Sabina † 136 (CIL VI 984)
2. Kaiser Antoninus Pius † 161 (CIL VI 986)
3. Kaiserin Faustina maior † 141 (CIL VI 987)
4. M. Aurelius Fulvus Antoninus, Sohn des Antoninus Pius † vor 138 (CIL VI 998)
5. M. Galerius Aurelius Antoninus, Sohn des Antoninus Pius † vor 138 (CIL VI 989)
6. Aurelia Fadilla, Tochter des Antoninus Pius † vor 138 (CIL VI 990)
7. T. Aurelius Antoninus, Sohn des Marcus Aurelius, † vor 161 (CIL VI 993)
8. T. Aelius Aurelius, Sohn des Marcus Aurelius, † vor 161 (CIL VI 994)
9. Domitia Faustina, Tochter des Marcus Aurelius, † vor 161 (CIL VI 995)
10. L. Aelius Caesar, Sohn Hadrians, † 138 (CIL VI 985)
11. Kaiser Lucius Verus, † 169 (CIL VI 991)
12. Kaiser Commodus, † 192 (CIL VI 992)

Von diesen Grabschriften enthält der Einsidlensis die Nummern 2–12, wobei die Nummern 3–9 allein beim Einsidlensis überliefert sind, die Nummern 2, 10–12 auch von Renaissance-Autoren. Nummer 1, die Grabschrift Hadrians und Sabinas, hat der Einsidlensis nicht gesehen, dagegen Autoren der Renaissance. Die Inschriften für Commodus (12), Lucius Verus (11) und L. Aelius Caesar (10) bringt der Einsidlensis zwei mal, ohne offenbar die Gleichheit der Namen zu bemerken (12 = Eins. 4 und 54,11 = Eins. 5 und 57,10 = Eins. 5b und 58). Man hat vermutet, daß diese drei Inschriften an der westlichen Frontmauer des Mausoleums lagen, wo der direkte Weg von der Engelsbrücke in den Vatikan entlang führte, und daß sie der Einsidlensis von einem früheren Beobachter übernommen hat. Der Archäologe Chr. Hülsen hat versucht, den ursprünglichen Platz der Epitaphien an der Frontmauer des Mausoleums zu rekonstruieren (Abb. S. 117). Wie die Zeichnung zeigt, bleibt eine Anzahl von Grabschrift-Feldern frei, die wir nicht ausfüllen können. Aber die Liste der fehlenden Namen ist größer als die der freien Felder, denn z.B. Domitia Paulina, die Schwester Hadrians, Matidia, seine Tochter, Kaiser Marcus Aurelius und seine Gattin Faustina iunior, M. Annius Verus, ihr Sohn, Annia Lucilla, Tochter des Lucius Verus, Crispina, Gattin des Commodus, müssen auch in der Engelsburg begraben sein, ferner – wie die Schriftquellen angeben – Kaiser Septimius Severus, Caracalla und Iulia Domna und andere mehr. Von all diesen Grabschriften hat sich nichts erhalten. Diejenigen des Einsidlensis sind spätestens im Bauboom der Renaissancezeit verschwunden.

Im Folgenden werden die im Einsidlensis erhaltenen Inschriften vorgestellt mit den Vorschlägen der Zeilenverteilung, wie die Herausgeber des Inschriftencorpus sie bieten.

4. = 56. Epitaph von Kaiser Commodus
Die Inschrift ist zuerst vom Einsidlensis aufgenommen worden, bestand aber noch bis ins 16. Jh., weshalb sie von den Autoren der Renaissancezeit ebenfalls kopiert worden ist. Bald danach ist die Inschrift an der Tiberseite des Monumentes verschwunden. Mommsen und Henzen rekonstruieren sie nach der Lesung des Einsidlensis und späteren Abschriften folgendermaßen (CIL VI 992 = Dessau 401):

```
    IMPERATORI · CAESARI · DIVI · MARCI · ANTONINI · PII · GERMANICI
    SARMATICI · FILIO · DIVI · PII · NEPOTI · DIVI · HADRIANI · PRONEPOTI
    DIVI · TRAIANI · PARTHICI · ABNEPOTI · DIVI · NERVAE · ADNEPOTI
  L · AELIO · AVRELIO · COMMODO · AVGVSTO · SARMATICO
5   GERMANICO · MAXIMO · BRITANNICO · PONTIFICI · MAXIMO · TRIBVNICIAE
    POTESTAT · XVIII · IMPERAT · VIII · CONSVLI · VII · PATRI · PATRIAE    a. 192
```

Imperatori Caesari divi Marci Antonini Pii Germanici | Sarmatici filio divi Pii nepoti divi Hadriani pronepoti | divi Traiani Parthici abnepoti divi Nervae adnepoti | L(ucio) Aelio Aurelio Commodo Augusto Sarmatico | ⁵ Germanico maximo Britannico pontifici maximo tribuniciae | potestat(is) XVIII imperat(ori) VIII consuli VII patri patriae.

Dem Imperator Caesar, Sohn des vergöttlichten Marcus Antoninus Pius, des Germanen- und Sarmatensiegers, Enkel des vergöttlichten Pius, Urenkel des vergöttlichten Hadrianus, Ur-urenkel des vergöttlichten Traianus, des Parthersiegers, Ur-ururenkel des vergöttlichten Nerva, Lucius Aelius Aurelius Commodus Augustus, Sarmatensieger, größter Germanensieger, Britanniersieger, Pontifex Maximus, im 18. Jahr seiner tribunizischen Gewalt, zum 8. Mal Imperator, zum 7. Mal Konsul, dem Vater des Vaterlandes.

Die Inschrift enthält die offizielle Titulatur von Kaiser Commodus (180–192) mit der auf Adoptionen beruhenden Aszendenz bis auf Kaiser Nerva. Den Titel Sarmaticus trug Commodus seit dem Frühjahr 175, den des Germanicus Maximus schon seit dem 15. Oktober 172, den des Britannicus seit 184. Das 7. Konsulat fällt ins Jahr 192, die 18. Tribunicia Potestas hat der Kaiser am 10. Dezember 192, 3 Wochen vor seiner Ermordung angetreten.

Da Commodus am 31. Dezember 192 durch eine Palastverschwörung beseitigt worden ist und der Senat kurz danach seinen Namen mit der Damnatio memoriae belegte, kann die Inschrift nicht aus dem Todesjahr stammen. Seine Inschriften sind noch zu Anfang der Regierung des Septimius Severus eradiert worden. Erst nach seinem Sieg über Clodius Albinus 197 ließ Septimius Severus Commodus rehabilitieren und setzte seine Konsekration durch den Senat durch. Diese Ehrenrettung steht im Zusammenhang mit der Selbst-Adoption des Severus in die antoninische Dynastie, nach welchem Vorgang sich Severus *divi Commodi frater* nennt. Wie H. Nesselhauf (HA-Colloquium Bonn 1963, 73 ff.) nachgewiesen hat, brachte der Anschluß an die antoninische Dynastie dem Kaiser das Privatvermögen des Commodus ein. Der Beschluß zu dieser Transaktion fällt schon ins Jahr 195, aber erst 197 wagte Severus, den Senat zur Rücknahme der Damnatio memoriae zu veranlassen. Die Commodus-Inschrift an der Engelsburg kann deshalb erst nach diesem Datum angebracht worden sein. Damals dürfte die untere Reihe der Epitaphien links und rechts des Eingangstores schon ausgefüllt gewesen sein, weshalb Severus die Commodus-Platte außerhalb der Reihe an die mit No. 12 bezeichnete Stelle setzen ließ.

5. = 57. Epitaph des Kaisers Lucius Verus

Auch diese Inschrift, die der Einsidlensis als erster kopierte, hat bis in die Renaissancezeit existiert. Mommsen und Henzen haben sie nach dem Einsidlensis und den späteren Kopien rekonstruiert (CIL VI 991 = Dessau 369):

IMP · CAESARI · L · AVRELIO
VERO · AVG · ARMENIAC · MED
PARTHIC · PONTIFIC · TRIBVNIC
POT · VIIII · IMP · V · COS · III · P·P   a. 169

Imp(eratori) Caesari L(ucio) Aurelio | Vero Aug(usto) Armeniac(o) Med(ico) | Parthic(o) pontific(i maximo) tribunic(ia) | pot(estate) VIIII imp(eratori) V co(n)s(uli) III p(atri) p(atriae).

Dem Imperator Caesar Lucius Aurelius Verus Augustus, dem Armeniensieger, dem Medersieger, dem Parthersieger, Pontifex Maximus, im 9. Jahre seiner tribunizischen Gewalt, zum 5. Mal Imperator, zum 3. Mal Konsul, dem Vater des Vaterlandes.

Kaiser Lucius Verus (161–169), der Mitherrscher Mark Aurels, nahm in den Jahren 163–164 den Siegertitel des Armeniacus an, 165 den Titel Parthicus Maximus (Maximus wird in der Inschrift weggelassen) und 166 den Titel Medicus an. Alle diese Siegerbeinamen teilt er mit dem Bruder Mark Aurel. Die 9. Tribunicia Potestas beginnt am 10. Dezember 168. Kurz vor Vollendung dieses Regierungsjahres, im Winter 169 ist er gestorben.

5b. = 58. Epitaph des L. Aelius Caesar, des Adoptivsohnes Hadrians

Diese Grabschrift hat der Einsidlensis zuerst kopiert, nach ihm noch mehrere Autoren der Renaissancezeit. Mommsen und Henzen geben aus diesen Kopien folgende Rekonstruktion (CIL VI 985 = Dessau 329):

L · AELIO · CAESARI
DIVI · HADRIANI · AVG
FILIO · COS · II   post a. 138

L(ucio) Aelio Caesari | divi Hadriani Aug(usti) | filio co(n)s(uli) II.
Dem Lucius Aelius Caesar, Sohn des vergöttlichten Hadrianus Augustus, dem Konsul zum 2. Mal.

Dieser Adoptivsohn Hadrians starb am 1. Januar 138, ein halbes Jahr vor dem Kaiser. Die Tribunicia Potestas, die Aelius seit 136 besaß, wird in der Inschrift weggelassen.

59. Epitaph von Kaiser Antoninus Pius

Die Grabschrift wird zuerst durch den Einsidlensis, dann durch einige Autoren der Renaissance überliefert. Mommsen und Henzen rekonstruieren den Text wie folgt (CIL VI 986 = Dessau 346):

```
        IMP · CAESARI · TITO · AELIO
          HADRIANO .  ANTONINO
         AVG · PIO · PONTIFICI · MAX
         TRIBVNIC · POT · XXIIII      a. 161
    5     IMP · II · COS · IIII · P · P
```

Imp(eratori) Caesari Tito Aelio | Hadriano Antonino | Aug(usto) Pio pontifici max(imo) | tribunic(ia) pot(estate) XXIIII | ⁵imp(eratori) II co(n)s(uli) IIII p(atri) p(atriae).

Dem Imperator Caesar Titus Aelius Hadrianus Antoninus Augustus Pius, Pontifex Maximus, im 24. Jahr seiner tribunizischen Gewalt, zum 2. Mal Imperator, zum 4. Mal Konsul, dem Vater des Vaterlandes.

Die 24. Tribunicia Potestas von Antoninus Pius begann am 10. Dezember 160. Am 7. März 161 ist der Kaiser gestorben. Nach der 2. Imperatur 142, die Pius für den Britanniensieg seines Legaten Q. Lollius Urbicus angenommen hatte, verzichtete der Kaiser auf weitere Akklamationen.

60. Epitaph für die Kaiserin Faustina, Gattin des Antoninus Pius

Diese Inschrift ist nur durch den Einsidlensis überliefert. Mommsen-Henzen schlagen folgende Verteilung der Zeilen vor (CIL VI 987 = Dessau 349):

```
        DIVAE · FAVSTINaE · AVGVSTAE
        IMP · CAESARIS · T · AELII · HADRIANI
        ANTONINI · AVG · PII · PONTIF · MAXIMI
         TRIB · POT · IIII · COS · III · P · P     a. 141
```

Divae Faustin[a]e Augustae | imp(eratoris) Caesaris T(iti) Aelii Hadriani | Antonini Aug(usti) Pii pontif(icis) maximi | trib(unicia) pot(estate) IIII co(n)s(ulis) III p(atris) p(atriae).

Der vergöttlichten Faustina Augusta, (Gattin) des Imperator Caesar Titus Aelius Hadrianus Antoninus Augustus, Pius, Pontifex Maximus, im 4. Jahre seiner tribunizischen Gewalt, im 3. Konsulat, des Vaters des Vaterlandes.

Faustina starb im Jahre 141 während des 4. Regierungsjahres des Kaisers. Konsul III war er 140 gewesen. Sie hieß mit vollem Namen Annia

Galeria Faustina, zur Unterscheidung von der jüngeren Faustina, der Gattin Mark Aurels, Faustina maior genannt.

61. Epitaph für M. Aurelius Fulvus Antoninus, Sohn des Antoninus Pius
Die Inschrift ist nur beim Einsidlensis überliefert und schon vor der Renaissancezeit verloren gegangen. Mommsen und Henzen verteilen die Zeilen wie folgt (CIL VI 988 = Dessau 350):

<pre>
         M · AVRELIVS · FVLVVS
                 ANTONINVS
        FILIVS · IMP · CAESARIS · T · AELII
        HADRIANI·ANTONINI·AVG·PII·P·P
</pre>

M(arcus) Aurelius Fulvus | Antoninus | filius imp(eratoris) Caesaris T(iti) Aelii | Hadriani Antonini Aug(usti) Pii p(atris) p(atriae).
Marcus Aurelius Fulvus Antoninus, Sohn des Imperator Caesar Titus Aelius Hadrianus Antoninus Augustus Pius, des Vaters des Vaterlandes.
Fulvus war der Sohn des Antoninus Pius und der Faustina, geboren noch vor dem Regierungsantritt des Vaters 138. Von den 4 Kindern des Antoninus Pius und der Faustina sind 3 schon vor der Thronerhebung des Vaters gestorben, M. Aurelius Fulvus, M. Galerius Aurelius (unten n. 62) und Aurelia Fadilla (unten n. 63). Von diesen Kindern blieb nur Annia Galeria Faustina am Leben, Faustina minor genannt, die spätere Gattin Mark Aurels. Sie begleitete Kaiser Marcus 175 in den Osten und starb auf dieser Reise in Kappadokien. Der Senat erhob sie zur Diva. Ihr Epitaph ist nicht bekannt, vermutlich gehörte es zu den früh verlorenen Inschriften auf dem Mausoleum Hadriani.

62. Epitaph des M. Galerius Aurelius Antoninus, Sohn des Antoninus Pius

Die Inschrift ist nur beim Einsidlensis überliefert und schon in der Renaissance verloren. Mommsen und Henzen teilen die Zeilen wie folgt ein (CIL VI 989 = Dessau 351):

<pre>
         M · GALERIVS · AVRELIVS
                 ANTONINVS
        FILIVS · IMP · CAESARIS · T · AELII
        HADRIANI·ANTONINI·AVG·PII·P·P
</pre>

M(arcus) Galerius Aurelius | Antoninus | filius imp(eratoris) Caesaris T(iti) Aelii | Hadriani Antonini Aug(usti) Pii p(atris) p(atriae).

Marcus Galerius Aurelius Antoninus, Sohn des Imperator Caesar Titus Aelius Hadrianus Antoninus Augustus Pius, des Vaters des Vaterlandes.
Die Grabschrift betrifft den frühverstorbenen Sohn des Antoninus Pius und der Faustina, der wie sein Bruder n. 61 und seine Schwester n. 63 im Mausoleum Hadriani bestattet war.

63. Epitaph der Aurelia Fadilla, Tochter des Kaisers Antoninus Pius
Als einziger überliefert der Einsidlensis diese Grabschrift, welche schon vor der Renaissance verschwunden sein muß. Mommsen und Henzen geben folgende Aufteilung der Zeilen (CIL VI 990 = Dessau 352):

```
        AVRELIA · FADILLA
       FILIA · IMP · CAESARIS
         T · AELII · HADRIANI
      ANTONINI·AVGVSTI·PII·P·P
```

Aurelia Fadilla | filia imp(eratoris) Caesaris | T(iti) Aelii Hadriani | Antonini Augusti Pii p(atris) p(atriae).
Aurelia Fadilla, Tochter des Imperator Caesar Titus Aelius Hadrianus Antoninus Augustus Pius, des Vaters des Vaterlandes.
Wie die andern früh verstorbenen Geschwister n. 61 und n. 62 ist auch die ältere Tochter des Antoninus Pius, Aurelia Fadilla, im Hadrianeum beigesetzt. Sie war schon in den Jahren 130–135 gestorben. Nach Fertigstellung des Mausoleums ist ihre Urne überführt worden.

64. Epitaph des T. Aurelius Antoninus, Sohnes des Marcus Aurelius
Die Grabschrift für diesen Sohn des Kaisers Mark Aurel ist nur im Einsidlensis überliefert. Mommsen und Henzen teilen die Zeilen folgendermaßen ein (CIL VI 993 = Dessau 383):

```
       T · AVRELIVS · ANTONINVS
       M · AVRELII · CAESARIS · FILIVS
      IMP·ANTONINI·AVGVSTI·PII·P·P·NEPOS
```

T(itus) Aurelius Antoninus | M(arci) Aurelii Caesaris filius | imp(eratoris) Antonini Augusti Pii p(atris) p(atriae) nepos.
Titus Aurelius Antoninus, Sohn des Marcus Aurelius Caesar, Enkel des Imperator Antoninus Augustus Pius, des Vaters des Vaterlandes.
Titus Aurelius Antoninus war eines der 13 Kinder des Marcus Aurelius und der Faustina Minor, das noch vor der Thronbesteigung des Vaters (161) gestorben und im Mausoleum begraben ist. Marcus Aurelius war

von 139 an Caesar, nachdem er 138 in die Familie Hadrians adoptiert worden war.

65. Epitaph des T. Aelius Aurelius, Sohnes des Marcus Aurelius

Die Grabschrift für diesen frühverstorbenen Sohn des Marcus Aurelius und der Faustina wird nur durch den Einsidlensis überliefert, muß also schon vor der Renaissance verschwunden sein. Mommsen und Henzen teilen die Zeilen folgendermaßen auf (CIL VI 994 = Dessau 384)

```
        T · AELIVS · AVRELIVS
        M · AVRELII · CAESARIS · ET
        FAVSTINAE · AVG · FILIVS
        IMP·ANTONINI·AVGVSTI·PII · p. p
5              NEPOS
```

T(itus) Aelius Aurelius | M(arci) Aurelii Caesaris et | Faustinae Aug(ustae) filius | imp(eratoris) Antonini Augusti Pii [p(atris) p(atriae)] | nepos.
Titus Aelius Aurelius, Sohn des Marcus Aurelius Caesar und der Faustina Augusta, Enkel des Imperator Antoninus Augustus Pius, des Vaters des Vaterlandes.

Auch dieser Sohn des Marcus Aurelius, geboren und gestorben vor dem Regierungsantritt des Vaters, wurde im Mausoleum am Tiber beigesetzt. Wie sein Bruder n. 64 wird er Enkel des regierenden Kaisers Antoninus Pius genannt. Eigentümlicherweise wird seiner Mutter der Augusta-Titel beigegeben, obwohl Faustina minor erst von 161 an Augusta war. Da in der Abschrift des Einsidlensis auch das *p(ater) p(atriae)* bei Antoninus fehlt, könnte man an eine fehlerhafte Kopie denken.

66. Epitaph der Domitia Faustina, Tochter des M. Aurelius

Die Grabschrift für die Tochter des Marcus Aurelius und der Faustina wird nur durch den Einsidlensis überliefert. Mommsen und Henzen verteilen die Zeilen folgendermaßen (CIL VI 995 = Dessau 385):

```
        DOMITIA · FAVSTINA
        M · AVRELII · CAESARIS · FILIA
        IMP·ANTONINI·AVGVSTI·PII·P·P·NEPTIS
```

Domitia Faustina | M(arci) Aurelii Caesaris filia | imp(eratoris) Antonini Augusti Pii p(atris) p(atriae) neptis.
Domitia Faustina, Tochter des Marcus Aurelius Caesar, Enkelin des Imperator Antoninus Augustus Pius, des Vaters des Vaterlandes.

Nach Stein (RE V 1511) ist sie um 149 geboren und vor 161 gestorben. Da der Vater Aurelier war, wird sie mit vollem Namen Domitia Aurelia Faustina geheißen haben. Das Cognomen Faustina hatte sie von ihrer Mutter, das Gentile Domitia wohl von ihrer Großmutter Domitia Lucilla, der Mutter von Kaiser Marcus.
Stammtafeln zu den Familien der Antonine finden sich z.B. bei A. Birley *Marcus Aurelius* 1966, 318–322. Über die Prosopographie der Familien der Kaiser Hadrian und Marcus vgl. H. G. Pflaum *Le règlement successorial d'Hadrien, Historia-Augusta-Colloqium 1963* 1964, 95–122; und *Les gendres de Marc Aurèle, Journal des Savants* 1961, 28–42.

67. Epitaph der Märtyrer Protus und Hyacinthus

Das hier wiedergegebene Gedicht aus 6 Hexametern ist das erste der vier Damasus-Epigramme, die der Einsidlensis zitiert (vgl. die nn. 71, 74, 75). Als Fundort wird *in sepulcro Proti martyris* an der *Via Pincia* angegeben. Ein Teil dieser Inschrift hat sich in der Kirche der *SS. Quatro Coronati* auf dem Caelius erhalten, wohin sie im Mittelalter von der Via Salaria verbracht worden sein muß. De Rossi (n. 72) und Diehl (n. 1985) geben den Text folgendermaßen wieder (vgl. Tafel 7):
Extremo tumulus latuit sub aggere montis.
Hunc Damasus monstrat, servat quod membra piorum.
Te Protum retinet melior sibi regia caeli,
Sanguine purpureo sequeris, Yacinthe, probatus.
5 *Germani fratres, animis ingentibus ambo,*
Hic victor meruit palmam, prior ille coronam.
Tief unter dem Bergesschutt lag das Grab verborgen.
Damasus bracht' es ans Licht, denn heilige Gebeine enthält es.
Dich, Protus, birgt (bereits) die bessere Himmelsburg;
Du folgst nach, Hyacinthus, bewährt durch sein purpurnes Blut.
Leibliche Brüder, hochgemut beide:
Dieser erwarb sich siegend die Palme, jener die Krone als erster.
(Übersetzung Schäfer 1932)
Der während seiner Regierung durch schwere kirchliche Streitigkeiten angefeindete Papst Damasus I (366–384) verfaßte zahlreiche Epigramme, die er von seinem Kalligraphen Philocalus in Kirchen und Heiligengräbern einmeißeln ließ. Die neuere Forschung will insgesamt 59 von diesen Gedichten als echt anerkennen, zu denen auch das vorliegende Epigramm gehört. Kennzeichnend für die Dichtung des Damasus sind

Rückgriffe auf klassische Vorbilder, wie hier in Zeile 5/6 auf Vergil, Aen. 11, 291, wo der Dichter Hektor und Aeneas vergleicht *ambo animis, ambo insignes praestantibus armis, hic pietate prior.*

Protus und Hyacinthus gehören in den Kreis der vornehmen Eugenia, die nach der Tradition unter Kaiser Gallienus (253–268) das Martyrium erlitt. Sie sollen Eunuchen dieser Adligen gewesen sein, und nach einander, zuerst Protus, dann Hyacinthus hingerichtet worden sein, was aus dem Epigramm des Damasus hervorgeht. Möglicherweise ist die Abfolge der Martyrien aus dem überlieferten Namen des Protus herausgesponnen worden. Wie das Gedicht angibt, ist es das Verdienst des Damasus, das verschüttete Grab aus dem 3. Jh. wieder hergestellt zu haben. Von einer Renovation der Protus-Hyacinthus-Grabstätte berichtet außerdem eine 1894 hier gefundene Inschrift, die auf das Damasus-Epigramm Bezug zu nehmen scheint (Diehl n. 1774):

Aspice descensum cernes mirabile factum:
Sanctorum monumenta vides patefacta sepulchris
Martyris hic Proti tumulus iacet adque Yacinthi,
Quem cum iam dudum tegeret mons terra caligo,
Hoc Theodorus opus construxit presbyter instans,
Ut Domini plebem opera maiora tenerent.
Sieh, wie tief es hinab geht! Du erblickst ein Wunderwerk:
das Grabmal der Heiligen freigelegt.
Hier liegt das Grab der Märtyrer Protus und Hyacinthus.
Da schon lange des Berges Masse und Finsternis es deckten,
erbaute mit Eifer der Presbyter Theodorus diese Anlage,
damit ein größeres Bauwerk die Gemeinde des Herrn umschließe.
(Übersetzung Schäfer 1932).

Die Buchstaben der neuen Inschrift gleichen derjenigen des Damasusepigramms, aber das Verhältnis der beiden Gedichte zueinander ist umstritten. Es könnte sich beim Presbyter Theodorus um einen Beauftragten des Damasus handeln, der das Bauwerk fertigstellte, oder aber die Inschrift betrifft eine spätere Renovation des Grabes.

Über Papst Damasus I, zu dessen Verdiensten auch die Revision der lateinischen Bibelübersetzung des Hieronymus gehört, orientiert B. Altaner *Patrologie* 1978[8], 354 f. Die alte Ausgabe der Damasus-Epigramme von Ihm (Teubner 1895) ist heute durch die neue von A. Ferrua *Epigrammata Damasiana* Rom 1942 (Epigramm Eins. n. 67 hier n. 47), ersetzt. Über das Protus-Hyacinthus-Epigramm vgl. E. Schäfer *Die Bedeutung der Epigramme des Papstes Damasus I für die Geschichte der Heiligenverehrung* Diss. Leipzig 1932, 68–74 und den Kommentar bei Ferrua 1942, 190 ff. mit Abbildung der linken Epigrammseite 191.

Über das Epigramm des Theodorus handelt Ferrua 193–194. Abbildung des erhaltenen Fragmentes 194. Über die Katakombe S. Ermete an der Via Salaria, wo die Grabstätte liegt, vgl. P. Testini *Catacombe* 1966, 168–169. Ebenda Beispiele der Schreibkunst des Philocalus (SS. 161 unten und 191).

68. Epitaph für den Märtyrer Hyacinthus

Als einzige Quelle überliefert der Einsidlensis hier die Grabschrift des einen der beiden in n. 67 genannten Märtyrer. De Rossi (n. 73) und Diehl (zu n. 1985) geben den Text folgendermaßen wieder:
Sepulcrum s(an)c(t)i martyris Yiacinthi Leopardus pr(es)b(yter) ornavit. Depos(itus est) III id(us) sep(tembres).
Das Grab des heiligen Märtyrers Hyacinthus hat Leopardus, Presbyter, ausgestattet. Begraben am 11. September.
Das Datum, der 11. September, ist derselbe Tag, der im Martyr. Rom. für die beiden Heiligen Protus und Hyacinthus angegeben ist. Es ist daher anzunehmen, daß jeder der beiden in einem besonderen Grab bestattet ist und daß der Einsidlensis hier das Epitaph des einen Einzelgrabes wiedergibt. Ein entsprechendes Epitaph müßte man für Protus annehmen. Das Damasus-Epigramm gilt für die Katakombe, in welcher beide Gräber untergebracht waren. Über die Katakombe S. Ermete an der Via Salaria Vetus vgl. die Angaben bei P. Testini *Catacombe* 1966, 168 f.

Der Presbyter Leopardus ist auch aus einer Inschrift in S. Pudentiana (Diehl n. 1772 A und B, datiert auf die Jahre 387–390: dazu Krautheimer *Corpus* III 279) bekannt. Diehl hält den Presbyter in n. 1772 und denjenigen in n. 1985 für verschiedene Personen, was Krautheimer in Abrede stellt.

69.–70. Teile der Stadtbeschreibung (Regionar)

Die beiden Nummern 69 und 70 gehören zur Stadtbeschreibung des Regionars und sind irrtümlicherweise in die Inschriftensammlung geraten, vermutlich durch den Fehler eines Abschreibers. Vgl. dazu unten S. 203 f.

71. Epitaph für die Märtyrer Nereus und Achilleus

Von diesem Elogium des Damasus, das der Einsidlensis *in via Appia* abgeschrieben hat, sind 1873 bei der Ausgrabung der Domitilla-Katakombe an der Via Ardeatina Fragmente zum Vorschein gekommen. Vollständig hat sich das Gedicht nur beim Einsidlensis und einigen späteren Abschreibern erhalten. Die Damasus-Ausgaben von Ihm (Teubner 1895, n. 8) und Ferrua (1942 n. 8) betrachten es als echtes Epigramm des dichtenden Papstes. De Rossi (n. 74) und Diehl (n. 1981) geben es in folgender Form wieder:

Militiae nomen dederant saevumq(ue) gerebant.
Officium pariter spectantes iussa tyranni,
Praeceptis pulsante metu servire parati.
Mira fides rerum: subito posuere furorem,
5 *Conversi fugiunt, ducis impia castra relinquunt,*
Proiciunt clypeos faleras telaq(ue) cruenta,
Confessi gaudent Christi portare triumphos.
Credite per Damasum, possit quid gloria Christi.

Soldaten waren sie, übten zusammen den grausamen Dienst
und harrten der Befehle des Tyrannen,
von Furcht getrieben zur Vollstreckung seiner Gebote bereit.
Unglaublich das Geschehnis: unerwartet legten sie ihr rohes Wesen ab,
bekehren sich und fliehen, verlassen das verruchte Lager des Feldherrn,
werfen Schilde, Brustschmuck und die blutigen Schwerter weg,
freuen sich zu bekennen und Christi Siegeszeichen zu tragen.
Laßt Euch von Damasus überzeugen, was die Herrlichkeit Christi vermag!

(Übersetzung E. Schäfer 1932)

Nach Damasus waren die beiden Märtyrer ursprünglich Soldaten gewesen, die in der Umgebung des Kaisers (*tyranni*) oder eines seiner Befehlshaber (*dux*) zur Christenverfolgung eingesetzt waren. Die Dekoration der *phalerae* (Schmuckscheiben) weist sie als einfache Soldaten aus, da diese Auszeichnungen nur an Gemeine ausgegeben wurden. Durch ihre Bekehrung verlassen sie den Dienst und nehmen das Martyrium auf sich. Wo die Hinrichtung stattgefunden hat, erfahren wir aus Damasus nicht. Sie kann irgendwo im römischen Reich geschehen sein, denn das Vorgehen gegen zum Christentum konvertierte Soldaten endete besonders in der diokletianischen Verfolgung mit der Todesstrafe, wenn die Absage an den kaiserlichen Dienst mit Gehorsamsverweigerung verbunden ist.

Über die Märtyrer Nereus und Achilleus besteht aber noch eine andere Überlieferung, die in den Märtyrerakten und im Martyrologium Romanum zum 12. Mai erhalten ist. Danach waren Nereus und Achilleus Sklaven im Hause der Flavia Domitilla, der Enkelin Kaiser Vespasians, die wegen ihres christlichen Bekenntnisses auf die Insel Pontia verbannt gewesen sei. Die beiden Diener hätten sich geweigert, dem christlichen Glauben abzuschwören und seien deshalb hingerichtet und in der Katakombe ihrer Herrin bestattet worden. Es ist offensichtlich, daß Damasus von dieser Überlieferung über Nereus und Achilleus nichts weiß. Die Legende, welche die Märtyrer ins 1. Jahrhundert setzt und sie mit der Angehörigen des flavischen Kaiserhauses verbindet, muß also erst in der Zeit nach Damasus entstanden sein.

Vgl. zum Damasus-Epigramm und zur nachdamasianischen Nereus-Achilleus-Legende E. Schäfer *Die Bedeutung der Epigramme des Papstes Damasus I für die Geschichte der Heiligenverehrung* Diss. Leipzig 1932, 132–136, A. Ferrua *Epigrammata Damasiana* 1942, 101–104 n. 8 mit Abbildung zweier erhaltener Fragmente 102. Über die historische Flavia Domitilla vgl. A. Stein *RE* VI 2732–2735 n. 227, und *PIR* III p. 188 n. 418. Über die Gräber in der Domitilla-Katakombe an der Via Ardeatina vgl. P. Testini *Catacombe* 1966, pp. 129, 149, 233.

72. Teile der Stadtbeschreibung (Regionar)

No. 72 gehört wie die nn. 69 und 70 zur Stadtbeschreibung des Regionars und sind irrtümlicherweise in die Inschriftensammlung gekommen. Vgl. dazu unten S. 205 ff.

73. Griechisches Epitaph des L. Iulius Vestinus

An der Straße, die nach Ostia führt, hat der Einsidlensis eine griechische Inschrift kopiert, die zu Beginn der Renaissance noch erhalten war, bald darauf aber verschwunden ist. Sie gilt einer bekannten Persönlichkeit, dem Grammatiker L. Iulius Vestinus, welcher unter Hadrian das Amt ab epistulis in Rom versah. Mommsen und die Herausgeber der Inscriptiones Graecae schlagen eine Verteilung des Textes auf 8 Zeilen vor (IG XIV 1085 = Cagnat, IGRR I 136):

ΑΡΧΙΡΕΙΑΛΕΞΑΝΔΡΕΙΑΣ
ΚΑΙΑΙΤΥΠΤΟΥΠΑΣΗΣ·ΛΕΥΚΙΟΙ
ΙΟΥΛΙΩΙΟΥΗΣΤΙΝΙΩΙ·ΚΑΙΕΠΙΣ
ΤΑΤΗΙΤΟΥΜΟΙΣΕΙΟΥΚΑΙΕΠΙΤΩ
5 ΝΕΝΡΩΜΗΙΒΙΒΛΣΟΘΗΚΩΝΡΩΜΑΙΚΩΝΤΕ
ΚΑΙΕΛΛΗΝΙΚΩΝΚΑΙΕΠΙ
ΤΗΣΠΑΙΔΕΙΑΣΑΔΡΙΑΝΟΥΕΠΙΣ
ΤΟΛΕΙΤΟΥΑΥΤΟΥΑΙΤΟΚΡΑΤΟΡΟΣ

'Αρχι(ε)ρεῖ 'Αλεξανδρείας| καὶ Αἰγύπτου πάσης Λευκίῳ| 'Ιουλίῳ Οὐεστίν⟨ι⟩ῳ καὶ ἐπισ|τάτῃ τοῦ Μουσείου καὶ ἐπὶ τῷ| ⁵ν ἐν 'Ρώμῃ βιβλιοθηκῶν 'Ρωμαικῶν τε| καὶ Ἑλληνικῶν καὶ ἐπὶ| τῆς παιδείας 'Αδριανοῦ τοῦ αὐτοκράτορος καὶ ἐπισ|τολεῖ τοῦ αὐτοῦ αὐτοκράτορος [---].

Dem Hohenpriester von Alexandria und von ganz Aegypten, Lucius Iulius Vestinus, und dem Vorsteher des Museions und der römischen und griechischen Bibliotheken in Rom, dem Beauftragten des Amtes Hadrians für die Untersuchungen und der Kanzlei desselben Kaisers ...

Iulius Vestinus ist wahrscheinlich der Nachkomme des römischen Ritters aus Vienna in der Narbonensis, den Kaiser Claudius in seiner Rede für das Senatsrecht der Gallier als besonders treuen Mitarbeiter lobt. Dieser ältere Vestinus wurde unter Nero Präfekt von Ägypten. Die Laufbahn des jüngeren Vestinus, die in der Inschrift des Einsidlensis wiedergegeben ist, beginnt mit dem Amt des Provinz-Oberpriesters von Ägypten, der für den Kaiserkult verantwortlich war. Es folgt die Leitung des Museion, der alexandrinischen Akademie, und danach diejenige der großen griechisch-römischen Bibliothek in Rom. Der Gelehrte stieg anschließend weiter in der kaiserlichen Verwaltung, übernahm das Amt *a studiis* (ἐπὶ τῆς παιδείας) und dasjenige *ab epistulis* (ἐπιστολεύς). Der Schluß der Inschrift, der vielleicht weitere Ämter des Vestinus enthielt, ist verloren. Über den Cursus handelt H. G. Pflaum *Les carrières procuratoriennes* I, 1960, n. 105.

74. Epigramm auf die Heiligen Felix und Adauctus

Teile dieses Heiligen-Elogiums von der Via Ostiensis sind bei den Ausgrabungen in der Commodilla-Katakombe zu Tage gekommen und werden heute in den vatikanischen Museen aufbewahrt. Vollständig wird das Gedicht des Damasus nur vom Einsidlensis und späteren Ausschreibern überliefert. Es wird von den Herausgebern der Damasus-Epigramme (Ihm, Teubner 1895, n. 7 und Ferrua *Epigr. Damasiana* 1942, n. 7) als echt angesehen. De Rossi (n. 76) und Diehl (n. 1982) geben den Text in folgender Form wieder (vgl. Tafel 7):

O semel atq(ue) iterum cum vero nomine Felix,
Qui intemerata fide contempto principi mundi
Confessus Chr(istu)m caelestia regna petisti.
O vere pretiosa fides, cognoscite, fratris,
Qua ad caelum victor pariter properavit Adauctus.
Presbyter his Verus Damaso rectore iubente
Composuit tumulum sanctorum limina adornans.

O Felix — zweimal mit Recht so zu nennen —,
der du den Fürsten der Welt verachtest, mit unbefleckter Treue
Christus bekanntest und nach dem himmlischen Reiche verlangtest!
O wahrhaft kostbarer Glaube, erkennet es, in welchem sein Bruder
Adauctus mit ihm zusammen siegend gen Himmel eilte!
Der Presbyter Verus richtete auf des Papstes Damasus Geheiß
die Gruft der Heiligen her und schmückte ihre Schwelle.

(Übersetzung E. Schäfer 1932)

Im römischen Märtyrer-Verzeichnis vom Jahre 354 kommen die beiden Heiligen noch nicht vor, dagegen sind sie im Kalender der Heiligen aus dem Anfang des 5. Jahrhunderts verzeichnet (Schäfer 1932, 137). Damasus scheint der erste, der die beiden Namen und den Begräbnisplatz der Märtyrer kannte. Aus seinem Text geht nicht mehr hervor, als daß die Brüder für ihren Glauben gestorben sind und daß dem ersteren, Felix, mit Hinweis auf die Bedeutung seines Namens, seine glückliche Tat bestätigt wird. Die Überlieferung nach Damasus scheint diese Angaben, vielleicht vom Damasus-Gedicht ausgehend, zur Legende ausgebaut zu haben. Nach den Märtyrer-Akten waren Felix und Adauctus Opfer der diokletianischen Verfolgung. Der Priester Felix sollte im heidnischen Tempel seinem Glauben abschwören, aber sein Gebet brachte die Götterbilder zu Fall, und ein Baum an der Via Ostiensis zerstörte den Tempel. Als er darauf zur Hinrichtung abgeführt wurde, bekannte sich ein fremder Zuschauer laut zum Glauben des Verurteilten, weshalb er ebenfalls das Martyrium erlitt. Man nannte diesen Mann den „Hinzugefügten", da man seinen richtigen Namen nicht kannte. Diese Version der Legende wird auch im Martyrol. Rom. zum 30. August gegeben. Über die ältere Literatur zum Adauctus-Problem orientiert E. Schäfer *Die Bedeutung der Epigramme des Papstes Damasus I für die Geschichte der Heiligenverehrung* 1932, 137—140; dazu A. Ferrua *Epigrammata Damasiana* 1942, 98—101 mit Abbildung eines erhaltenen Fragmentes 99. Das Cognomen *Adauctus* war offenbar der römischen Spätzeit nicht mehr geläufig, aber I. Kajanto *The Latin Cognomina* 1965, 349 notiert 32 Beispiele aus den Bänden des Inschriftencorpus.

Über das Grab der Heiligen Felix und Adauctus in der Commodilla-Katakombe (heute: via delle Sette Chiese 42) vgl. P. Testini *Le Catacombe* 1966, 147 und 190. Ein Fresco in dieser Katakombe zeigt Felix und Adauctus zur Seite der Madonna stehend (Abbildung bei Testini Fig. 191).

75. Epigramm auf die Apostel Petrus und Paulus

Der Einsidlensis überliefert hier ein Epigramm des Papstes Damasus, welches er in der S. Sebastian-Kirche an der Via Appia, 2,4 km außerhalb der Porta Appia gelegen, abgeschrieben hat. Das Original dieser Inschrift ist heute verloren, am Orte befindet sich eine unvollständige Kopie aus dem 13. Jh. Die Herausgeber der Damasus-Epigramme halten das Gedicht für echt (Ihm, Teubner 1895, n. 26; Ferrua *Epigr. Damasiana* 1942, n. 20). De Rossi (n. 77) und Diehl (n. 951) geben den Text des Einsidlensis folgendermaßen wieder:

Hic habitasse prius s(an)c(t)os cognoscere debes,
Nomina quisq(ue) Petri pariter Pauliq(ue) requiris.
Discipulos oriens misit, quod sponte fatemur:
Sanguinis ob meritum – Chr(istu)m per astra secuti
Aetherios petiere sinus regnaq(ue) piorum –
Roma suos potius meruit defendere cives.
Haec Damasus vestras referat, nova sidera, laudes.
Wisse, hier hatten die Heiligen ehedem ihre Wohnung;
fragst du nach ihren Namen: Petrus und Paulus!
Der Orient sandte diese Jünger, das gestehen wir willig zu,
aber um des Verdienstes ihres Blutes willen – nachdem sie Christus
über die Sterne folgend
in den Schoß des Himmels und ins Reich der Frommen enteilt sind,
darf Rom sie vielmehr als seine Bürger verteidigen.
Dies will Damasus zu Eurem Lobe verkünden, ihr neuen Sterne!
(Übersetzung E. Schäfer 1932)

Schon zu Ende des 2. Jahrhunderts hatte die christliche Tradition die Gräber der beiden Apostel fixiert, S. Petri im Vatikan und S. Pauli in S. Paolo fuori le Mura, wie sie noch heute für die Gläubigen gelten. Aus dem Epigramm des Damasus lernen wir noch eine andere Begräbnisstätte der Kirchenfürsten kennen, diejenige in der S. Sebastianskatakombe, wo – wie Damasus sagt – die Heiligen einmal geruht haben sollen. Über die Berechtigung dieser Tradition, über Zeitpunkt und Umstände der Translation der Heiligenreliquien an die heutigen Orte besteht eine ausgedehnte und kontroverse Literatur, sicher aber scheint, daß Papst Damasus im 4. Jh. die Tradition des Doppelgrabes in S. Sebastiano kannte. Man wird annehmen dürfen, daß er auch über die getrennten Grabstätten von Petrus im Vatikan und Paulus in S. Paolo fuori le Mura Bescheid wußte, da sie schon in der Literatur des 2. Jh. bezeugt sind. Die Absicht des Damasus scheint aber nicht zu sein, der „Lokaltradition" von S. Sebastiano zum Durchbruch zu verhelfen, sondern die beiden Apostel dort, wo sie beide zusammen gefaßt werden können, für Rom zu beanspruchen und die Ansprüche des Orientes auf die Heiligen abzulehnen. E. Schäfer *Die Bedeutung der Epigramme des Papstes Damasus I für die Geschichte der Heiligenverehrung* 1932, 18–26 weist nach anderen überzeugend nach, daß Damasus hier das Primat der römischen Kirche gegenüber den Forderungen der orientalischen Bischöfe verteidigt. Das stärkste Argument für dieses Primat sind Martyrium und Reliquien der Märtyrer, nicht ihre ursprüngliche Herkunft. Das Wort *cives* wird hier in neuem Sinne verwendet, besonders eindrücklich, wenn man sich daran erinnert, daß ja Paulus – nach klassischem Recht – römischer Bürger war (vgl. den Kommentar von A. Ferrua *Epigrammata Damasiana* 1942, 143 zur Stelle). Das Epigramm ist also ein besonders wichtiges Zeugnis für das Gewicht des christlichen Reliquienwesens und die Themata, welche in den zeitgenössischen Konzilien diskutiert worden sind.

Über die Katakomben von S. Sebastiano vgl. P. Testini *Le catacombe* 1966, 56. Über die Ost-West-Streitigkeiten an den Konzilien des 4. Jh. vgl. z.B. E. Caspar *Geschichte des Papsttums* I, Tübingen 1930, 250 ff.; J. Gaudemet *L'Eglise dans l'Empire Romain (IVe–Ve siècles)* Paris 1958, 416 f., dazu die kaiserliche Bestätigung des dogmatischen Primates von Rom mit der Nennung des Damasus: Cod. Theod. 16, 1, 2 = Cod. Just. 1, 1, 1.

76.–78. Inschriften auf dem Augustus-Bogen von Pavia

Der Einsidlensis bringt unter den Nummern 76–78 eine Anzahl kaiserlicher Namen und Titulaturen, in denen Mommsen 10 Weihinschriften für die Familie des Augustus erkannt hat. Sie waren auf einem Bogen in der Weise angeordnet, daß in der Mitte oben die Titulatur des Augustus stand, links und rechts eingerahmt von denjenigen der Kaiserin Livia und des Thronfolgers Tiberius. An diese schlossen sich auf beiden Seiten die Inschriften von sieben weiteren Mitgliedern der kaiserlichen Familie an. Der Typus dieses Denkmals ist auch von anderen Beispielen bekannt, und man kann vermuten, daß die Namen durch entsprechende Statuen auf dem Bogen ergänzt worden sind (Mommsen, Epigr. Analekten n. 16, Ber. sächs. Ges. d. Wiss. 1850, 319 = Gesammelte Schriften VIII 100). Die Überlieferung der Inschriften beruht einzig auf der Abschrift des Einsidlensis. Der Berichterstatter hat die Texte, die sich wohl in ziemlicher Höhe über dem Erdboden befanden, in der Hauptsache richtig kopiert, scheint aber die eng nebeneinanderstehenden Inschriften unrichtig unterteilt zu haben. Erst Mommsen hat die 10 Titel den einzelnen Personen zugeordnet und schlägt folgendes Schema des Gesamtbogens vor:

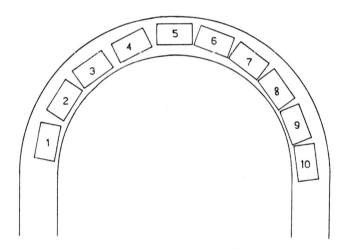

In der Reihenfolge von links nach rechts betreffen die Inschriften folgende Personen:
 1. Nero Iulius Caesar
 2. Drusus Iulius Caesar
 3. Germanicus Iulius Caesar
 4. Tiberius Caesar Augustus
 5. Imperator Caesar Augustus
 6. Livia Augusta
 7. Caius Iulius Caesar
 8. Lucius Iulius Caesar
 9. Drusus Iulius Caesar
 10. Tiberius Claudius Nero Caesar

Nach der Redaktion von Mommsen-Henzen CIL V 6416 (= Dessau 107) und den Verbesserungen von Seeck und anderen hatten die Inschriften ursprünglich folgende Form (Datum des Bogens von Pavia 7/8. n. Chr.):

Die Inschriftensammlung

1.
NERONI · IVLIO
GERMANICI *f.*
AVG · PRONEPOT
CAESARI

Neroni Iulio | Germanici [f(ilio)] | Aug(usti) pronepot(i) | Caesari.
Dem Nero Iulius Caesar, Sohn des Germanicus, Urenkel des Augustus.
Nero Iulius Caesar ist der älteste Sohn des Germanicus. Er gilt als Urenkel des Augustus, weil Tiberius seinen Vater Germanicus adoptiert hatte. Dessau notiert, daß der Adoptiv-Großvater Tiberius auf der Inschrift ausgelassen ist. Nero ist um 6. n. Chr. geboren und war beim Tode des Augustus 8jährig. Die Karriere des Prinzen gedieh bis zur Quaestur. Nach dem Tode seines Vaters Germanicus im Jahre 19 geriet er in die Intrigen des Prätorianerpräfekten Seianus und wurde auf die pontinischen Inseln verbannt, wo er am 18. Oktober 21 elend verhungerte. Eine der ersten Amtshandlungen seines jüngeren Bruders Gaius, des Kaisers Caligula, war, die Asche des Nero ins Mausoleum des Augustus zu überführen. Zusammenstellung der Nachrichten über Nero Iulius Caesar bei Gardthausen, RE X 473 ff. n. 146 und A. Stein/L. Petersen, PIR IV², 187 ff. n. 223.

2.
Druso iulio ti. F
AVGVSTI · NEPOTI
DIVI · PRON · CAESARI
PONTIFICI

D[ruso Iulio Ti(berii)] f(ilio) | Augusti nepoti | divi pron(epoti) Caesari | pontifici.
Dem Drusus Iulius Caesar, Sohn des Tiberius, Enkel des Augustus, Urenkel des vergöttlichten (Iulius Caesar), dem Pontifex.
Drusus Iulius Caesar ist der Sohn des späteren Kaisers Tiberius von seiner ersten Gattin Vipsania Agrippina, geboren zwischen den Jahren 15–12 v. Chr. Er hielt im Jahre 14 n. Chr. die Grabrede auf Augustus, wurde 15 Konsul und feierte im Jahre 20 den Triumph über die Illyrer. Im Jahre 23 wurde er auf Veranlassung des Praetorianerpräfekten Seianus vergiftet. Die Belege über Drusus sind zusammengestellt von Gardthausen, RE X 431 ff. n. 136 und von A. Stein/L. Petersen, PIR IV² 173 ff. n. 219.

3.   GERMANICO
IVLIO · tI · F
AVGVSTI · NEPOT
DIVI · PRON · CAESARI

Germanico | Iulio [T]i(berii) f(ilio) | Augusti nepot(i) | divi pron(epoti) Caesari.
Dem Germanicus Iulius Caesar, Sohn des Tiberius, Enkel des Augustus, Urenkel des vergöttlichten (Iulius Caesar).
Germanicus Iulius Caesar ist der berühmte Kriegsheld und Unterwerfer Germaniens, Adoptivsohn des Tiberius, entsprechend Adoptivenkel des Augustus, geboren im Jahre 15 v. Chr. Seine Inschrift steht zwischen derjenigen des Adoptivvaters Tiberius und derjenigen seines Bruders Drusus (n. 2). Als der Bogen von Pavia im Jahre 7/8 n. Chr. errichtet wurde, war Germanicus erst Augur und Quaestor. Nach dem Tode des Augustus stieß der Prinz mit dem Rheinheer über die Weser vor, wurde aber von Tiberius zurückbefohlen, da der Kaiser die Aussichtslosigkeit der weiteren Eroberung Germaniens erkannt hatte. Germanicus übernahm darauf eine Orientmission, auf welcher Reise er im Jahre 19 n. Chr. gestorben ist. Zusammenstellung der Belege über Germanicus bei Gelzer, RE X 435 ff. n. 138 und A. Stein/L. Petersen, PIR IV² 178 ff. n. 221.

4.   TI · CAESARI
AVGVSTI · F
DIVI · NEPOT · PONT
AVGVRIQVE
COS · ITER·IMP·TER   TRIBVNICIAE·POT·VIIII

Ti(berio) Caesari | Augusti f(ilio) | divi nepot(i) pont(ifici) | augurique |⁵ co(n)s(uli) [i]ter(um) imp(eratori) ter(tium) tribuniciae pot(estatis) VIII[I].
Dem Tiberius Caesar, dem Sohne des Augustus, dem Enkel des vergöttlichten (Iulius Caesar), Pontifex und Augur, Konsul zum 2. Mal, Imperator zum 3. Mal, im Jahre seiner 9. tribunizischen Gewalt.
Die Inschrift gilt dem späteren Kaiser Tiberius vor seiner Thronerhebung. Er wurde als Tiberius Claudius Nero im Jahre 42 v. Chr. geboren und 4 n. Chr. von Augustus adoptiert. Das 2. Konsulat fällt schon ins Jahr 7 v. Chr., die 3. Imperatur ins Jahr 6 n. Chr. Die Zählung der 9. tribunizischen Gewalt gehört zum Jahre 7 n. Chr. Ob die Angabe des Auguramtes in Zeile 4 zur Titulatur des Tiberius oder zu derjenigen des Germanicus gehört, ist unsicher. In jedem Fall markieren die Ämter-

zahlen das Datum unmittelbar vor der Errichtung des Ehrenbogens im Jahre 7/8 n. Chr. Die Angaben über den Cursus des Tiberius finden sich bei Gelzer, RE X 478 ff. n. 154 und bei E. Groag/A. Stein, PIR II² 219 ff. n. 941.

5.
IMP · CAESARI
DIVI · F · AVGVSTO
PONTIFIC · MAXIMO
PATRI·PATRIAE·AVG·XVVIR·S·F·VIIVIR·EPV
COS · XIII · IMP · XVII · TRIBVNIC · POTEST · XXX

Imp(eratori) Caesari | divi f(ilio) Augusto | pontific(i) maximo | patri patriae aug(uri) XV vir(o) s(acris) f(aciundo) VII vir(o) epulon(um) | ⁵ co(n)s(uli) XIII imp(eratori) XVII tribunic(ia) potest(ate) XXX.
Dem Imperator Caesar Augustus, Sohn des vergöttlichten (Iulius Caesar), dem Pontifex Maximus, Vater des Vaterlandes, Augur, Mitglied des 15-Männercollegiums für die heiligen Kulte, Mitglied der 7 Schmausherren, Konsul für das 13. Jahr, zum 17. Mal zum Imperator ausgerufen, im Jahr seiner 30. tribunizischen Gewalt.
Die Inschrift in der Mitte der Bogenwölbung gibt die offizielle Titulatur des Kaisers Augustus im Jahre 7 n. Chr. Die 30. Tribunicia Potestas dauerte vom 1. Juli 7 bis zum 30. Juni 8 n. Chr., wodurch die Inschrift datiert wird. Die Angabe der Priesterämter außer dem Pontifex Maximus ist selten bei Augustus. Beim Collegium der Quindecemviri sacris faciundis handelt es sich um das Gremium, das im Jahre 17 v. Chr. unter Leitung des Augustus die Saecularfeier durchführte. Die Septemviri epulonum sind das vornehme Collegium für die symbolischen Götterspeisungen („Schmausherren" nach F. Staehelin). Eine bequeme Zusammenstellung der Titulaturen des Augustus anhand der Meilensteine gibt I. König *Die Meilensteine der Gallia Narbonensis* 1970, 67 ff.

6.
LIVIAI.
DRVSI · F
ORI · CAESARIS · AVG

Livia[e] | Drusi f(iliae) uxori Caesaris Aug(usti).
Der Livia, Tochter des Drusus, Gattin des Caesar Augustus.
Die Kaiserin Livia, 2. Gattin des Augustus, der sie im Jahre 38 v. Chr. heiratete, obwohl sie damals mit einem Sohne ihres ersten Gatten, Ti. Claudius Nero, schwanger war. Dieser Sohn ist der spätere Kaiser Tibe-

rius. Livia überlebte Augustus und starb 86-jährig erst 29 n. Chr. Die Belege über Livia sind zusammengestellt bei A. Stein/L. Petersen, PIR V 1, 73 ff. n. 301.

7.
     c·CAESARI
     AVGVSTI · F
     DIVI · NEPOT
    PONTIFIC · COS
     IMPERATORI

[C(aio)] Caesari | Augusti f(ilio) | divi nepot(i) | pontific(i) co(n)s(uli) | ⁵imperatori.
Dem Caius Caesar, Sohn des Augustus, Enkel des vergöttlichten (Iulius Caesar), dem Pontifex, Konsul, Imperator.
Es handelt sich um den Prinzen C. Caesar, den Sohn der Augustustochter Iulia und des Agrippa, der zum Zeitpunkt der Aufstellung des Bogens von Pavia schon tot war. Augustus hatte seinen Enkel, zusammen mit dessen Bruder Lucius, als 3-jährigen adoptiert und ihn zum Thronfolger vorgesehen. Der Prinz wurde mit Ehren überhäuft, mit 14 Jahren zum Konsul designiert, welches Amt er am 1. Januar 1 n. Chr. antrat. Danach wurde er in diplomatischer Mission in den Orient gesandt, wo er aber erkrankte und am 21. Februar 4 n. Chr. im Alter von 24 Jahren starb. Zusammenstellung der Belege bei Gardthausen, RE X 424 ff. n. 134 und A. Stein/L. Petersen, PIR IV² 165 ff. n. 216.

8.
     l·CAESARI
     AVGVSTI · F
     DIVI · NEPOT
    AVGVRI · COS · DESIGN
    PRINCIPI · IVVENTVTIS

[L(ucio)] Caesari | Augusti f(ilio) | divi nepot(i) | auguri co(n)s(uli) design(ato) | ⁵principi iuventutis.
Dem Lucius Caesar, Sohn des Augustus, Enkel des vergöttlichten (Iulius Caesar), dem Augurn, designierten Konsul, Führer der Jugend.
Der zweite Sohn der Julia, Tochter des Augustus, und des Agrippa, geboren 17 v. Chr., wie sein Bruder Caius als Kind vom Kaiser adoptiert und gleich wie sein Bruder vorzeitig — achtzehnjährig im Jahre 2 n. Chr. gestorben. Das Konsulat hat er im Gegensatz zu seinem Bruder Caius nicht mehr erlebt. Die beiden Inschriften für Caius und Lucius Caesar

sind also kommemorativ und kommen im Charakter den Weihaltar-Titeln von Pisa und Nîmes nahe. (Belege Gardthausen, RE X 472 ff. n. 145; A. Stein/L. Petersen, PIR IV² 185 ff. n. 222).

9.   DRVSO · IVLIO
     GERMANICI · F
   AVG · PRONEPOT
     GERMANICO

Druso Iulio | Germanici f(ilio) | Aug(usti) pronepot(i) | Germanico.
Dem Drusus Iulius Germanicus, Sohn des Germanicus, Urenkel des Augustus.
Drusus Iulius Caesar Germanicus ist der zweite Sohn des Germanicus und der älteren Agrippina, der Bruder des in no. 1 aufgeführten Nero Caesar. Er muß, als er die Inschrift erhielt, ein ganz kleines Kind gewesen sein, denn er scheint erst 7 oder 8 n. Chr. geboren. Sein Schicksal nach dem Tode des Augustus war ähnlich wie dasjenige seines Bruders Nero. Seian ließ ihn einkerkern und er starb Hungers im Jahre 33. Belege bei Gardthausen, RE X 434 ff. n. 137 und A. Stein/L. Petersen, PIR IV² 176 f. n. 220.

10.   TI · CLAVDIO
     DRVSI · GERMANICI · F
     NERONI · GERMANICO

Ti(berio) Claudio | Drusi Germanici f(ilio) | Neroni Germanico.
Dem Tiberius Claudius Nero Germanicus, dem Sohne des Drusus Germanicus.
Tiberius Claudius Nero Germanicus ist der spätere Kaiser Claudius (41–54), geboren am 1. August 10 v. Chr., also zum Zeitpunkt der Inschrift im Jahre 7/8 n. Chr. 18jährig. Sein Vater, Nero Claudius Drusus, „der ältere Drusus", Stiefsohn des Augustus und Bruder des Tiberius, war schon ein Jahr nach der Geburt des Claudius im Jahre 9 v. Chr. gestorben. Beim Tode des Augustus war Claudius 25jährig, bis zum Antritt seiner Regierung mußte er noch 27 Jahre warten. Die Belege über Leben und Titel des Claudius finden sich bei Gaheis, RE III 2778 ff. und bei E. Groag/A. Stein, PIR II² 225 ff. n. 942.
Wie die Liste der 10 Namen aus der Familie des Augustus zeigt, führte sie neben dem regierenden Kaiser und der Kaiserin lebende und verstorbene Prinzen auf, letztere offenbar aus besonderer Pietät gegenüber den dynastischen Plänen des Augustus. Unter den im Jahre 7/8 n. Chr. le-

benden Prinzen fehlt Agrippa Iulius Caesar, der jüngste Sohn der Augustustochter Iulia, geboren 12 v. Chr. Dieser Agrippa Postumus scheint aber gerade im Jahre 7, wie die Mutter Iulia schon früher, durch Verbannung vom Hofe entfernt worden zu sein.

In letzter Zeit sind neue Ehreninschriften für die Familie des Augustus gefunden worden, die im Sinn denjenigen des Bogens von Pavia entsprechen. Sie betreffen die früh verstorbenen Prinzen L. und C. Caesar (hier n. 8 und n. 7): Chur 1965 (vgl. E. Meyer *Helvetia Antiqua* 1966, 228 f.), St. Maurice 1942 (vgl. P. Collart *Mélanges Ch. Gilliard* 1944, 38 f.; beide Inschriften bei G. Walser *Röm. Inschriften in der Schweiz* III 1980, nn. 287 und 313), ferner Germanicus (hier n. 3) † im Jahre 19 n. Chr. Die umfangreichen Ehrenbeschlüsse für Germanicus sind 1947 auf einer Bronzetafel bei Magliano (*Tabula Hebana*) gefunden worden (die wichtigste Literatur dazu bei R. Hanslik *Der kleine Pauly* 2, 1975, 770; deutsche Übersetzung von H. Freis *Hist. Inschriften zur röm. Kaiserzeit* 1984, 24–28).

79. Weihinschrift des S. Sextilius Fuscus in Pavia

Auf seiner Reise nach Rom hat der Einsidlensis in Pavia, dem antiken Municipium Ticinum, eine Inschrift kopiert, die sonst nicht erhalten ist. Es handelt sich um die Dedikation des städtischen Beamten S. Sextilius Fuscus. An wen sie gerichtet ist, geht aus der Inschrift nicht hervor. Mommsen verteilt den Text auf 4 Zeilen (CIL V 6431):

```
    SEX · SEXTILIVS · SEX · F · PAPIRIA · FVSCVS
       FLAMEN · ROMAE · ET · DIVI · CLAVDII
    IIII ·VIR·I·D·PONTIFEX·AVGVR·SALIVS·GRAT·D·D
              PRAEFECT · FABr · DED
```

Sex(tus) Sextilius Sex(ti) f(ilius) Papiria (tribu) Fuscus | flamen Romae et divi Claudii | IIII vir i(ure) d(icundo) pontifex augur salius grat(uitus) d(ecreto) d(ecurionum) | praefect(us) fab[r(um)] ded(icavit).
Sextus Sextilius Fuscus, Sohn des Sextus, aus der Bürgerabteilung Papiria, Flamen der Roma und des vergöttlichten Claudius, Mitglied der Viermänner für die Rechtsprechung, Pontifex, Augur, Mitglied der Salier, durch Beschluß der Dekurionen vom Beitrag befreit, Vorsteher der Werkleute, hat es gestiftet.
Fuscus hat die wichtigsten Ämter der italischen Munizipalstadt Ticinum, deren Bürger in der Tribus Papiria eingeschrieben waren, bekleidet. Er

gibt sie in der Reihenfolge ihrer Wichtigkeit an, wobei die religiösen und die politischen Chargen abwechseln: Er war Priester für die Göttin Roma und den Kult des Kaisers Claudius, der nach seinem Tode 54 zum Divus erhoben worden war. Er war Mitglied der obersten Stadtbehörde, der Quattuorviri, von denen zwei den Titel „iure dicundo" tragen. Ferner bekleidete er Stellen in den Collegien der Pontifices, der Augures und der Salier (altertümliche Kultgenossenschaft mit Springprozession), die ihre Funktionen wie in der Hauptstadt erfüllen. Beim letztgenannten Collegium, der salischen Priesterschaft, die mit bedeutenden Aufwendungen verbunden war, genoß er durch Ratsbeschluß die reine Ehrenmitgliedschaft. Die Charge des Praefectus fabrum, ursprünglich ein militärisches Amt, ist in der Kaiserzeit zum reinen Ehrentitel geworden.

80. Griechische Petrus-Inschrift aus Pavia

Der Einsidlensis hat in Pavia außer den nn. 76–79 eine griechische Inschrift kopiert mit dem Standort *in igona s(an)c(t)i Petri*. Die neueren Erklärer vermuten als Herkunftsort die noch heute bestehende Kirche *S. Pietro in Ciel d'Oro*, welche aus langobardischer Zeit stammen muß und im 12. und 19. Jh. umgebaut worden ist. Den Text rekonstruiert de Rossi (n. 82) wie folgt:
ΤΟΝ ΘΕΟΝ ΛΟΓΟΝ
ΘΕ[ΑΣΘ]Ε ΧΡΥΣΩ ΤΗΝ ΘΕΟ[ΓΛ]ΥΠΤΟΝ ΠΕΤΡΑΝ
ΕΝ Η ΒΕΒΗΚΩΣ ΟΥ ΚΛΟΝ[Ο]ΥΜ[ΑΙ . . .
(τὸν θεὸν λόγον θε[ᾶσθ]ε χρυσῷ τὴν θεό[γλ]υπτον πέτραν,
ἐν ᾗ βεβηκὼς οὐ κλον[ο]ῦμ[αι. . .)
Sehet das göttliche Wort, aus Gold göttlich in den Fels gegraben, auf dem ich stehe und nicht wanke . . .
Die Inschrift dürfte sich auf die Goldgrund-Mosaik-Arbeit beziehen, welche der Kirche ihren Namen gegeben hat und wie wir sie aus Ravenna kennen. Nach Paulus Diac. *hist. Langob.* 6, 58 ist der Langobarden-König Liutprand (712–744) Gründer des Klosters und der damit verbundenen Kirche: *hic monasterium beati Petri, quod foras muros Ticinensis civitatis situm est et Coelium aureum appellatur, instituit.* Dante (*Par.* 10, 128) läßt den von ihm hoch verehrten Boethius in *Cieldauro* begraben sein. Aber als Theoderich 524 den Philosophen in Pavia hinrichtete, bestand die Kirche noch nicht. Die Tradition hat später dem „heidnischen Märtyrer" die vornehmste Grabstätte zugewiesen, die Pavia zu bieten hatte. Nach der Überlieferung sind auch die Reliquien des heiligen Augustin von Liutprand in die goldene Kirche verbracht worden.

Über Liutprands Stellung zur römischen Kurie vgl. z.B. L. M. Hartmann *Geschichte Italiens im Mittelalter* II 2, 1903, 129 ff.

II. DAS ITINERAR
DER EINSIEDLER HANDSCHRIFT

DER PILGERFÜHRER DURCH ROM
(Der sog. Regionar der Stadt Rom)
FF. 79b–85a, 77a–b)

A PORTA SCI PETRI USQUE AD —
IND. Circus flamineus.
Rotunda
Therme commodiane
Forum traiani & columnas eius
Tiberis   ARCUS
Sci hadriani
Sci cyriaci   FORUM
Sca agath. ibi tm. magnes puliores te mane. SUB
Therme constantini
Sca uiralis in uico longo ubi cuiul opt.
Sce eufemie inuico patricii
A PORTA SCI PETRI USQUE AD POR
IN SINISTRA.   PER AR
Sci apollinaris
Sca laurentii in lucina
Obolifcum   FORMA VIRGI
Sci sluestri . ibi balneum
Sca felicis in pincis.

SCAM LUCIAM . IN URTHEA .
INS. Sca laurentii in damaso.
Theatrum pompa. Cypresus
Sci laurentii .   capitolium.
Sca sergii. ubi umbilicũ rome
SEVERI
Cauallus constantini
ROMANUM
URX.
pudentiane inuico patricii
Laurentii informonso ubi ille afcusest
forum p subura. Therme traiani aduincula.
A VI US SALARIAM.
CUM IND. Circus flamineus. ibi sca agnes.
Therme alexandriane. & sca eustachii
Rotunda. & therme commodiane
HIS. columne antonini
Sca susanna. aqua deformis luceranense
Therme sallustiane. & pyramiden.

F. 79b

A PORTA S(AN)C(T)I PETRI AD
IN D(extra)   circus flamineus
Rotunda
Thermae commodianae
Forum traiani et columna eius
Tiberis   ARCUS
s(an)c(t)i hadriani
s(an)c(t)i cyriaci   FORUM
s(an)c(t)a agatha ibi imagines pauli et s(an)ct(ae)
   mariae   SUB-
Thermae constantini
s(an)c(t)i vitalis in vico longo ubi caval(lus) opt(imus)
s(an)c(t)ae eufemiae in vico patricii

A PORTA S(AN)C(T)I PETRI USQUE AD POR
IN SINISTRA   PER AR-

s(an)c(t)i apollinaris
s(an)c(t)i laurentii in lucina
oboliscum   FORMA VIRGI-
s(an)c(t)i silvestri.ibi balneum
s(an)c(t)i felicis in pincis

F. 80a

S(AN)C(T)AM LUCIAM IN ORTHEA
IN S(inistra) s(an)c(t)i laurentii in damaso
Theatrum pompei. cypresus
s(an)c(t)i laurentii. capitolium
s(an)c(t)i sergii . ubi umbilicu(m) romae
SEVERI
cavallus constantini
ROMANUM

URA
pudentiana in vico patricii
Laurentii in formonso ubi ille assatus est
iterum p(er) subura(m). Thermae traiani ad vincula

TAM SALARIAM
CUM IN D(EXTRA) circus flamineus.ibi s(an)c(t)a
       agnes
Thermae alexandrianae et s(an)c(t)i eustachii
Rotunda et thermae commodianae
NIS columna antonini
s(an)c(t)a susanna et aqua de forma lateranensae
Thermae sallustianae et piramidem

A PORTA NUMENTANA USQ. FO
INS. Thermae dioclecianę
Scā cyriaci · fcī uitalis
Scē agathę induconia
Monasterium fcē agathę
Thermę constantian
In uia numentana forū muri · In sinistris cę
agnes · In dex̄i · scā nicomedis
A PORTA FLAMINEA US QUE
parturum
Scā siluestri · et scī · yppostaciū usq. coloninī. A M
Forma uirginis fracta
Scī marcelli · foru yppostacū usque
Adapostolos
In uia flaminea forus murum
Index tera fcī ualentini
In sinistris · tiberis
A PORTA TIBURTINA USQ

ROMA ROMANUM
IND. Thermę sallustianę
Scā susanna. & scī uiulli marmoreę
Scī marcelli
Adapostolos
Forum traiani
Scā hadriani

VIA LATERANENSE
Scā laurencia inlucina
IOHINI · obuliscum
columna antonini ·
uia lateranense
Thermę alexandrinę
Scī eustadii · & rotundi
Thermę commodianę
minervuum · et sc̄m marcum
ISCORA

F. 80b

A PORTA NUMENTANA USQ(UE)   FO
IN S(INISTRA) Thermae diocletianae
S(an)c(t)i cyriaci. s(an)c(t)i vitalis
S(an)c(t)ae agathae in diaconia
Monasterium s(an)c(t)ae agathae
Thermae constantini
In via numentana foris muru(m)   IN SINIST(RA)
S(AN)C(T)AE
agnes. IN DEXT(RA) s(an)c(t)i nicomedis

A PORTA FLAMINEA USQUE
pariturium
S(an)c(t)i silvestri et sic p(er) porticu(m) usq(ue) co-
lu(m)na(m) AN
Forma virginis fracta
S(an)c(t)i marcelli iteru(m) p(er) porticu(m) usque
Ad apostolos
In via flaminea foris murum
In dextera s(an)c(t)i valentini
In sinistra tiberis

F. 81a

RUM ROMANUM
IN D(EXTRA) Thermae sallustianae
S(an)c(t)a susanna et cavalli marmorei
S(an)c(t)i marcelli
Ad apostolos
Forum traiani
S(an)c(t)i hadriani

VIA LATERANENSE
S(an)c(t)i laurentii in lucina

TONINI oboliscum
columna antonini
via lateranense
Thermae alexandrinae
S(an)c(t)i eustachii et rotunda
Thermae commodianae
minervium et ad s(an)c(tu)m marcum

Scā ysidori
Scā eusebii·   uia subtauf mon
Scī urcuf
Scē mariae in praesepio
heru̅ scā uta
Scē eufemiae

ITEM ALIA VIA TIBURTINA
forma claudiana   PER AR
Scae biuiane   II A PHEUM
in uia aburtana forif murum · Infimuf
A PORTA AURELIA USQ. AD POR
Fonf scī petri ubi est carcer eiuf
Scī iohannif & pauli·
Scī georgii · Scī sergii ·   Per ponte̅
capreolium · umbilicum   per ar
Scā hadriani   equuf con
                              forum ro
Scī cyriaci & thermae constantini

forma claudiana
cem · Thermae diocletiani
Scē agathę
Scī uitalif
Scē pudentiane
Scā laurentii in furno mō ubi assatus est
monasterium scē agathe
USQ. SESSORIANUM
cum · Scē agathae·
Scā eusebii·
crasā ypolti · In de cera sā lauuren ci ·
I AM PRAENESTINAM
Moline · Nicea aurea · Scē mariae
Scī chrifogoni · et scē cecilę
            maiorem
Palacinuf · ad scm̅ theodorum
cu̅m
       Scā maria anaqua
faurem
       Scī cofme & damiani
manu̅m
Palacium trauani · ibi adunncula·

F. 81b

A PORTA TIBURTINA USQ(UE)
S(an)c(t)i isidori
S(an)c(t)i eusebii   via subtus mon-
S(an)c(t)u)s vitus
S(an)c(t)ae mariae in praesepio
iteru(m) s(an)c(t)i viti
S(an)c(t)ae eufemiae

ITEM ALIA VIA (A) TIBURTINA   PER AR-
Forma claudiana   NIMPHEUM
S(an)c(t)ae bivianae   In sinis-
In via tiburtina foris murum

A PORTA AURELIA USQ(UE) AD POR-
Fons s(an)c(t)i petri ubi est carcer eius
S(an)c(t)i iohannis et pauli
S(an)c(t)i georgii. S(an)c(t)i sergii   per ponte(m)
capitolium.   umbilicum   per ar-
S(an)c(t)i hadriani   equus con-
                                           Forum ro-
S(an)c(t)i cyriaci et thermae constantini

F. 82a

SUBURA
Forma claudiana
tem. Thermae diocletianae
S(an)c(t)ae agathae
S(an)c(t)i vitalis
S(an)c(t)ae pudentianae
S(an)c(t)i laurentii in formonso ubi assatus est
Monasteriu(m) s(an)c(t)ae agathae

USQUE AD S(AN)C(T)UM VITUM
CUM S(an)c(t)ae agathae
S(an)c(t)i eusebii
tra s(an)c(t)i ypoliti. In dextera s(an)c(t)i laurentii

TAM PRAENESTINAM
Molinae. Mica aurea. S(an)c(t)ae mariae
S(an)c(t)i chrisogoni et s(an)c(t)ae c(a)eciliae
maiorem Palatinus. ad s(an)c(tu)m theodorum
cum S(an)c(t)a maria antiqua
stantini S(an)c(t)i cosmae et damiani
manum
palatium traiani. ibi ad vincula

Monasteriū scōrū agathe sub u
Scī laurentii informonso · Scā uitalif
Scā pudentiana · et scā eufemie
palatium pilati · Scā maria maior
Scī turif · Nymphaum ·
Scā biuiana
Forma claudiana
Iuxta p̄nestaria foris murum forma claudiana
A PORTA SCI PETRI USQUE
Circus flumineuf · ibi scā agnef per ar
Therme alexandrine
Scā eusta chii · Rotunda
Therme commodianę
Minervium · ibi scā maria
Ad sc̄m marcum
Forum traiani & columne euf
Tiberif   R. PER AR
Scī hadriani · Forum romanum

R A · Scā lucie inortheo
Scōs siluestri · et scā martini ·
palatium iuxta iherusalem
Hierusalem
Amphitheatrum
Forma Lateranense · monasterium honorii ·
porta prenestina
Scā helena · Scī marcellinuf et petruf
PORTA ASINARIA
cum
Scā laurentii indamaso ·
Theatrum pompeia
Cyprianuf
Scā laurentii inminervu
capitolium
Scī sergii · ibi umbilicum romae
Scī georgii
CUM SEUERI
Scā maria antiqua

Das Itinerar der Einsiedler Handschrift   151

F. 82b

Monasteriu(m) s(an)c(t)ae agathae   SUBU-
S(an)c(t)i laurentii in formonso. S(an)c(t)i vitalis
S(an)c(t)a pudentiana et s(an)c(t)a eufemia
palatium pilati. S(an)c(t)a maria maior
S(an)c(tu)s vitus.   Nympheum
S(an)c(t)a biviana
Forma cla(u)diana
In via p(rae)nestina foris murum forma claudiana

A PORTA S(AN)C(T)I PETRI USQUE   per ar-

Circus flamineus. ibi s(an)c(t)a agnes
Thermae alexandrinae
S(an)c(t)i eustachii.   Rotunda
Thermae commodianae
Minerviam . ibi s(an)c(t)a maria
Ad s(an)c(tu)m marcum
Forum traiani et columna eius
Tiberis   PER AR-
S(an)c(t)i hadriani . Forum romanum

F. 83a

RA   S(an)c(t)a lucia in ortheo
S(an)c(t)i silvestri et s(an)c(t)i martini
palatium iuxta iherusalem
Hierusalem
Amphitheatrum
Forma Lateranense. monasterium honorii
porta praenestina
S(an)c(t)a helena. s(an)c(tu)s marcellinus et petrus

PORTA ASINARIA
cum
S(an)c(t)i laurentii in damaso
Theatrum pompei
Cypresus
S(an)c(t)i laurentii in minerva
capitolium
S(an)c(t)i sergii. ibi umbilicum romae
S(an)c(t)i georgii
CUM SEVERI
S(an)c(t)a maria antiqua

Sci cosme & damiani
palatius neronis. Aecclesia sci petri
Adiuncula. Arcus cra siue pasiani
palatiu traiani. Amphitheatrum
Adsm clemente
Monasteriu honorii. forma claudiana
patriarchium lateranense
DE SEPTEM VIIS VSQ porta a..
Infinistra. Iohannis & pauli
forma lateranense
Adsm erasmum
Sca mariadominica
Iuxta latina uia... incuicate
infinistra
Oratorii sce marie
Sca gordiani
DE PORTA APPIA VSQ. SCO ....
coclea fracta. Therme antoniane
Arcus ... diaconi
IN PER PORTICUM VSQUE

Ad sm theodorum
palatinus
Testamentum. Arcus constantini
sca sca fausta
Caput affricae
Quattuor coronati
Sci iohannis in laterano
FONTE ME SOLIS
Indiacara. cliuus tauri
Adsm stephani incelio monte
bonus iuus de porta metrouia. Indiacara
Adsm syxtum. Infinistra ecleša
Sca iohannis
forma curratce Indiacara sci uiuidini
Oracorium sca syra
Sca eugenia. Adsm theodorum
LACTEA INVIA APPIA
forma iobia. Sca nerei & achilla
Sca xysti
INFORMAM PER VIIVIAM

F. 83b

S(an)c(t)i cosm(a)e et damiani
palatius neronis. Aeclesia s(an)c(t)li petri
Ad vincula. Arcus titi et vespasiani
Palatiu(m) traiani . Amphitheatrum
Ad s(an)c(tu)m clemente(m)
Monasteriu(m) honorii. forma claudiana
Patriarchium lateranense

DE SEPTEM VIIS USQUE
In sinistra. Iohannis et pauli
Forma lateranense
Ad s(an)c(tu)m erasmum
S(an)c(t)a maria dominica
In via Latina intus in civitate
In sinistra
Oratoriu(m) s(an)c(t)ae mariae
S(an)c(t)i gordiani

DE PORTA APPIA USQ(UE) SCO-
cloclea fracta. Thermae antoninianae
Arcus recordationis

INDE PER PORTICUM USQUE

F. 84a

ad s(an)c(tu)m theodorum
palatinus
Testamentum. Arcus constantini
Meta sudante
Caput affricae
Quattuor coronati
S(an)c(t)i iohannis in lateranis
naria   porta asi-

PORTA METROVIA
In dextera. clivus tauri
Ad s(an)c(tu)m stephanu(m) in celio monte
Item alia via de porta metrovia. In dextera
ad s(an)c(tu)m syxtum. In sinistra aeclesia
S(an)c(t)i iohannis
Extra civitate(m) In dextera.s(an)c(t)i ianuarii
oratorium s(an)c(t)i syxti
S(an)c(t)a eugenia. Ad s(an)c(tu)m theodorum

LA GRECA IN VIA APPIA
Forma iobia. S(an)c(t)i nerei et achillei
S(an)c(t)i xysti

AD FORMAM PER VII VIAS

IN SINISTRA. Ciruas maximus
mons auentinus. Septizonium
t·sic p posticum usque ad
hominea dem uia g tota ciuitacem
Ad dm ianuarium.
ubi stat bas mafanza causa est.
Sca eugenia
Ad dm theodorum

IN UIA PORTENSI EXTRA CIUI
In uia aurelia g tota auit dem indgē. Sci
In uia salaria g tota auit. indgē. Sci
In uia pinciana g tota auit indgē Scē
p tota d g iacinthi. Sci hermetis.

IN DEXTRA. Sca lucia
palacii
scam anastasiam.
sca petronella. uenerachilla
marci & marcellum. Ad dm foverum
sca cornelii. crisst. fauni. ancheros
& miltiades
Ad dm sebastianum.

ITATEM IN DEXTRA. Ab obeliscu
pancrazi. processi & martiniani
saturnini. scē felicitat cū · vii · filiis
basilisse. sci pamphili
sci iohannis capire.

post scm petrū ciū ppapos satuaq̄ post flumineā
curras cxvi. propugnacula. dcc. fgn i1. postem. dc. iii
necessarie viii. fenestre maiores fori infecut. vii
menores lxvi. \ post flumineā ciūs portes
usq ad post pincian clusus. turres cxviii
propugn d.cxliii. necesa· iiii fenestr maiores

F. 84b

IN SINISTRA circus maximus
Mons aventinus. Septizonium
Et sic p(er) porticum usque ad
Item in eadem via extra civitatem
Ad s(an)c(tu)m ianuarium
ubi syxtus martirizatus est
S(an)c(t)a eugenia
Ad s(an)c(tu)m theodorum

IN VIA PORTENSI EXTRA CIVI-
In via aurelia extra civitatem. in dext(ra) s(an)c(t)i
In via salaria extra civit(atem). in dext(ra) s(an)c(t)i
In via pinciana extra civit(atem). in dext(ra) s(an)c(t)ae
proti et yacinthi. s(an)c(t)i hermetis

F. 85a

IN DEXTERA S(an)c(t)a Lucia
palatinus
s(an)c(t)am anastasiam
s(an)c(t)a petronella. Nerei et achillei
Marci et marcelliani. Ad s(an)c(tu)m soterum
S(an)c(t)i cornelii xysti faviani antheros
et miltiadis
Ad s(an)c(tu)m sebastianum

TATEM IN DEXTRA Abdo et sennes
pancratii. processi et martiniani
saturnini. s(an)c(t)ae felicitatis cu(m) VII filiis
basilissae. s(an)c(t)i pamphili
s(an)c(t)i iohannis caput
A porta s(an)c(t)i petri cu(m) ipsa porta usq(ue)
porta(m) flaminea(m)
turres XVI propugnacula DCC.LXXXII posternas III
necessariae IIII fenestrae maiores forinsecus CVII
minores LXVI. A porta flaminea cu(m) ipsa porta
usq(ue) ad porta(m) pinciana(m) clausa(m) turres
XXVIIII
propugn(acula) DCXLIIII necess(ariae) III fenest(rae)
maiores

forinf · l · xxv · Minoref · cxvii · A porta pinciana
clausa cum ipsa postea usq· ad postā Salariā · Turr̄
xxii · pp̄s · cccxlvi · Necess̄ · xvii · fenest̄ maior forinf
cc · Minor · clx · A postā Salariā cū ipsa postea usq·
numēniā · Turr · x · pp̄s · cxcviiii · Nec · ii ·
fēn maior forinf · lxi · min · lxv · A porta numētiāna
cū ipsa postea usq· abustanē · Turr · lvii · pp̄s · dcccvi ·
Nec · ii · fenest̄ maior forinf · ccxxiii · Min · cc ·
A postā abustana cum ipsa postea usq· ad nebtā · Turr
xviiii · pp̄s · cuspostea pnestina · ccii · Necess̄ ·
fēn maior forinf · lxxx · Minor · cviii ·
A postā pnestina usq· asinariā · Turr · xx · vi · pp̄s ·
diiii · Nec · vi · fenest̄ maior forinf · clxxx · minor ·
cl ·
A postā asinaria usq· metroniā uī · Turr · xx · pp̄s · scc ·
xlii · Nec · iiii · fenest̄ maior forinf · cxxx · minor ·
clxxxx · A postā metroniā usq· latinā · Turr · xx ·
pp̄s · cccxiiii · Nec · xvii · fēn maior forinf · c
minor · clxxx · iii · A postā latinā usq· ad appiā
currū · xiii · pp̄s · clxxxiiii · necess̄ · vi · fēn maior forinf

l · xxx · Minor · l · xxxv · A postā appia usq· ad
ostiensem currū · xlviii · pp̄s · dcxv · Nec · xxiiii ·
fēn maior forinf · cccxx · Minor · cc · l · xxxii · A postā
ostense usq· ad tiberim · Turr · xxxv · pp̄s · dccxxx m
Nec · xvii · fenest̄ maior forinf · cxxxviii · Minor · ccxi
flumine extiberi usq· ad postā postensi cūt · iiii ·
pp̄s · lviii · fenest̄ maior forinf · minor · xv ·
A postā portensi usq· aurelia · Turr · xxviiii · pp̄s · ccc · c
Necess̄ · ii · fēn maior forinf · xxxvii · min · cl · iii
porta aurelia usq· aberim · Turr · xxxiiii · pp̄s · cccxvii ·
Nec · xi · fēn maior forinf · clx · min · cxxxi · A flumine
aberis usq· ad postā siōs pētri · Turr · viii · pp̄s · ccc ·
l · xxxviii · fēn maior forinf · xxi & minor · vii ·
postense · ii ·

IN UNIVERSO Sunt currurē · vi · pp̄s · cliiii ·
fenest̄ maior forinf · xiiii · min · xviii ·
Sunt simul currurē · cc · lxxiii · propugnaculi
vii · xx · postense · v · Necessarie · c · xvi ·
fēn maior forinf · ii · lxvi

F. 85b

forins(ecus) LXXV minores CXVII. A porta pinciana clausa cum ipsa porta usq(ue) ad porta(m) salaria(m) turr(e)s XXII p(ro)p(u)g(nacula) CCXLVI nesess(ariae) XVII fenest(rae) maior(es) forins(ecus) CC minor(es) CLX. A porta salaria cu(m) ipsa porta usq(ue) num(en)tana(m) turr(es) X p(ro)p(u)g(nacula) CXCVIIII nec(essariae) II fen(estrae) maior(es) forins(ecus) LXXI min(ores) LXV. A porta num(en)tana cu(m) ipsa porta usq(ue) tiburtina(m) turr(es) LVII p(ro) p(u)g(nacula) DCCCVI nec(essariae) II fenest(rae) maior(es) fonins(ecus) CCXIIII min(ores) CC. A porta tiburtina cum ipsa porta usq(ue) ad p(rae)nestina turr(es) XVIIII p(ro)p(u)g(nacula) cu(m) porta p(rae)nestina CCCII necess(ariae) I fen(estrae) maior(es) forins(ecus) LXXX maior(es) CVIII A porta p(rae)nestina usq(ue) asinaria(m) turr(es) XXVI p(ro)p(u)g(nacula) DIIII nec(essariae) VI fen(e)st(rae) maior(es) forins(ecus) CLXXX minor(es)

F. 86a

LXXX minor(es) LXXXV. A porta appia usq(ue) ad ostensem turr(es) XLVIIII p(ro)p(u)g(nacula) DCXV nec(essariae) XXIIII fen(estrae) maior(es) forins(ecus) CCCXXX minor(es) CCLXXXIIII. A porta ostense usq(ue) ad tiberim turr(es) XXXV p(ro)p(u)g(nacula) DCCXXXIII nec(essariae) XVII fenest(rae) maior(es) forins(ecus) CXCVIIII minor(es) CCXI. A flumine tyberi usq(ue) ad porta(m) portensi turr(es) IIII p(ro)p(u)g(nacula) LVIIII fenest(rae) maior(es) forins(ecus) X minor(es) XV. A porta portensi usq(ue) aureliam turr(es) XXVIII p(ro)p(u)g(nacula) CCCC necess(ariae) II fen(estrae) maior(es) forins(ecus) CXXXVII min(ores) CLXIII A porta aurelia usq(ue) tiberim turr(es) XXIIII p(ro)-p(u)g(nacula) CCCXXVII neces(sariae) XI fen(estrae) maior(es) forins(ecus) CLX min(ores) CXXXI. A flumine tiberi usq(ue) ad porta(m) s(an)c(t)i petri turr(es) VIIII p(ro-p(u)g(nacula) CCCC LXXXVIIII fen(estrae) maior(es) forins(ecus) XXI et minor(es) VII

CL.
A porta asinaria usq(ue) metrovia(m) turr(es) XX p(ro)p(u)g(nacula) CCC
XLII nec(essariae) IIII fenest(rae) maior(es) forins(ecus) CXXX minor(es)
CLXXX. A porta metrovia usq(ue) latina(m) turr(es) XX p(ro)p(u)g(nacula) CCXCIIII nec(essariae) XVII fen(estrae) maior(es) forins(ecus) C
minor(es) CLXXXIII. A porta latina usq(ue) ad appia(m) turr(es) XII p(ro)p(u)g(nacula) CLXXIIII necess(ariae) VI fen(estrae) maior(es) forins(ecus)

posternae II. PORTA S(AN)C(T)I PETRI
IN HADRIANIO Sunt turres VI p(ro)p(u)g(nacula) CLXIIII
fenest(rae) maior(es) forins(ecus) XIIII min(ores) XVIIII.
Sunt simul turres CCCLXXXIII propugnacula VII XX posternae V necessariae CXVI
fen(estrae) maior(es) forins(ecus) II LXVI

DAS ITINERAR DER EINSIEDLER HANDSCHRIFT

Das Konvolut der im Codex 326 zusammengebundenen Schriften enthält außer der Inschriftensammlung eine römische Stadtbeschreibung, vermutlich ebenfalls aus karolingischer Zeit. Diese Handschrift ist eine Art Fremdenführer durch die Stadt Rom, geordnet nach einzelnen Routen. Die Absicht ist, den fremden Pilgern die wichtigsten christlichen Kirchen und antiken Monumente vorzustellen und die Wege, die zu ihnen führen. Wie die Untersuchungen von de Rossi, Lanciani, Jordan und Hülsen wahrscheinlich machen, diente dem Autoren des Itinerars kaum die Autopsie des frühmittelalterlichen Rom als Vorlage, sondern eine schematische Karte aus spätantiker oder frühmittelalterlicher Zeit. Nach der Einhard-Vita (Kap. 39) hat Karl der Große einen solchen Stadtplan besessen, der in einer silbernen, runden Tischplatte eingelassen war. Die Zuverlässigkeit dieser Stadtplan-Vorlage darf man nicht nach modernen Maßstäben berechnen. Auch der in Fragmenten erhaltene Stadtplan aus severischer Zeit enthält viele Unregelmäßigkeiten, die vielleicht von der Einpressung des Kartenbildes in den rechteckigen Rahmen herrühren. Die Exaktheit der Einsiedler Vorlage wird von den Bearbeitern verschieden beurteilt. Lanciani traut ihr große Genauigkeit zu, dagegen äußern sich Jordan und Hülsen kritisch. Innerhalb der Routenbeschreibungen geht der Anonymus einheitlich vor, gibt jeweilen zuerst Ausgangspunkt und Ziel eines Weges an, notiert die Fixpunkte wie Bogen und Plätze, welche die Route direkt berührt, und verzeichnet dann die Monumente links und rechts der Strecke. Daß aber diese Denkmäler links und rechts des Weges nicht aus eigenem Augenschein aufgeführt werden, sondern aus einer Karte entnommen scheinen, zeigt die oft große Distanz eines Denkmales vom Wege, ferner, daß der Autor gelegentlich links und rechts verwechselt, wie es bei unsorgfältigem Kartengebrauch geschehen kann. Hülsen vermutet, daß das uns vorliegende Itinerar eine Epitome einer einst viel reicheren und genaueren Stadtbeschreibung darstellt. Er glaubt, daß die von uns unter Route 12 aufgeführte Stationenliste, die merkwürdigerweise nicht unter den andern Routen, sondern mitten in der Inschriftensammlung überliefert ist, der Originalvorlage des Einsidlensis nahekomme. In jedem Falle wird man sich mehrere Vorstufen des heutigen Textes vorstellen dürfen, die alle schon dem Zwecke dienten, landesfremde Pilger zu den heiligen Stätten der christlichen Hauptstadt zu führen. Die Wiedergabe der Kirchennamen spiegelt das frühe Mittelalter: die Kirche S. Maria in Cosmedin heißt noch Ecclesia in Schola Graeca, trägt also den Namen vor der Erneuerung durch Papst Hadrian I, dagegen wird die von Constantin gegründete Lateran-Basilica, die vor dem 7. Jh. allgemein *Basilica Constantiniana* heißt, seit 649/53 als *Basilica Salvatoris* und inoffiziell als *Basilica S. Iohannis in Lateranis* bezeichnet (vgl. dazu R. Krautheimer *Corpus* V, 1977, 10). Bei den antiken Monumenten kennt der Autor noch einen großen Teil der klassischen Namen. Denkmäler, die heute längst verschwunden sind, wie der Elephantus beim Forum Boarium, das Septizonium, die Meta sudans beim Colosseum, die Mühlen auf dem Gianicolo, benennt er mit dem alten Namen. Bei andern antiken Bauten treten schon die mittelalterlichen Bezeichnungen auf, Forma für Aqua, Palatium oder Balneum für „antike Ruine", Cavallus für Equus. Der Name von Domitians Stadium auf dem Marsfeld muß sich früh verloren haben, er heißt im Mittelalter Circus Flaminius, während die großen Bauten des Pompeius-Theaters, der Diocletiansthermen, des Traiansforums ihre Namen bewahrt haben.

Im folgenden werden die 12 Routen des Itinerars vorgestellt und mit einem kurzen Kommentar versehen, der dem heutigen Besucher von Rom nützlich sein soll. Die Ausschöpfung der ungeheuer reichen Literatur über das antike und mittelalterliche Rom ist nicht beabsichtigt, weshalb sich die Belege auf die gängigen Darstellungen und Handbücher beschränken. Die Zitate sind im Text eingefügt, um die Kommentare nicht mit großem Anmerkungsapparat zu belasten. Folgende Werke werden häufiger zitiert:

Ferdinand Gregorovius' klassisches Werk *Geschichte der Stadt Rom im Mittelalter* I–VIII (zitiert nach der 2. Auflage, Stuttgart 1869–1874). Obwohl die Bände in den Einzelheiten überholt sind, sind sie zu Unrecht aus den modernen Bibliographien verschwunden. Die Darstellung bietet auch heute noch die lesbarste Übersicht in einer reinen und klaren Sprache.

H. Jordan *Topographie der Stadt Rom im Altertum* I 1, Berlin 1878; I 2, 1885; II, 1871; ferner I 3, 1907 bearbeitet von Ch. Hülsen. Auch die älteren Teile des Werkes sind heute noch unentbehrlich, obwohl Hülsen viele Angaben seines Mitautors korrigieren mußte. Die Partien über den Regionar bei Jordan II 329–356 und 646–663 sind durch spätere Arbeiten von R. Lanciani *L'itinerario di Einsiedeln e l'ordine di Benedetto Canonico, Monumenti antichi* I, Roma 1891, 437–552, und Ch. Hülsen *La pianta di Roma dell' Anonimo Einsidlense, Dissertazioni della Pontificia Accademia Romana di Archeologia* Serie II, Tomo IX, 1907, 379–424, überholt. Beide Studien geben den Text des Itinerars nach neuer Kollation, von denen wir unten diejenige von Hülsen zugrunde legen (zitiert: Hülsen 1907). Die älteren Ausgaben des Itinerars, diejenige des Benediktiner-Paters Jean Mabillon (1632–1707), der die Handschrift in Einsiedeln gefunden hat (Band IV der *Vetera Analecta*, Paris 1685), und diejenige von G. Hänel *Der Regionar der Stadt Rom in der Handschrift des Klosters Einsiedeln, Archiv für Philologie und Pädagogik* Suppl. 5, 1837, 132–138, haben nur noch wissenschaftsgeschichtlichen Wert.

O. Richter *Topographie der Stadt Rom* München 1901[2] (im Handbuch der Klassischen Altertumswissenschaft), bietet eine gute Übersicht auf Grund der Forschungen von Jordan. Für die heute noch sichtbaren antiken Bauten:

E. Nash *Bildlexikon zur Topographie des antiken Rom* I–II, Tübingen 1961/62. Für die christliche Archäologie ist das ältere Handbuch von

C. M. Kaufmann *Handbuch der christlichen Archäologie* Paderborn 1905, von Nutzen, weil es auch Material von außerhalb Roms berücksichtigt. Als Register der römischen Kirchen, sowohl der heute noch bestehenden als der verschwundenen, wird

Ch. Hülsen *Le chiese di Roma nel Medio Evo. Cataloghi ed appunti* Firenze 1927 (Nachdruck Olms, Hildesheim 1975) zitiert; für die Kirchen-Baugeschichte

R. Krautheimer *Corpus Basilicarum Christianarum Romae* I–V, Roma 1937–1977, und das Übersichtswerk desselben Verfassers

R. Krautheimer *Rome. Profile of a City 312–1308* New Jersey 1980. Für die außerhalb der römischen Stadtmauern liegenden Katakomben und Cimiterien, die der Regionar zitiert, ist das Übersichtswerk von

P. Testini *Le Catacombe e gli antichi Cimiteri Cristiani in Roma* Bologna 1966, benützt.

Für den heutigen Besucher der heiligen Stadt sind auch die folgenden, sorgfältig bearbeiteten Touristenführer von Nutzen:

P. Coarelli *Guida archeologica di Roma* Roma 1974 (auch in deutscher Übersetzung vorhanden),

A. Rieche *Das antike Italien aus der Luft* Bergisch Gladbach 1978 (mit guten Flugaufnahmen von Rom, SS. 112–196), ferner

Guida d'Italia del Touring Club Italiano, Roma e dintorni Milano 1965[5] (hier z.B. p. 401 genauer Plan der Via Appia vor den Toren Roms).

Für die Kartenskizzen der einzelnen Itinerare haben wir die Zeichnungen von Hülsen (1907) benützt, wobei die Lokalisierungen der antiken Monumente und der Kirchen infolge des Kartenmaßstabes nur ungefähre Genauigkeit beanspruchen können. Die Stationen außerhalb der Stadtmauer sind nicht eingezeichnet. Es sei dafür auf den großen Übersichtsplan bei Testini hingewiesen.

Das Einsiedler Itinerar enthält nach der Ordnung von Hülsen (1907) folgende Strecken:

1. *A porta Sci. Petri usque ad Scam. Luciam in Orthea* (Ms. Fol. 70b–80a).
2. *A porta Sci. Petri usque ad portam Salariam* (Ms. Fol. 79b–80a)
3. *A porta Numentana usq. Forum Romanum* (Ms. Fol. 80b–81a)
4. *A porta Flaminea usque Via Lateranense* (Ms. Fol. 80b–81a)
5. *A porta Tiburtina usq. Subura* (Ms. Fol. 80b–82a)
6. *Item alia via [a porta] Tiburtina usque ad Scm. Vitum* (Ms. Fol. 81b–82a)
7. *A porta Aurelia usq. ad portam Praenestinam* (Ms. Fol. 81b–83a)
8. *A porta Sci. Petri usque porta Asinaria* (Ms. Fol. 82b–84a)
9. *De septem viis usque porta Metrovia* (Ms. Fol. 83b–84a)
10. *De porta Appia usque Scola Greca in Via Appia* (Ms. Fol. 83b–84a)
11. *In Via Portensi extra civitatem* (Ms. Fol. 84b)
12. *[A] porta Sci. Petri usq. ad Scm. Paulum* (Ms. Fol. 77b)

Die Routen 9 und 10 von Hülsen haben wir aus unten angegebenen Gründen in eine einzige Strecke zusammengefaßt, weshalb unsere Liste nur 12, diejenige von Hülsen 13 Routen umfaßt.

Route I

I			
	1	A PORTA SCI PETRI VSQVE AD	SCAM LVCIAM IN ORTHEA
	2	IN D. *Circus Flamineus*	*IN S. Sci. Laurentii in Damaso*
	3	*Rotunda*	*Theatrum Pompei. Cypres(s)us*
	4	*Thermae Commodianae*	*Sci. Laurentii. Capitolium*
	5	*Forum Traiani et columna eius*	*Sci. Sergii, ubi umbilicum Romae*
	6	Tiberis ARCUS	SEVERI
	7	*Sci Hadriani*	*Cavallus Constantini*
	8	*Sci. Cyriaci* FORVM	ROMANVM
	9	*Sca. Agatha; ibi imagines Pauli et Scae. Mariae* SVB	VRA
	10	*Thermae Constantini*	*(Sca.) Pudentiana in vico patricii*
	11	*Sci. Vitalis in vico longo, ubi caval(li) opt(imi)*	*(Sci.) Laurentii in Formonso, ubi ille assatus est*
	12	*Scae. Eufemiae in vico patricii*	*Iterum per Suburam. Thermae Traiani. Ad vincula*

Die Route beginnt am St. Peterstor, am Pons Aelius, der den Tiber gegenüber dem Castel S. Angelo überschreitet, und führt von Westen nach Osten quer durch die Stadt bis in die Nähe der Diokletiansthermen. Als Endpunkt der Strecke ist die Kirche S. Lucia in Orphea (im Manuskript Orthea geschrieben) angegeben, das ist die spätere Kirche S. Lucia in Silice, heute S. Lucia in Selci an der Via Selci gelegen (zur Baugeschichte vgl. Krautheimer *Corpus* 2, 1959, 186–190). Der Beiname *Orphea* scheint auf einen antiken Orpheus-Brunnen an diesem Ort zurückzuge-

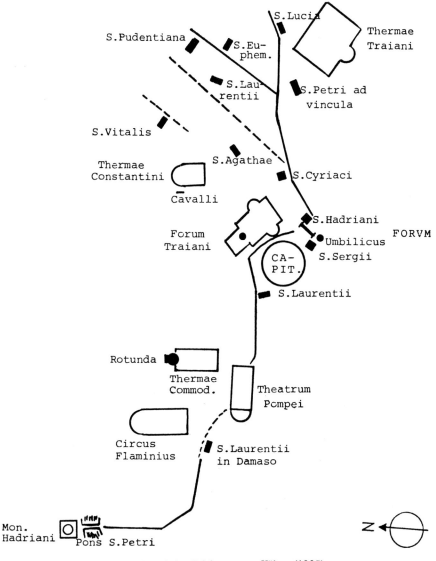

Route I nach der Zeichnung von Hülsen (1907)

hen (*lacus Orphei*: Richter 308), derjenige *in silice* auf die ursprüngliche Pflasterung der steilen Gasse am Esquilin mit Silex (Gregorovius II 124). Nach dem Urteil der Mediävisten hat die Kirche keine große Bedeutung gehabt, und es ist deshalb unklar, warum sie zum Endpunkt einer Route gewählt worden ist. Lanciani (p. 454) und nach ihm Hülsen (1907, p. 394) nehmen an, daß die Strecke in der Vorlage des Einsidlensis auf die wichtigere Kirche S. Vito an der Porta Esquilina der servianischen Mauer zielte. Aus der Routenzeichnung von Hülsen (S. 163) wird ersichtlich, daß die Kirche S. Lucia nur eine unter den verschiedenen Stationen gewesen ist, zu welchen die Route führte. Vielleicht hat mit dieser Verschiebung gegenüber der ursprünglichen Quellenvorlage auch der Fehler der Seitenangaben zu tun, der sich einzig in Route 1 findet: Vom Tiber an verwechselt der Anonymus bei der Lokalisierung der Monumente links und rechts vom Wege, zitiert also das Pantheon (*Rotunda*) rechts anstatt links, das Pompeius-Theater links anstatt rechts.

Wie die Routen 2, 7 und 9 geht auch die Strecke 1 vom St. Peters-Tor am Ponte S. Angelo aus, was für den Rompilger, der zuerst den Vatikan aufsucht, natürlich scheint. Die genaue Lage dieses Tores wird aber verschieden angegeben. Hülsen nimmt es in seiner Zeichnung auf der rechten, westlichen Tiberseite an, während Lanciani es nach der honorianischen Mauerbeschreibung auf das linke Tiberufer setzt. Vermutlich war die Brücke, seitdem im 5. Jh. die Engelsburg in die Stadtbefestigung einbezogen war, durch zwei Tore, links und rechts des Stromes, gesichert. Die Bezeichnung *Porta Sancti Petri in Hadriano*, die im Mittelalter gebräuchlich war, könnte auf beide Brückentore passen. Der ursprüngliche Name für diese Brückentore, bevor die Bezeichnung Porta S. Petri üblich wurde, scheint nicht festzustehen (Richter p. 72).

Unter den Stationen nach dem Durchschreiten des S. Petrus-Tores nennt der Regionar rechter Hand (richtig: links) zuerst den *Circus Flamineus* und meint damit das Stadium Domitians. Die unrichtige Bezeichnung der heutigen Piazza Navona führt Jordan (II 340) darauf zurück, daß die Erinnerung an den echten Circus Flaminius im frühen Mittelalter verschwunden war und daß der Regionar oder seine Vorlage den Namen aus einem früheren Stadtplan interpoliert hat. Auf der Gegenseite, rechts an der Route (in der Handschrift: links), folgt die Kirche S. Lorenzo in Damaso, heute von der Cancelleria überbaut (Baugeschichte bei Krautheimer *Corpus* 2, 159, 145–151; zur Lage der mittelalterlichen Kirche vgl. jetzt S. Valtieri *La basilica di S. Lorenzo in Damaso* Rom 1984). Als nächste Stationen werden genannt: links des Weges die Rotunda, Agrippas Pantheon, seit dem Jahre 609 christliche Kirche (Gregorovius II 105–112) und die Agrippathermen, in der Handschrift irrtümlich dem Commodus zugeschrieben (Abbildungen der heutigen Reste bei Nash II 429–433). Auf der Gegenseite, also rechts am Wege, das Pompeiustheater, im Jahre 55 v. Chr. erbaut und noch im 4. Jh. von Ammian als Stadtwunder gepriesen (16, 10, 14), dessen Aufbauten im frühen Mittelalter zum größten Teil erhalten waren (heutige Reste bei Nash II 423–428). Als Wegmarke wird dann eine Zypresse erwähnt, wie oft einzelne Bäume, die sich über den antiken Trümmern erhoben, als Fixpunkte mittelalterlicher Wege zitiert sind (Lanciani p. 451). Es folgen auf derselben Wegseite eine weitere S. Laurentius-Kirche – sie ist heute verschwunden und Lanciani identifiziert sie mit einer im Mittelalter genannten Kirche *S. Laurentii sub Capitolio* oder *S. Laurentii pensilis prope S. Marcum* (p. 451), während Jordan (II 355) in ihr die Kirche *S. Laurentii in Pallacinis* in den Ruinen des Circus Flaminius sehen will – und das Kapitol. Das Itinerar hat nun das Gebiet des Forums erreicht. Hier sind links Traiansforum und Traianssäule, rechts die Kirche *SS. Sergii et Bacchi*, im uralten Templum Concordiae gelegen (Nash I 292–294 und Krautheimer, 1980, 82), unmittelbar neben dem *umbilicus Romae* genannt. Dieser „Nabel der römischen Welt" wurde von Constantin als zentraler Vermessungspunkt der Reichskarte errichtet, ähnlich wie schon Augustus im *miliarium aureum* den Reichsstraßen ein Zentrum gegeben hatte. Die Fundamente des Umbilicus sind 1803 neben dem Severusbogen ausgegraben worden (Nash II 484). Was die im Manuskript I 6 neben dem Severusbogen links notierte Bezeichnung *Tiberis* bedeutet, ist unklar. Um eine topographische Angabe in Beziehung auf das Forum kann es sich nicht handeln, denn der Fluß ist vom 600 m entfernten Severusbogen aus nicht zu sehen. Man hat an ein Standbild des Gottes Tiber gedacht, oder, wie Jordan (II 348), an eine falsche Kartenzeichnung, die durch das Einpressen des Stadtbildes in die Rundform entstanden sein mag. Auf dem Forum notiert der Regionar die Kirche *S. Adriano*, die im 7. Jh. in das Senatsgebäude der Curia eingefügt worden ist (Krautheimer *Corpus* I, 1937, 1; vgl. aber jetzt A. Mancini *Rend. Pont. Acc.* 40, 1967/68, 191 ff.). Diese christlichen Einbauten sind in den Jahren 1935–1938 entfernt worden, um der Curie das Gesicht des diokletianischen Senats wiederzugeben (Abbildungen bei Nash I 301–303). Neben S. Adriano nennt das Itinerar das Reiterstandbild Constantins, das heute verloren ist, zur Zeit des Einsidlensis aber noch aufrecht stand. Der Anonymus hat auch die Basisinschrift des Denkmals abgeschrieben (oben n. 33). 1872 wurde das Fundament der Statue vor der Curia ausgegraben, freilich ohne Inschrift (Abbildung bei Nash I 388). Auf dem Forum Romanum nennt das Itinerar weiter die Kirche *S. Cyriaci*, das ist die heutige Kirche *SS. Quirico e Giulitta* (Via Tor de' Conti), schon nördlich des Traiansforums auf dem Wege in die Subura gelegen (Jordan II 355). Die Kirche stammt aus dem 6. Jh. (Krautheimer 1980, 67).

Vom Forum aus führt der Weg des Pilgers in die Subura, die Niederung zwischen den Hügeln Quirinal, Viminal, Cispius und Oppius, welche heute von der Via Nazionale zum Bahnhof Termini durchschnitten wird. Das Quartier war in der Antike seit der späten Republik ein dicht überbautes populäres Stadtviertel, von dem Martial und Juvenal lebhafte Schilderungen geben. Neben den vielen Händlern, Handwerkern und Schankwirten lebten auch einige vornehme Leute dort. Caesar und verschiedene Senatoren der Kaiserzeit besaßen Häuser in der Subura. Die Straße durch den vornehmeren Teil des Viertels, der *vicus Patricius*, hat ihren Namen durch das Mittelalter hindurch bewahrt. An ihr lagen die Kirchen der *S. Eufemia* und der *S. Pudentiana*. Als erste Kirche in der Subura wird *S. Agatha*, die heutige *S. Agata in Suburra* oder *S. Agata dei Goti* an der Via Mazzarino genannt. Sie wurde um 470 von einer arianischen Gemeinde errichtet, die in der reichen Anhängerschaft des Theoderich ihre Unterstützung fand (Krautheimer 1980, 56; *Corpus* I, 1937, 2–12). Was die zusätzliche Bemerkung *ibi imagines Pauli et S. Mariae* bedeutet, ist nicht klar. Um Mosaikbilder wird es sich kaum handeln, da in dieser Kirche Mosaikfiguren von Christus und den 12 Aposteln bezeugt sind. Da vor dem 11. Jh. auch Märtyrerreliquien, darunter einer Maria und einer Paulina, nach S. Agatha transferiert worden sind, erwägt Hülsen (1907, 394), daß mit den *imagines* vielleicht die Reliquien *S. Paulinae et S. Mariae* gemeint sein könnten. R. Krautheimer erwägt unter den *imagines Pauli et Sanctae Mariae* Ikonen (brieflich). Im Itinerar folgt auf S. Agatha zur gleichen Seite des Weges die Anlage der Constantinsthermen am Südabhang des Quirinals, deren Reste noch bis ins 17. Jh. zu sehen waren, dann aber dem Palazzo Rospigliosi weichen mußten (Jordan-Hülsen I 3, 1907, 438–440). Diese Thermen waren im 5. Jh. durch den Stadtpräfekten Perpenna restauriert worden und erhoben sich nur 200 m nordwestlich von S. Agatha. Auf der Gegenseite der Strecke wird die alte Basilica *S. Pudentiana*, heute an der Via Urbana, aufgeführt. Der Name geht nach der Tradition auf einen Senator Pudens zurück (vielleicht aus der Familie der *Attii*, die in der Subura Besitz hatten: z.B. Sex. Attius Suburanus, cos. 101, PIR I^2 n. 1366, welcher Paulus bei seinem Aufenthalt in Rom Gastfreundschaft gewährt haben soll: Acta 28, 16). Die Stiftungslegende gibt dem Senatoren Pudens zwei Töchter, Pudentiana und Praxedis, die beide als Christinnen das Martyrium erlitten und ihre Namen den beiden benachbarten Kirchen weitergegeben haben. Über die Baugeschichte der S. Pudentiana orientiert Krautheimer *Corpus* III, 1967, 299–301. Es folgen in § 11 die beiden Kirchen S. Vitale und S. Lorenzo in Formoso. Die erstere geht auf eine private Stiftung aus dem 5. Jh. zurück (Krautheimer 1980, 33 und *Corpus* IV, 1970, 329). Der *vicus longus*, wo die Kirche lokalisiert wird, ist die antike Hauptstraße durch das Tal zwischen Quirinal und Viminal, und läuft parallel zum *Vicus Patricius*.

Beide Bezeichnungen haben sich bis ins hohe Mittelalter erhalten. Bei den *cavalli optimi,* die bei der Kirche S. Vitale notiert werden, dürfte es sich um die antiken Standbilder der *cavalli marmorei* handeln, die auch in Route 3,3 bei S. Susanna aufgeführt sind. Es ist die berühmte Monumentalgruppe der Dioskuren (5,60 m hoch), die heute auf der Piazza del Quirinale stehen, kaiserzeitliche Kopie eines griechischen Originals. Ihr ursprünglicher Standort waren die Constantinsthermen (Jordan-Hülsen I 3, 441), und nach dem vielbestaunten Bildwerk hieß im Mittelalter der Quirinal *il Monte Cavallo.* Jordan vermutet, daß die Cavalli in der Stadtplanvorlage des Anonymus groß eingezeichnet waren und deshalb in der Routenbeschreibung sowohl zu S. Vitale als zu S. Susanna gezogen werden konnten (Jordan II 344 und 528).

Auf der gegenüberliegenden Seite der Route macht der Pilger in S. Lorenzo in Formoso Station, welche Kirche auch *S. Lorenzo in Panisperma* genannt wird (Baugeschichte bei Krautheimer *Corpus* II, 1959, 185). Die heutige Bezeichnung *in Panisperma* wird im allgemeinen als Verballhornung des römischen Namens *Perperna, Perpenna* angesehen. Wie die Inschrift CIL VI 1970 – Dessau 5733 bezeugt, hat der Prätorianerpräfekt Petronius Perpenna Magnus Quadratianus unter Kaiser Valentinian III (424–455) die Constantinsthermen gegenüber S. Lorenzo renoviert, und der Name des Bauherrn dürfte in der Region lebendig geblieben sein (Gregorovius I 101). S. Lorenzo gilt in der Tradition als Ort des Martyriums des Heiligen, *ubi ille assatus est,* „wo er geröstet worden ist". Dieser spektakuläre Tod des Heiligen, im Martyrologium Romanum unter dem 9. August notiert, wird der valerianischen Verfolgung zugeschrieben. Martyrium und die Figur mit dem Rost sind seit früher Zeit wichtige Themen der christlichen Ikonographie. Der Besuch der größeren S. Laurentius-Kirche, *S. Lorenzo fuori le mura,* von Kaiser Constantin über dem Grab des Heiligen errichtet, wird den Pilgern in Route 6,4 empfohlen.

Das Itinerar endet mit der Kirche *Sanctae Euphemiae in vico patricii,* welche Hülsen unterhalb (südlich) der Pudentiana einzeichnet. Nach Gregorovius (II 162) ist sie nicht mehr erhalten, und sie wird in den modernen Stadtplänen auch nicht mehr angegeben. Der in der Überschrift der Route angeführte Zielpunkt der Kirche *S. Lucia in Orphea* wird am Schluß des Stationenregisters nicht wiederholt, dagegen ein eigentümlicher Nachtrag, *Thermae Traiani* und (*S. Petri*) *ad vincula* aufgeführt. Die Traiansthermen liegen am südlichen Abhang des Esquilin, daneben die um 400 erbaute Basilica S. Pietro in Vincoli (Krautheimer 1980, 34). Möglicherweise erklärt sich der Nachtrag aus der Verwirrung, die – wie oben angegeben nach Lanciani und Hülsen – der Kopist gegenüber seiner früheren Vorlage angerichtet hat.

Route 2
II 1 A PORTA SCI PETRI VSQUE AD POR TAM SALARIAM
    2 IN SINISTRA PER AR   CUM IN D. *Circus Flamineus; ibi*
                                                    Sca. Agnes
    3 *Sci. Apollinaris*   *Thermae Alexandrianae et Sci.*
                                                    Eustachii
    4 *Sci. Laurentii in Lucina*   *Rotunda et Thermae Commodianae*
    5 *Oboliscum*   FORMA VIRGI NIS. *Columna Antonini*
    6 *Sci. Silvestri. ibi balneum*   *Sca. Susanna et aqua de forma*
                                                   Lateranens(e)
    7 *Sci. Felicis in Pincis*   *Thermae Sallustianae et piramidem*

Die zweite Route geht vom gleichen Ausgangspunkt aus wie die erste, vom St. Peterstor am Ponte S. Angelo. Als Ziel ist die Porta Salaria am Nordrand der aurelianischen Mauer angegeben, also wird dieser Weg nördlich von Route 1 durch das Marsfeld verlaufen und die Hügel, welche die Subura verursachen, nördlich umgehen. Er durchschreitet zunächst einen nicht näher bezeichneten Bogen auf der linken Tiberseite, entweder den *arcus Gratiani, Valentiniani et Theodosii,* den der Einsidlensis *arcus proximus pontis Petri* nennt und seine Bauinschrift unter n. 15 wiedergibt, oder den unweit davon stehenden *arcus Arcadii, Honorii, Theodosii* vom Jahre 406, dessen Inschrift der Einsidlensis als einziger überliefert (n. 7). Beide Bogen sind heute nicht mehr erhalten. Die Route wendet sich darauf nach Osten und durchschneidet das Marsfeld auf einer über 1300 m langen, geradlinigen Strecke bis zur Via Lata (Via del Corso). Dieser antike und mittelalterliche Straßenzug hat sich bis heute in den *via del Curato, via dei Coronari, via di S. Agostino, via delle Coppelle, via del Collegio Capranica* bis zur *Piazza Colonna* erhalten (Lanciani p. 455). Korrekt wird als erste Station rechter Hand das Stadion Domitians (Piazza Navona, fälschlich *Circus Flaminius*) mit der S. Agnes-Kirche genannt. *S. Agnese in Agone,* vor dem Jahre 800 in den Gewölben des Stadions eingerichtet (Krautheimer 1980, 166 und *Corpus* I, 1937, 39), muß zur Zeit des Einsidlensis noch ein bescheidenes Oratorium gewesen sein. Der heutige Kuppelbau stammt erst aus dem 17. Jh. Während die Erinnerung an den kaiserlichen Sportplatz bei der Piazza Navona durch das ganze Mittelalter nie verloren ging (sie heißt *Agone, Circus Flaminius, Theatrum* oder *Circus Alexandri*), ist die Zuweisung an Domitian erst durch L. von Urlichs im Jahre 1842 geschehen. Seither sind Form und Ausdehnung des antiken Bauwerks durch zahlreiche Ausgrabungen festgestellt worden (Nash II 387–390). Wie S. Agnese ist die Kirche S. Apollinare auf der linken Seite der Route ein relativ später Bau, welcher der Zeit von Papst Hadrian I (772–795: Krautheimer *Corpus* I, 1937, 75; die heutige Kir-

Das Itinerar der Einsiedler Handschrift 169

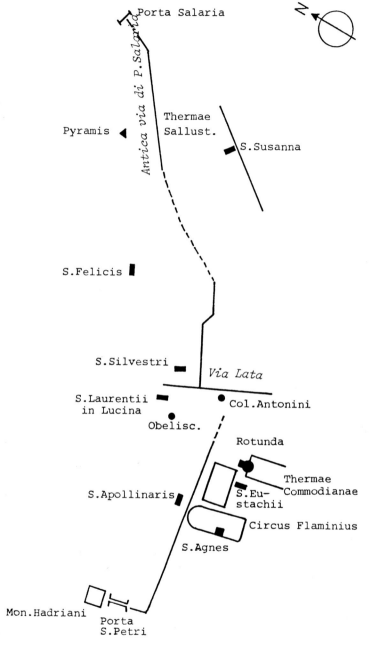

Route II nach der Zeichnung von Hülsen (1907)

che S. Apollinare aus dem 18. Jh. ersetzt einen hochmittelalterlichen Bau, der an die Stelle der hadrianischen Basilica (zum ersten Mal zwischen 772 und 795 genannt) getreten ist; vgl. auch Ch. Hülsen *Le chiese di Roma* 1927, 200) zugewiesen wird. Es handelt sich also um eine der spätesten Kirchen des Itinerars. Als nächste Station nennt der Anonymus die *thermae Alexandrianae,* den Neubau der neronischen Thermen durch Kaiser Alexander Severus (222–235), die wegen ihrer mächtigen Bogenaufbauten bis ins 16. Jh. als antike Ruine zu erkennen waren. Erst der Bau des Palazzo Madama durch die Medici im 16. Jh. hat den größten Teil der antiken Badeanlage beseitigt. Zwei mächtige Säulen aus dem antiken Bad sind 1950 an der Via di S. Eustachio wieder aufgerichtet worden (Nash II 463). Unmittelbar südlich der Thermen erhebt sich die 2,3 genannte S. Eustachius-Kirche, über deren Gründungslegende Gregorovius (III 563) ausführlich berichtet. Die heutige Kirche geht nach der Tradition auf Constantin zurück, ist aber im 12. und im 18. Jh. umgestaltet worden (vgl. die Angaben bei Krautheimer *Corpus* I, 1937, 217–218). Es schließen sich ebenfalls zur rechten Hand das Pantheon und die Agrippathermen an, die der Regionar wie in Route 1 4 fälschlich als *thermae Commodianae* bezeichnet (Jordan II 339; Nash II 429). Auf der linken Seite der Route notiert die Liste als nächste Station die gut 600 m nördlich des Pantheons liegende Kirche S. Lorenzo in Lucina, ein Beleg dafür, daß der Regionar hier nicht nach Augenschein, sondern nach einer ihm vorliegenden Karte gearbeitet hat (Jordan II 333). Die Kirche gehört zu den ältesten Tituli Roms, denn im Jahre 366 wählten die Anhänger des Damasus ihn dort zum Papst (Krautheimer *Corpus* II, 1959, 182). Unmittelbar neben dieser Laurentius-Kirche stand der Zeiger der augusteischen Sonnenuhr, der im Manuskript als *oboliscus* angegeben wird, und der durch die spektakuläre Ausgrabung von E. Buchner, Präsident des Deutschen Archäologischen Instituts, in den Jahren 1979–1980 weltbekannt geworden ist. Der rund 30 m hohe Obelisk aus Assuangranit stand also noch im 8. Jh. aufrecht und konnte den Rompilgern als Wegweiser dienen. Im späteren Mittelalter ist er umgestürzt und zerbrochen, erst 1792 wurden die Teile ausgegraben, zusammengefügt und an seinem heutigen Platze auf dem Monte Citorio wieder aufgestellt (Nash II 134–136; E. Buchner, Die Sonnenuhr des Augustus, 1982). Zur Rechten notiert das Itinerar danach die *columna Antonini,* die Marcus-Säule auf der Piazza Colonna (Jordan II 352). Dieses der Traianssäule nachgebildete Monument wurde nach dem Tode Mark Aurels, im Jahre 193, vollendet und stand noch 1575 mit der originalen Basis an seinem alten Platz (Abbildung von 1575 bei Nash I 276). 1589 wurde die neue Marmorbasis geschaffen, auf der die Säule heute ruht. Die Bauinschrift muß schon im früheren Mittelalter verloren gegangen sein (Jordan-Hülsen I 3, 606), und es wundert einen, daß der Einsidlensis sie nicht mehr gesehen hat. Im Jahre 955 schenkte Papst Agapetus die Säule den Mönchen von S. Silvestro, die ihr Eigentum im Jahre 1119 durch ein Anathem sicherten. In nächster Nähe der Markussäule stand in antiker und mittelalterlicher Zeit eine weitere Säule, diejenige des Antoninus Pius, von welcher heute nur noch die reich verzierte Basis erhalten ist (Abbildungen bei Nash I 271– 274). Mit ihrer Höhe von ca. 20 m (Schaft 14,75 m) muß sie den Pilgern des 8. Jh. sichtbar gewesen sein. Im Laufe des Mittelalters wurde sie verstümmelt, ragte aber noch im 18. Jh. 6 m aus dem umgebenden Schutt heraus. Sie ist 1705 ausgegraben worden, blieb aber durch unglückliche Umstände auf der Piazza Montecitorio liegen, wo sie 1764 durch einen Brand so stark beschädigt wurde, daß man auf eine Wiederaufrichtung verzichten mußte. Die Reste des roten Granits wurden zur Ausbesserung des augusteischen Sonnenzeigers verwendet, die Basis kam in die vatikanischen Museen (H. Sichtermann, in Helbig, Führer I[4], 1963, 378–380).

Zwischen dem augusteischen Uhrzeiger und der Antoninus-Säule zitiert der Regionar für beide Seiten des Weges die *Forma Virginis*, d.h. den Aquaedukt der Aqua Virgo, unter welchem die Route hindurchführte. Diese aus antiken Quellen gut bekannte Wasserleitung des Agrippa führte von den Höhen des Pincio durch die Nordstadt bis zu den Agrippathermen, wobei der Kanal im oberen Teil unterirdisch verlief (bis in die Gegend, wo sich heute Via Due Macelli und Via Capo le Case kreuzen), nachher auf Bogen bis zum Pantheon. Von diesen Bogen haben sich Reste in der Via del Nazareno, ferner unter dem heutigen Palazzo Sciarra an der Via del Corso erhalten (Nash I 55). Die Wasserleitung überquerte dann auf dem Arcus Claudii die Via Lata (via del Corso) und setzte sich entlang der Kirche S. Ignazio fort (Nash I 102). Welchen Bogen der Regionar gesehen und zum Fixpunkt seiner Route gemacht hat, ist nicht klar. Der Arcus Claudii scheint schon im 8. Jh. zerstört (Nash I 102) und würde auch zum Verlauf der Route 2 schwer passen. In der Renaissance ist der obere Teil der Aqua Virgo repariert worden und dient seit 1762 als Zuleitung der Fontana Trevi.

Als nächste Station linker Hand nennt das Itinerar die Kirche *S. Silvestri*, das spätere Kloster S. Silvestro in Capite (heute überbaut vom römischen Hauptpostamt). Das Kloster ist eine Gründung von Papst Paulus I aus dem Jahre 761 (Gregorovius II 309; Krautheimer *Corpus* IV, 1970, 148–162). Wenn die Kirche ebenfalls aus dieser Zeit stammt, wäre sie eines der jüngsten Monumente im Regionar. Die Datierung des Klosters in die Pontifikatsjahre von Stefan II (752–757) hält Jordan (II 332) für keinen Terminus postquam, da dort ein gleichnamiges älteres Kloster bestanden haben könne. Während wir uns mit der Columna Antonini und dem Kloster S. Silvestro noch im mittleren Teil der Via Lata befinden, folgt mit der nächsten Station, der Basilica *S. Susanna* ein gewaltiger Sprung an den Nordabhang des Quirinal. Die Kirche steht 1200 m von der Markussäule entfernt in der Nähe der Diokletiansthermen. Warum der Regionar alle Zwischenstationen ausgelassen hat, kann man wohl nur mit der Verkürzung des Kartenbildes im Norden infolge der Rundform der Vorlage erklären. Eine Verwechslung mit einer anderen Susanna-Kirche scheint ausgeschlossen, da sie zu den ältesten Titular-Basiliken der Stadt gehört und schon von Ambrosius im Jahre 370 erwähnt wird (Gregorovoius I 258). Der älteste Bau stand auf einem römischen Wohnhaus; ein umfangreicher Ausbau erfolgte in karolingischer Zeit (Krautheimer *Corpus* IV, 1970, 274 und 1980, 138). Auch der Zusatz *aqua de forma Lateranense* ist schwierig bei Susanna unterzubringen. Lanciani (p. 456 f.) hat zwar versucht, die Wasserleitung der *forma Lateranense* — es ist die auch 7, 17 und 9,3 zitierte Leitung, früher Aqua Claudia, die das Laterangebiet versorgte — bis zum Quirinal zu führen, aber Hülsen (1907, 395) äußert sich zu dieser These skeptisch. Von den beiden letzten Stationen in Zeile 7 hält Lanciani die heute verschwundene Kirche von S. Felice für einen Bau in der Nähe der Villa Malta bei der Porta Pinciana (p. 456). Die *thermae Sallustianae* setzen Lanciani (p. 470) und Hülsen (Jordan-Hülsen I 3, 1907, 432–434) an den Südrand der sallustischen Gärten am Pincio. Über die Identität der *Pyramis* bei den sallustischen Bädern herrscht unter den Forschern keine Einigkeit. Lanciani hält das Monument für ein verschwundenes Grabdenkmal in der Form der Cestius-Pyramide, Hülsen für den bekannten und von Ammian 17, 4, 16 bezeugten Obeliscus hortorum Sallustianorum, der zur Zeit des Regionar noch aufrecht gestanden haben dürfte, aber in Abbildungen des 16. Jh. umgestürzt zu erkennen ist (Nash II 145). 1789 wurde er auf einer neuen Basis vor der Kirche SS. Trinità dei Monti wieder aufgerichtet (Abbildung bei Nash II 147). Die antike Granitbasis kam nach verschiedenen Wanderungen auf das Capitol in den kleinen Garten gegenüber der Kirche S. Maria in Aracoeli (Nash II 144). Auf der Routenskizze von Hülsen ist die Pyramis linker Hand der Strecke eingezeichnet, welcher Ungenauigkeit aber Hülsen wenig Beachtung zumißt.

Route 3
III 1 A PORTA NVMENTANA VSQ. FO   RVM ROMANVM
     2 IN S. *Thermae Diocletianae*   IN D. *Thermae Sallustianae*
     3 *Sci. Cyriaci. Sci. Vitalis*   *Sca. Susanna et Cavalli marmorei*
     4 *Scae. Agathae in diaconia*   *Sci. Marcelli*
     5 *Monasterium Scae. Agathae*   *Ad apostolos*
     6 *Thermae Constantini*   *Forum Traiani*
     7 *In Via Numentana foris murum*   *Sci. Hadriani*
        IN SINIST. *Scae.*
     8 *Agnes.* IN DEXT. *Sci. Nicomedis*

Die Route führt vom nord-östlichen Stadttor der Porta Nomentana, der heutigen Porta Pia, über den Quirinal zum Forum Romanum. Der oberste Teil dieser Strecke ist die antike *Alta semita*, die dem Lauf der modernen Via XX Settembre entspricht (Hülsen 1907, 397). Entsprechend liegen die ersten Stationen, die *thermae Diocletianae*, links und die *thermae Sallustianae* am Pincio rechts des Weges. Es folgt auf derselben Seite die Kirche von S. Susanna wie in Route 2 und die *Cavalli marmorei* auf dem Quirinal, die in Route 1 zur Kirche von S. Vitale gezogen worden sind. Die in § 3 zitierte Kirche *S. Cyriaci* stimmt zu den Diokletiansthermen. Sie ist heute nicht mehr erhalten, lag aber zur Zeit des Regionars dicht neben den Thermen (Gregorovius I 37 und 258; Krautheimer *Corpus* I, 1937, 114). Die im Manuskript auf derselben Zeile notierte Kirche von S. Vitale liegt ebenfalls auf der linken Seite der Strecke, aber gute 600 m von den Diokletiansthermen entfernt und auch 200 m abseits der Straßenflucht. Über die Lage der links folgenden Stationen *S. Agatha in diaconia* und *Monasterium S. Agathae* gehen die Meinungen der Topographen auseinander. Lanciani und andere halten die Kirche von *S. Agatha in diaconia* für die aus Route I 9 bekannte S. Agata in Suburra oder dei Goti, Hülsen (1907, 398) für eine S. Agatha-Kirche auf dem Quirinal, da in anderen mittelalterlichen Stationskatalogen *S. Agatha in Subura* und *S. Agatha de caballis diaconia cardinalis* ausdrücklich unterschieden werden. Außerdem zeichnet eine Pariser Stationenliste aus dem 13. Jh. auch *S. Agatha in monasterio* und *S. Agatha in diaconia* an verschiedenen Plätzen ein. Wir geben die Lage der beiden Monumente nach der Zeichnung von Hülsen (1907) wieder. Den Abstieg der Route vom Quirinal zum Traiansforum vollzieht Lanciani (p. 463) auf dem kürzesten Weg, nach welchem Vorschlag aber die Kirchen *S. Marcelli* (an der Via Lata) und *Ad Apostolos* weit abseits der Strecke zu liegen kämen. Hülsen schlägt deshalb vom Quirinal aus einen nördlichen Umweg durch die heutigen Via della Dataria und Via della Pilotta vor (1907, p. 399). So werden die beiden Stationen rechter Hand, S. Marcello an der Via Lata (Gründung des 4. Jh.: Gregorovius I

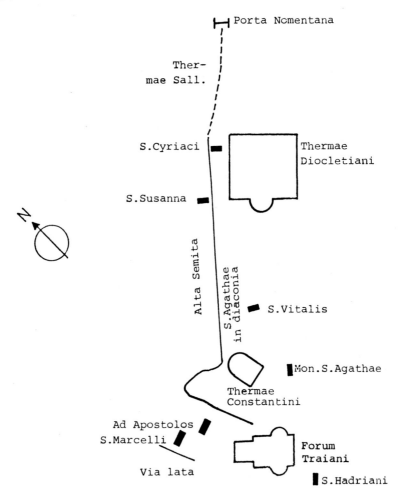

Route III nach der Zeichnung von Hülsen (1907)

261; Krautheimer *Corpus* II, 1959, 205–215) und SS. Apostoli (Gründung des 6. Jh.: Krautheimer *Corpus* I, 1937, 77) im Palazzo Colonna, erreicht. Vom Palazzo Colonna führt die Route zum Traiansforum und zur Hadrianskirche, der ehemaligen Curia neben dem Severusbogen auf dem Forum Romanum. Hülsen setzt *S. Hadriani* unter die Kolonne der links vom Weg liegenden Monumente, wir behalten die Plazierung rechter Hand wie im Manuskript bei, obwohl auf derselben Zeile 7 schon die Aufzählung der Stationen extra muros beginnt.

Im Nachtrag zur Route 3 nennt der Regionar außerhalb der Stadtmauern die beiden Kirchen *S. Agnes* und *S. Nicomedis*. Die Basilica S. Agnese fuori le mura liegt 2 km außerhalb der Porta Pia an der Via

Nomentana. Sie ist ein Bau des Papstes Honorius 1 (625–638). Die Ausführungen bei R. Krautheimer *Corpus* I, 1937, 14 ff. bezeichnet der Vf. heute als überholt. Von der daneben liegenden großen Kirche der *Constantia* (St. Constanza: Hülsen *Chiese* 1927, 238) ist zwar die Umgangsmauer erhalten (dazu F. W. Deichmann *Riv. Archeol. Crist.* 22, 1946, 213–234), aber der Bau scheint im 8. Jh. außer Gebrauch gewesen zu sein. Bei der Station *S. Nicomedis* handelt es sich um den Cimitero di S. Nicomede an der Via Nomentana, welchen P. Testini *Le Catacombe* 1966, 120 (dazu der Übersichtsplan am Ende des Bandes) unmittelbar außerhalb der Porta Pia einzeichnet. Nach Gregorovius I 257 wird eine Nicomedes-Kirche in den Basiliken-Verzeichnissen nicht erwähnt. Das Martyrium des Nicomedes wird im Martyrol. Rom. (15. September) an der Via Nomentana lokalisiert.

Route 4

IV	1	A PORTA FLAMINEA VSQVE	VIA LATERANENSE
	2	*Pariturium*	*Sci. Laurentii in Lucina*
	3	*Sci. Silvestri et sic per porticum usque columnam*	AN TONINI *oboliscum*
	4	*Forma Virginis fracta*	*Columna Antonini*
	5	*Sci. Marcelli. Iterum per porticum usque*	*Via Lateranense*
	6	*Ad Apostolos*	*Thermae Alexandrianae*
	7		*Sci. Eustachii et Rotunda*
	8		*Thermae Commodianae*
	9		*Minervium et ad Scm. Marcum*
	10	*In Via Flaminea foris murum*	
	11	*In dextera Sci. Valentini*	
	12	*In sinistra Tiberis*	

Aus der Überschrift ist zu erwarten, daß diese Route von der Porta Flaminia, dem alten Eingangstor der Via Flaminia in die Stadt an der heutigen Piazza del Popolo, quer durch die Stadt zum Lateranquartier im Osten führt. Der Beginn der Strecke verzeichnet auch richtig einige Stationen der Via Lata, dann bricht die Schilderung schon bei S. Marco an der Piazza Venezia ab. Auch die Bezeichnungen für die Standorte der Monumente rechts und links des Weges fehlen, obwohl die Angaben im Manuskript wie bei den übrigen Routen links und rechts der Strecke geordnet sind. Die drei Zeilen „foris murum" sind in der Handschrift unter 7–9 neben den Thermae Alexandrianae bis S. Marco eingeschrieben. Wir bringen sie hier nach dem Vorschlag von Hülsen unter Zeilen 10–12 nach den Monumenten innerhalb der Stadt. Warum die Route schon vor dem Forum abbricht und die Stationen zum Lateran ausläßt, wissen wir nicht. Vielleicht ist die Fortsetzung der Strecke durch die Schuld der Abschreiber verlorengegangen, vielleicht wollte der Regionar die in Route 8 angeführten Stationen nicht wiederholen, wie Lanciani glaubt (p. 463).

Der wohlbekannten Kirche *S. Laurentii in Lucina* = S. Lorenzo neben dem Palazzo Fiano an der Via del Corso (vgl. oben S. 170) steht die unverständliche Bezeichnung *Pariturium* gegenüber. Der Ausdruck kommt in der Form *Paritorium* „als Örtlichkeit außer Rom am unteren Tiber" vor (Jordan II 342) und ist in der neuen Karte des kaiserzeitlichen Rom von F. Scagnetti (1979) an der östlichen Seite der Via Lata gegenüber dem Augustus-Mausoleum eingezeichnet. Die Kommentare geben keine brauchbare Erklärung. Wenn hinter dem Wort eine Verballhornung von *imperatorium* steckt, könnte es sich um ein kaiserliches Gebäude handeln, dessen Erinnerung das Mittelalter bewahrt hat. Die nächste Station zur linken ist das schon in Route 2 genannte Kloster S. Silvestro. Bei der auf derselben Zeile zitierten *Porticus* handelt es sich um eine der die Via Lata begleitenden Säulenhallen, die Hülsen (Jordan-Hülsen I 3, 1907, 458) mit der *Porticus Vipsania* identifiziert. Die Halle wurde von Agrippa errichtet und von seiner Schwester Vipsania Polla ausgebaut (Dio Cass. 55, 8). Wegen eines hier angebrachten Europa-Bildes hieß der Bau in den Gedichten des Martial *Porticus Europae*. Zur Zeit des Einsidlensis muß ein großer Teil der Säulenhalle noch intakt gewesen sein. Lanciani (p. 464 f.) berichtet ausführlich über die im 19. Jh. noch übriggebliebenen Säulenreste und Kapitele. Es folgen, wie in Route 2, die Markussäule, der Obelisk der augusteischen Sonnenuhr und die Reste der Aqua Virgo. Die beiden danach auf der linken Seite genannten Kirchen S. Marcello und SS. Apostoli werden auch in Route 3 zitiert. Mit der Marcellus-Kirche verbunden erscheint eine weitere *Porticus*, die Hülsen für den großen Basar der *Porticus Saeptorum Iuliorum* hält. Wie die Wortbedeutung darauf hinweist (*saepta* = „Schranken"), war die Anlage Caesars ursprünglich Wahlplatz auf dem Marsfeld, aber mit dem Aufhören der Volksabstimmungen in der Kaiserzeit wandelte sich das Gebäude zum Warenmarkt. Lanciani (p. 468) möchte diese Identifikation nicht gelten lassen, da das Itinerar die Porticus auf der rechten Seite der Strecke verzeichnet. In der neuen Karte von Scagnetti werden die Saepta nicht mehr am Südende der Via Lata angegeben, sondern 300 m westlich davon direkt neben Pantheon und Agrippa-Thermen.

Im Itinerar folgen nun einige Monumente auf dem Marsfeld, die wir schon aus Route 2 kennen: *Thermae Alexandrianae, S. Eustachii, Rotunda, Thermae Commodianae.* Sie liegen alle so weit vom Weg der

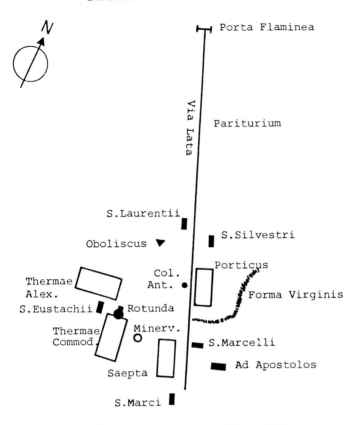

Route IV nach der Zeichnung von Hülsen (1907)

Via Lata entfernt, daß man hier nicht von Stationen, sondern von Zitaten aus der Karte sprechen wird. Dagegen sind die beiden Angaben *Minervium* und *ad S. Marcum* wieder in der Nähe der Via Lata faßbar. Hülsen zeichnet das *Minervium* zwischen Pantheon und Via Lata ein, also dort wo die heutige Kirche S. Maria in Minerva steht. Dieser kleine Rundtempel der Minerva Chalcidica ist im severischen Stadtplan angegeben (Nash II 66) und war noch in der Renaissance so gut erhalten, daß Onofrio Panvinio eine Grundriß-Skizze davon anfertigte. In Route 8, 7 ist auch die Nachfolgerin dieses Tempels genannt *Minervium, ibi S. Maria*. Nach Krautheimer 1980, 252 stammt das Oratorium S. Mariae im alten Minervatempel erst aus der Zeit um 800. Weiter östlich, schon am Ende der Via Lata, steht die Kirche S. Marco, heute im Palazzo Venezia eingebaut. Sie ist eine Gründung constantinischer Zeit und wurde im 5. Jh. erweitert (dazu Krautheimer *Corpus* II, 1959, 244).

Wie in Route 3 schließt der Regionar auch hier am Schluß der Strecke einen Nachtrag über Monumente extra muros an. Knapp außerhalb der

Porta Flaminia muß das Rennfahrer-Denkmal des Gutta gelegen haben, das in der Inschriftensammlung (nn. 53–55) enthalten ist. Es wird im Itinerar nicht aufgeführt, dagegen eine Kirche *S. Valentini* (zu S. Valentino vgl. R. Krautheimer *Corpus* IV, 19, 289 ff.). Die Katakombe S. Valentino liegt 1500 m nördlich der Porta Flaminia gegenüber dem heutigen Stadio Flaminio. Nach P. Testini *Le Catacombe* 1966, 122 stammen die dort aufgefundenen Sarkophage aus der Zeit zwischen 318 und 523. Auch das Grab von Papst Julius I (336–352) liegt dort, und über seiner Grabstätte scheint die Basilica errichtet. Nach dem Martyrol. Rom. (14. Februar) fällt das Martyrium des Valentinus an der Via Flaminia schon unter Kaiser Claudius. Diese Tradition scheint sich auf die erste von den Quellen berichtete Christenverfolgung um das Jahr 50 zu stützen (Suet. Claud. 25, 11: *Iudaeos impulsore Chresto assidue tumultuantis Roma expulit*). Der in Zeile 12 erwähnte Tiber – linker Hand von der Porta Flaminia aus gesehen – wird 1100 m nördlich von S. Valentino vom Ponte Molle überspannt.

Route 5

V			
	1	A PORTA TIBVRTINA VSQ.	SVBVRA
	2	*Sci. Isidori*	*Forma Claudiana*
	3	*Sci. Eusebii. Via subtus mon*	*tem. Thermae Diocletiani*
	4	*Scs. Vitus*	*Scae. Agathae*
	5	*Scae. Mariae in praesepio*	*Sci. Vitalis*
	6	*Iterum Sci. Viti*	*Scae. Pudentianae*
	7	*Scae. Eufemiae*	*Sci. Laurentii in Formonso, ubi assatus est*
	8		*Monasterium Scae. Agathae*

Die Route gibt als Anfangspunkt das östliche Ausfalltor der Stadt gegen Tivoli, die Porta Tiburtina an (Abbildungen des heutigen Zustandes bei Nash I 49; II 232 ff.), als Ziel die Senke zwischen Esquilin und Viminal, die Subura, die schon von den Strecken 1 und 3 berührt worden ist. Die ersten Stationen links und rechts des Weges sind die Kirche S. Isidoro und die claudische Wasserleitung. Die Lage der S. Isidor-Kirche kennen wir nicht. Sie wird zwar in Quellen des 9. und 10. Jh. zitiert (Hülsen *Le chiese di Roma* 1927, 278), muß aber im Laufe des Mittelalters verschwunden sein. Mit der im 17. Jh. erbauten Kirche S. Isidoro der irländischen Patres am Pincio hat sie nichts zu tun (Hülsen 1907, 402). Welchen Wasserlauf der Regionar mit *forma Claudiana* bezeichnet, ist bei der notorischen Unzuverlässigkeit der Wasserleitungs-Namen (dazu Jordan II 351) unsicher. Da die Porta Tiburtina selbst die Leitungen von drei antiken Zuflüssen trägt, diejenigen der Marcia, Tepula und Iulia, ist man versucht, unter dem Hinweis diesen Aquädukt zu verstehen (dazu Nash II 232 und Lanciani 477: die Leitungen sind erst unter Sixtus V 1585 zerstört worden). Die folgenden Stationen sind sicher auszumachen: Die Kirche S. Eusebio am Nordabhang des Esquilin gehört zu den alten Titularkirchen Roms (Gregorovius I 257; Baubeschreibung bei Krautheimer *Corpus* I, 1937, 210–216) und liegt südlich des heutigen Termini-Bahnhofes. Die Diocletians-Thermen beginnen 900 m nordwestlich der alten Basilica. Zwischen den beiden Stationen S. Eusebio und den Diocletiansthermen findet sich die merkwürdige Notiz *Via subtus montem* „Weg unterhalb des Berges", die Lanciani mit dem Durchgang durch die Porta Viminalis am servianischen Wall erklärt (p. 478). Diocletian scheint beim Bau seiner Thermen das Gelände östlich davon durch große Aufschüttungen erhöht zu haben, auf welchem Platz der heutige Termini-Bahnhof gebaut worden ist.

Das folgende Namenpaar, die Kirchen von S. Vito und S. Agata, bezeichnen den Weg in der Richtung des antiken Vicus Patricius. Die Kirche S. Vito e Modesto, der lukanischen Märtyrer aus der diokletianischen Verfolgung, liegt zwischen S. Eusebio und S. Maria Maggiore. Sie hieß ursprünglich *S. Viti in Macello* wegen des nahen Macellum Liviae auf dem Esquilin (Jordan-Hülsen I 3, 344; zur Kirche *S. Viti in macello* vgl. Hülsen *Le chiese di Roma* 1927, 499). Beim Macellum Liviae auf dem Esquilin scheint der Einsidlensis die Inschrift n. 20 abgeschrieben zu haben. Auf derselben (linken) Seite der Strecke wie S. Vito nennt der Regionar die Kirche *S. Mariae in praesepio*, die heutige S. Maria Maggiore, deren früherer Namen auf den Sieg der Orthodoxie über die Nestorianer zurückgeht, welche Maria als „Gottesgebärerin" leugneten. Wie Gregorovius (I 175) ausführt, wurde die Basilica im 6. Jh. *Basilica S. Dei Genetricis ad Praesepe* genannt. Über die Baugeschichte der Kirche handelt ausführlich Krautheimer *Corpus* III, 1967, 1–60. Warum der Regionar den Pilger nach S. Maria Maggiore in § 7 noch einmal zu S. Vito zurückkehren läßt, ist unerklärlich. Hülsen (1907, p. 401) nimmt einen Fehler des Abschreibers an. Mit der Kirche S. Eufemia auf der linken Seite der Strecke ist der Vicus Patricius erreicht, der mit den anliegenden Kirchen schon in Route 1 beschrieben worden ist. Die Stationen zur rechten Hand, S. Agatha, S. Vitalis, S. Pudentiana, S. Laurentii in Formoso, Monasterium S. Agathae, liegen aber so weit auseinander, daß sie kaum durch einen einzigen Parcours verbunden werden können. Es scheint offensichtlich, daß der Regionar hier Monumente aus dem Stadtplan aufzählt und keine Pilgerroute wiedergibt.

Route 6
VI 1 ITEM ALIA VIA [A PORTA] TIBVR-
           TINA VSQUE AD SCM. VITVM
    2 *Forma Claudiana*   PER AR CVM *Scae. Agathae*
    3 *Scae. Bivianae*   NIMPHEVM *Sci. Eusebii*
    4 *In via Tiburtina foris murum. In sinis   tra Sci. Ypoliti. In dextera Sci.
                          Laurentii*

Die kurze Route 6 ist von Jordan (II 650) zur vorangehenden Strecke geschlagen worden, da die beiden Routen vom gleichen Ausgangspunkt ausgehen und weitgehend dieselben Stationen enthalten. Hülsen, dem wir folgen, nimmt eine eigene Route an, unterstreicht aber die Verwirrtheit der Angaben. Der *arcus* in Zeile 2 ist nicht sicher zu bestimmen. Lanciani (p. 479) sieht darin einen Bogen der Wasserleitung, die zum Nymphaeum führt, vielleicht in der Gegend der heutigen Piazza Guglielmo Pepe gegenüber der Umfassungsmauer des Bahnhofs Termini. Welche Kirche mit dem Zitat *Scae. Agathae* gemeint ist, wissen wir nicht. Wenn es sich um *S. Agatha in Subura* handelt, liegt sie weit ab von der Strecke. Dagegen sind die Angaben auf Zeile 3 identifizierbar: *S. Biviana* ist die heutige S. Bibiana, 220 m südwestlich der Porta S. Lorenzo, ein Bau aus dem 5. Jh. (Hülsen *Le chiese di Roma* 1927, 213; Baugeschichte bei Krautheimer *Corpus* I, 1937, 93). Es folgt auf der rechten Seite die schon im vorherigen Itinerar zitierte Eusebius-Kirche, dazwischen der antike Bau des *Nimpheum*. Dieser monumentale Brunnen des Nymphaeum Aquae Iuliae auf der heutigen Piazza Vittorio Emanuele II ist ein Ziegelbau aus der Zeit des Alexander Severus (222–235) und wurde wegen der beiden Marmortrophäen in den Bogenöffnungen von mittelalterlichen Quellen auch *templum Marii, quod vocatur Cimbrum* genannt. Diese *Trofei di Mario*, die heute auf der Balustrade des Capitolsplatzes stehen, haben aber nichts mit dem Cimbernsieg des Marius zu tun, sondern stammen von einem Siegesmonument Domitians (Abbildungen vom Nymphaeum und den Trophäen bei Nash II 125–126). Die nur 120 m nördlich vom Nymphaeum liegende Kirche S. Eusebio wurde schon in Route 5 zitiert.

Wie bei andern Streckenbeschreibungen schließt der Regionar auch hier Hinweise auf außerhalb der Stadtmauer liegende Pilgerziele an. An der Via Tiburtina liegt 2,2 km außerhalb der Porta S. Lorenzo die *Basilica S. Laurentii extra muros*, eine der sieben großen Wallfahrtskirchen Roms. Über die Baugeschichte der constantinischen Gründung handelt ausführlich Krautheimer *Corpus* II, 1959, 1–144. Von der Katakombe des Heiligen Hippolytos, dessen Grabstätte gegenüber von S. Lorenzo, auf der linken Seite der Via Tiburtina, gelegen haben muß, haben sich nach P. Testini *Catacombe* 1966, 160, keine Spuren erhalten. Hippoly-

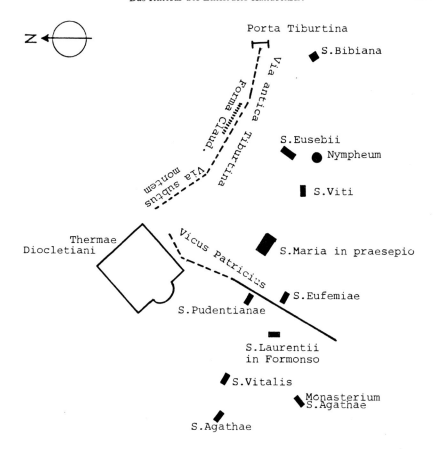

Routen V und VI nach der Zeichnung von Hülsen (1907)

tos war Bischof von Rom und Gegenpapst des Calixtus I (217–222). Er starb 235 in der Verbannung in Sardinien. Da er der späteren Kirche als Häretiker galt, wurden sein Name und seine theologischen Schriften, die er als Zeitgenosse von Tertullian und Clemens Alexandrinus herausgab, von der offiziellen Kirchengeschichtsschreibung unterdrückt. Sein Werk über die Häresien (Κατὰ πασῶν αἱρέσεων ἔλεγχος, Refutatio omnium haeresium) ist erst 1851 zum ersten Mal veröffentlicht worden (B. Altaner *Patrologie* 1978[8], 164–169).

Route 7

VII	1	A PORTA AVRELIA VSQ. AD POR	TAM PRAENESTINAM
	2	*Fons S. Petri, ubi est carcer eius*	*Molinae. Mica aurea. Scae. Mariae*
	3	*Sci. Iohannis et Pauli*	*Sci. Chrysogoni et Scae. Caeciliae*
	4	*per pontem*	*maiorem*
	5	*Sci. Georgii. Sci. Sergii*	*Palatinus. ad Scm. Theodorum*

6		*per ar* cum
7	*Capitolium. Umbilicum*	*Sca. Maria antiqua*
8		*equus Con* stantini
9	*Sci. Hadriani*	*Sci. Cosmae et Damiani*
10		*Forum Ro* manum
11	*Sci. Cyriaci et Thermae Constantini*	*Palatium Traiani. ibi ad vincula*
12	*Monasterium Scae. Agathae* SVBV	RA. *Sca. Lucia in Ortheo*
13	*Sci. Laurentii in Formonso. Sci. Vitalis*	*Sci. Silvestri et Sci. Martini*
14	*Sca. Pudentiana et Sca. Eufemia*	*Palatium iuxta Iherusalem*
15	*Palatium Pilati. Sca. Maria maior*	*Hierusalem*
16	*Scs. Vitus. Nympheum*	*Amphitheatrum*
17	*Sca. Biviana*	*Forma Lateranense. Monasterium Honorii*
18	*Forma Claudiana*	*Porta Praenestina*
19	*In via Praenestina foris murum. Forma Cla(u)diana*	*Sca. Helena. Scs. Marcellinus et Petrus*

Die Route führt vom westlichsten Punkt der aurelianischen Stadtmauer, der Porta Aurelia, über den Tiber zum östlichsten Stadttor, der Porta Praenestina. Während die Stationen auf der rechten Seite des Tibers noch in keinem Itinerar zur Sprache kamen, wiederholt das Itinerar vom Forum Romanum an zahlreiche schon bekannte Monumente. Das antike Stadttor der alten aurelischen Landstraße bestand bis zum Jahre 1642, trug aber schon seit dem 6. Jh. auch den Namen der S. Pancratius-Basilica vor der Stadtmauer (Prokop, Gotenkrieg 1, 18: πύλη ἡ ὑπὲρ ποταμὸν Τίβεριν Παγκρατίου ἀνδρὸς ἁγίου ἐπώνυμος οὖσα). Im Zuge der Stadtmauer-Renovation auf dem Gianicolo ersetzte Papst Urban VIII das alte Tor 1642–1644 durch die Porta S. Pancrazio (Abbildungen der Porta Aurelia vor 1642 und des Neubaus von 1642–44 bei Nash II 206–207). Das neue Tor ist 1849 beim Kampf zwischen den Franzosen und den Garibaldianern so schwer beschädigt worden, daß es dem heutigen Bau von Vespignani weichen mußte. Die nach dem Stadttor aufgezählten Stationen des Itinerars sind wie bei den übrigen Routen links und rechts des Weges aufgeführt. Dabei machen die Stationen linker Hand Schwierigkeiten. Den *fons S. Petri* hält Jordan (II 346) für den irrtümlich hierher gezogenen vatikanischen Taufquell und die Kirche *SS. Iohannis et Pauli* für die fehlerhaft hierher versetzte Basilica SS. Iohannes et Pauli prope S. Petrum. Er vermutet, daß die unten und oben abgerundete Kartenvorlage den Regionar zu diesen Lokalisierungen veranlaßt habe. Dagegen möchte Lanciani (p. 480) in diesem Petrusquell eine lokale Tradition auf dem Gianicolo finden, und für die Kirche *SS. Iohannis et Pauli* verweist er auf das Mühlenedikt (oben Inschrift n. 47), von dem der Einsidlensis als Fundort *ante ecclesiam Ioannis et Pauli in Ianiculo* notiert. Danach nimmt auch Hülsen *Le chiese di Roma* 1927, 277,

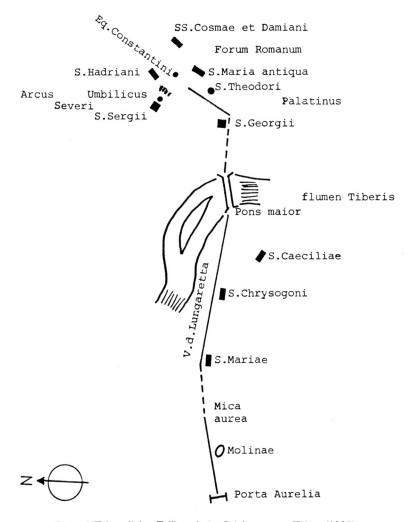

Route VII (westlicher Teil) nach der Zeichnung von Hülsen (1907)

eine Kirche dieser beiden Heiligen auf dem Gianicolo an. Sie ist heute verschwunden. Dagegen sind die Stationen der rechten Seite besser zu lokalisieren. Die *molinae,* die Mühlen an der traianischen Wasserleitung auf dem Gianicolo bezeugt Prokop, Gotenkrieg 1, 19, wo berichtet wird, wie die Goten die Mahlwerke zerstörten und Belisar zwangen, als Ersatz schwimmende Mühlen im Tiber anzulegen. Offenbar konnten die Kornmühlen auf dem Gianicolo nach der gotischen Zerstörung wieder repariert werden und funktionierten noch im Mittelalter. Was die *mica aurea* (wörtlich: mica = Korn, Brotkrume) gewesen ist, wissen wir nicht. Es mag sich um ein Denkmal oder um einen Straßennamen handeln, denn es gab eine frühe Kirche *S. Iohannes in mica aurea* (Jordan-Hülsen I 3, 650; Hülsen *Le chiese di Roma* 1927, 273). Auf jeden Fall paßt die Bezeichnung auf die Kornmühlen auf dem Gianicolo. Die heutige Kirche S. Maria in Trastevere aus dem 12. Jh. steht noch auf dem Platze, auf dem der Regionar den Vorgängerbau des 4. Jh. gesehen hat (Hülsen *Chiese* 1927, 371). Ebenso verhält es sich mit Kirche und Kloster S. Crisogono (Beschreibung bei Krautheimer *Corpus* I, 1937, 144—164) und der Kirche *S. Caeciliae trans Tiberim.* Sie wird schon im 4. Jh. zitiert (Hülsen *Le chiese di Roma* 1927, 229) und verdankt ihre spätere Gestalt Papst Pasqualis I (817—824) und neueren Renovationen (Baugeschichte bei Krautheimer *Corpus* I, 1937, 103: erste Konstruktion über einem römischen Wohnhaus). Für die ganze Strecke von der Porta Aurelia bis zum Tiber zeichnet Lanciani die Flucht der modernen *Via della Lungaretta* als antiken Weg ein.

Die Route überschreitet den Tiber auf dem *pons maior*, das ist der Pons Aemilius, die älteste Steinbrücke Roms aus den Jahren 179—141 v. Chr. Den Namen hat ihr der Bauherr M. Aemilius Lepidus, Censor im Jahre 179, gegeben. Bis in die Spätantike war die Brücke die direkte Verbindung zwischen dem Janiculus-Gebiet und dem Palatin. Aus dem Mittelalter sind auch die Namen *pons senatorum* und *pons S. Mariae* (nach der Brückenkapelle) bekannt. Sie diente bis ins 16. Jh. dem Verkehr, aber in den Jahren 1557 und 1598 rissen Hochwasser einen Teil der Brückenbogen weg. Seither heißt sie *Ponte Rotto,* denn auch eine eiserne Balkenkonstruktion des 19. Jh. wurde 1885 wieder entfernt (Abbildung des einzigen heute noch aufrechten Brückenjoches bei Nash II 182).

Auf dem östlichen Tiberufer nennt der Regionar zuerst die Kirche *S. Georgii.* Das ist die heutige niedrige Basilica aus dem 8. Jh., S. Giorgio in Velabro (erwähnt um 640: Krautheimer 1980, 78; Diskussion der Baugeschichte im *Corpus* I, 1937, 263—264). Die nächste Kirche linker Hand steht schon auf dem Forum, *S. Sergii,* die schon in Route I 5 zitierte Kirche SS. Sergio e Baccho, welche unter Papst Pius IV abgebrochen worden ist (Hülsen *Le chiese di Roma* 1927, 461). Zur Rechten wird der Palatin und die alte Kirche *S. Theodori,* gegründet um 600 (Krautheimer 1980, 77) erwähnt. Den *arcus* (Zeile 6), durch welche die Route das Forum erreicht, können wir nicht sicher bestimmen. Lanciani (p. 483) denkt an einen Seiteneingang der Basilica Iulia, der im 9. Jh. noch aufrecht gestanden haben mag. Möglicherweise aber ist der *arcus Severi* gemeint wie in Route I 6. Der Einsidlensis hat seine Inschrift unter n. 34 kopiert, und auch diejenige, welche auf dem Reiterstandbild Constantins stand (n. 33). Das Constantin-Monument, dessen Basis

1872 gefunden worden ist, heißt hier *equus Constantini*, während es in Route I 7 mit der vulgärlateinischen Bezeichnung *cavallus Constantini* aufgeführt wird. Nach Walde-Hofmann *Lat. etymolog. Wörterbuch* I, 1938, 125 verdrängt *caballus* das klassische *equus* seit dem 6. Jh. Bei den traditionellen Reiterstatuen hat sich die alte Bezeichnung am längsten erhalten. So sprechen die Mirabilien aus dem 12. Jh. vom *equus qui dicitur Constantini* (§ 17), aber von den *caballi marmorei*, der Dioskurengruppe auf dem Quirinal (§ 14). An weiteren Stationen auf dem Forum nennt der Regionar die Kirche *S. Maria antiqua*. Nach der traditionellen Meinung ist diese Kirche vor dem 6. Jh. in die Ruinen der *bibliotheca templi Divi Augusti* eingebaut worden. Die Baugeschichte beschreibt Chr. Hülsen *Forum und Palatin* 1926, 47 ff. und gibt auch Abbildungen der erhaltenen Fresken. Im 9. Jh. wurde die Kirche infolge des Druckes der Palastruinen auf dem Palatin baufällig und wurde unter Papst Leo IV (845–853) aufgegeben. Anstelle der alten Marienkirche erbaute er 280 m entfernt, unmittelbar nördlich des Titusbogens, die *S. Maria Nova*, die heute noch besteht. Der Regionar kennt diese neue Kirche noch nicht, was einen wichtigen Terminus antequem der Stadtbeschreibung bietet (Jordan II 333). Was die Lokalisierung der *S. Maria antiqua* in den kaiserzeitlichen Ruinen betrifft, so haben neuere Forschungen erbracht, daß das *templum divi Augusti* nicht am Westabhang des Palatins gelegen haben kann. Es handelt sich bei diesen Fundamenten, innerhalb deren *S. Maria antiqua* lag, um die Eingangshalle der Domus Tiberiana auf dem Palatin (Nash I 164. 365–374; über die mittelalterlichen Belege für die beiden Kirchen *S. Maria antiqua* und *S. Maria Nova* vgl. Hülsen *Le chiese di Roma* 1927, 309 und 352).
Als weitere Stationen auf dem Forum nennt das Itinerar die schon in den Routen I 7 und III 7 zitierte Kirche *S. Hadriani*, das in die antike Curie eingebaute Gotteshaus, ferner, rechter Hand, die Kirche *SS. Cosmae et Damiani*. Das Martyrium der beiden kilikischen Ärzte aus Aigai am Golf von Issos fällt nach der Tradition unter Diocletian (Martyr. Rom. 27. September). Gregorovius (I 321 ff.) nennt die Weihung der Kirche *SS. Cosmae et Damiani* durch Papst Felix IV (526–530) aus zwei Gründen besonders bemerkenswert. Einmal weil zwei orientalische Heilige im Zentrum der Stadt Aufnahme fanden, eine Ehre, die in der Regel nur römischen Märtyrern zuteil geworden war, und ferner, weil hier ein vollständig erhaltenes antikes Gebäude fast unverändert zur christlichen Kirche umgewandelt wurde. Es ist der erste öffentliche Bau, der von der Kirche übernommen wird: der Audienzsaal des römischen Stadtpräfekten, dessen Amt in der Zeit Theoderichs ausgelebt hatte (Krautheimer 1980, 71; zum Ausleben der römischen Stadtpräfektur vgl. E. Stein *Histoire du Bas Empire* II, 1949, 124). Der antike Gebäudekomplex, von

dem heute nur noch die Kirche SS. Cosma e Damiano steht, war in der früheren Kaiserzeit das Forum Pacis Vespasians gewesen. An der Außenwand der heutigen Kirche war der große Marmorplan, die Forma Urbis des Septimius Severus, befestigt. Man sieht davon noch die Dübellöcher (Nash I 443); die Reste der Marmorplatten sind 1563 zu Füßen der Wand gefunden worden und sind jetzt im capitolinischen Museum.

Der weitere Weg durch die Subura bis zum praenestinischen Tor fällt zum Teil mit früheren Routen zusammen, entsprechend werden in Strecke 7 viele Stationen zitiert, die schon oben besprochen worden sind. Das betrifft z.B. die Kirche *S. Cyriaci* und die *Thermae Constantini* am Quirinal. Die Gleichung von *S. Cyriaci* = *SS. Quirico e Giulitta* (Jordan II 355; Lanciani 453) wird allerdings von Hülsen *Le chiese di Roma* 1927, 428, in Frage gestellt. Aber die Diskussion über die ursprüngliche Lage von *S. Cyriaci in Thermis* scheint schon in die Renaissance zurückzugehen, und eine Verwechslung der diocletianischen mit den constantinischen Thermen wäre möglich (Hülsen *Le chiese di Roma* 1927, 245). Immerhin liegen die schon in Routen 1, 10 und 3, 6 erwähnten *Thermae Constantini* 450 m von *SS. Quirico e Giulitta* entfernt. Das auf der rechten Seite der Strecke zitierte *Palatium Traiani* fassen Jordan (II 467) und Lanciani als die traianischen Thermen auf dem Esquilin auf, mit der Erklärung, daß im Mittelalter jede Ruine eines größeren kaiserlichen Gebäudes mit *palatium* bezeichnet werde (Jordan II 402). Der Zusatz in Zeile VII 11 *ibi (S. Petri) ad vincula* bestätigt auch die Lage dieser Kirche am Westabhang des Esquilin. Im Folgenden kommen Monumente aus dem Umkreis der Subura, die schon in Route 1 aufgeführt worden sind, zur Sprache: das Kloster der *S. Agatha* (I 9; III 5; V, 8), die Kirchen von *S. Lucia in Ortheo* (I 1), *S. Laurentii in formonso* (I 11; V 7), *S. Vitalis* (I 11; III 5; V 5), *S. Pudentiana* (I 10; V 7), *S. Euphemia* (I 12; V 7). Bei *Sci. Silvestri et Sci. Martini* (Zeile 13) handelt es sich nach Lanciani (p. 484) um zwei dicht nebeneinander liegende Kirchen der beiden Heiligen. Hülsen zeichnet die beiden Kirchen als ein einziges Gebäude auf dem Esquilin südlich von S. Maria Maggiore ein, die heutige Kirche S. Maria ai Monti (Hülsen *Le chiese di Roma* 1927, 382). Was der Regionar mit *Palatium Pilati* in der Nähe von S. Maria Maggiore bezeichnet, ist unklar. Die beiden Bezeichnungen *Iherusalem, Hierusalem* (Zeilen 14—15) müssen mit der constantinischen Kirche *S. Crucis in Hierusalem*, der heutigen S. Croce in Gerusalemme zu tun haben. Diese Kirche lag nach dem Zeugnis des Cassiodor, Acta synhod. ed. Mommsen, 1894, p. 428 im *palatium Sessorianum* des Kaisers. Welche Bedeutung das Wort *sessorianum* = *Sitzplatz* hier hat, ist umstritten. Der Name der Kirche *S. Croce in Gerusalemme* geht auf die Wallfahrt der Helena, der Mutter Constantins, zurück, von welcher Reise die Kaiserin kurz vor ih-

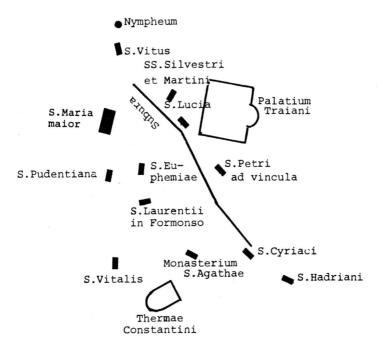

Route VII (östlicher Teil) nach der Zeichnung von Hülsen (1907)

rem Tode (336 nach Seeck, schon im Winter 327/28 nach D. Barnes *Constantine and Eusebius* 1981, 221) das Kreuz Christi — oder was man damals dafür hielt — zurückbrachte. Die Kirche steht auf einem Grundstück, das die Kaiserin beim Amphitheatrum Castrense unmittelbar an der Stadtmauer bei der Porta Appia besaß. Dort lagen auch die *Thermae*

Helenae. Der Begräbnisplatz liegt weit außerhalb der Stadtmauer an der Via Labicana (P. Testini *Le catacombe* 1966, 117). Die Baugeschichte von *S. Croce in Gerusalemme* bei Krautheimer *Corpus* I, 1937, 165–195, ist heute überholt, vgl. desselben Verfassers *Rome, Profile of a City* 1980, 24. Der Name *Hierusalem* für S. Croce taucht schon in einer Inschrift Kaiser Valentinians III (424–455: Diehl n. 1775) auf. Die übrigen Belege bei Hülsen *Le chiese di Roma* 1927, 243.

Für die Kirchen von *S. Vitus* (V 4, 6; VI 1), *S. Biviana* (VI 3) und das *Nympheum* (VI 3) verweisen wir auf die früheren Routen. Das in Zeile 15 zitierte *Amphitheatrum* ist das Amphitheatrum castrense aus der Zeit Elagabals (218–222), einst auf kaiserlichem Grund als „Hof-Theater" errichtet, das Aurelian in den Bau der Stadtmauer einbezogen hat (Jordan-Hülsen I 3, 1907, 248; heutige Reste bei Nash I 13–16). Sowohl die Kirche von S. Croce als das Amphitheater liegen südlich des Routenzieles, der Porta Praenestina, woraus ersichtlich ist, daß der Regionar nach einem Stadtplan gearbeitet und nicht nur die Stationen direkt an der Strecke im Sinne hat. So sind auch die Angaben in Zeile 17 *Forma Lateranense* (VII 17) und *Monasterium Honorii* (VII 17) zu verstehen. Mit den Angaben in Zeile 18 *Forma Claudiana* und *Porta Praenestina* kommt der Regionar auf das Streckenziel zurück. Für den Bau des Ausfalltores gegen Praeneste, die Porta Praenestina, hatte Aurelian die alten Monumentalbogen der *Aqua Claudia* und des *Anio novus* verwendet, welche die östlichen Stadtquartiere mit Wasser versorgten. Dieses Doppeltor mit der darüber liegenden Wasserleitung baute Honorius zu Beginn des 5. Jh. weiter aus. Die Toraufbauten wurden im 19. Jh. abgerissen, sodaß heute nur noch die Tragbogen der alten Wasserleitung stehen, aber der Regionar hat die Porta Praenestina noch in der honorianischen Form gesehen. Die drei Bauinschriften der Wasserleitung von Claudius, Vespasian und Titus, die noch heute am alten Platz erhalten sind, hat der Einsidlensis abgeschrieben und in seine epigraphische Sammlung eingereiht (nn. 17–19). Es wundert einen, daß er die ebenfalls erhaltene Reparatur-Inschrift des Honorius nicht wiedergibt. Vielleicht war die Toröffnung mit der Inschrift seit dem 6. Jh. geschlossen, wie Nash II 225, annimmt, und die Inschrift mag deshalb aus der Einsiedler Sammlung ausgefallen sein. Das Stadttor trägt beim Regionar noch den alten Namen der Porta Praenestina, der neue Name *Porta Maggiore* ist erst seit dem 10. Jh. bezeugt. In den Mirabilien des 12. Jh. (§ 4) heißt das Tor *porta Lavicana que dicitur maior;* von den beiden Durchgängen, der *Praenestina* und der *Lavicana,* wird nur der zweite mit der allgemeinen Bezeichnung *porta maior* verbunden. Die Ausgrabungen der Jahre 1955–1957 haben den Torkomplex mit den Eingängen zur Via Labicana und zur Via Praenestina freigelegt (Abbildungen bei Nash II 226–228).

Der Zusatz zur Route VII extra muros Zeile 19 nennt linker Hand Aquaeduktbogen der Aqua Claudia, die heute verschwunden sind, links das Mausoleum der Kaiserin Helena im Areal des *cimitero SS. Marcellino e Pietro* an der Via Labicana (P. Testini *Le catacombe* 1966, 116).

Route 8

VIII	1	A PORTA SCI. PETRI VSQVE	PORTA ASINARIA
	2	*per ar*	*cum*
	3	*Circus Flamineus. ibi Sca. Agnes*	*Sci. Laurentii in Damaso*
	4	*Thermae Alexandrinae*	*Theatrum Pompei*
	5	*Sci. Eustachii. Rotunda*	*Cypres(s)us*
	6	*Thermae Commodianae*	*Sci. Laurentii in Minerva*
	7	*Minerviam. ibi Sca. Maria*	*Capitolium*
	8	*Ad Scm. Marcum*	*Sci. Sergii. ibi umbilicum Romae*
	9	*Forum Traiani et columna eius*	*Sci. Georgii*
	10	*Tiberis* R. PER AR	CVM SEVERI
	11	*Sci. Hadriani. Forum Romanum*	*Sca. Maria antiqua*
	12	*Sci. Cosmae et Damiani*	*Ad Scm. Theodorum*
	13	*Palatius Neronis. Aeclesia Sci. Petri*	*Palatinus*
	14	*Ad vincula. Arcus Titi et Vespasiani*	*Testamentum. Arcus Constantini*
	15	*Palatium Traiani. Amphitheatrum*	*Meta sudante*
	16	*Ad Scm. Clementem*	*Caput Affricae*
	17	*Monasterium Honorii. Forma Claudiana*	*Quattuor Coronati*
	18	*Patriarchium Lateranense*	*Sci. Iohannis in Lateranis*
	19		*Porta Asi naria*

Diese Strecke durchläuft die Stadt von der Engelsburg-Brücke im Westen durch das antike Zentrum von Rom bis zur Porta Asinaria im Osten. Sie entspricht der mittelalterlichen Verbindung des Vatikans mit dem Lateran, ist also die berühmte *Via maior* oder *Via papalis*. Der Zielpunkt, die *porta Asinaria*, das „Eselstreiber-Tor", war in der aurelianischen Mauer ein bescheidener Durchlass ohne eigene Türme. Erst Kaiser Honorius (393–423) ließ das Tor ausbauen und mit halbrunden Türmen versehen. Im Jahre 1564–65 wurde das Tor wieder vermauert und durch die etwas weiter nordöstlich gelegene, geräumigere Porta S. Giovanni, direkt beim Lateran, ersetzt. In den Jahren 1951–1954 wurde die alte Toranlage der Porta Asinaria wieder ausgegraben und dem Verkehr geöffnet (Abbildungen des heutigen Zustandes bei Nash II 204–205). In ihrem westlichen Teil entspricht Route 8 der Strecke 1 vom Petrustor bis zum Forum, und es werden dieselben Stationen zitiert, die schon oben besprochen worden sind: *arcus (ad pontem Aelium)* (II 2), *Circus Flamineus* = Stadium Domitiani (I 2; II 2), *S. Agnes* (II 2), *S. Laurentii in Damaso* (I 2), *Thermae Alexandri(a)nae* (II 3; IV 6), *Theatrum Pom-*

pei (I 3), *S. Eustachii* (II 3; IV 6), *Rotunda* (I 3; II 4; IV 7), *Cypressus* (I 3), *Thermae Commodianae* (I 4; II 4; IV 8), *Minervium* (IV 9), *Capitolium* (I 4; VII 7), *S. Marcus* (IV 9), *S. Sergii* (I 5; VII 5), *Umbilicus Romae* (I 5; VII 7), *Forum Traiani* (I 5; III 6), *S. Georgii* (VII 5), *Arcus Severi* (I 6), *S. Hadriani* (I 7; III 7; VII 9), *S. Maria antiqua* (VII 7), *SS. Cosmae et Damiani* (VII 9), *S. Theodori* (VII 5). Dagegen ergeben sich Probleme bei der Identifikation folgender Stationen: In Zeile 6 rechter Hand nennt das Itinerar die Kirche *Sci. Laurentii in Minerva* unmittelbar beim Capitol. Vermutlich handelt es sich um dieselbe Laurentiuskirche, die in Route I 4 beim Capitol angezeigt war und die Lanciani und Hülsen (*Le chiese di Roma* 1927, 291) mit *S. Laurentii in Pallacinis* identifizieren. Dann kann aber die Spezifizierung *in Minerva* nicht stimmen, weshalb sie Hülsen (1907, p. 406) für einen fehlerhaften Kopisten-Zusatz hält und in seiner Wiedergabe des Textes in eckige Klammern setzt. Vermutlich hat der mittelalterliche Abschreiber den Zusatz aus der folgenden Zeile 7 gezogen, wo *Minervium* auf der linken Seite der Route seine Berechtigung hat. Es ist die heutige Kirche S. Maria sopra Minerva.

Kontrovers ist die Bedeutung von *Tiberis* in Zeile 10. Das Zitat des Tibers kommt schon in Route I 6 neben dem Severusbogen vor, und Jordan (II 349) hält beide Stellen für unrichtige Hinweise auf den Fluß, die durch das falsche, unten abgerundete Kartenbild entstanden seien. Hülsen (1907, 408) möchte in diesem *Tiberis* die antike Flußgott-Statue sehen, die im Mittelalter unter dem Namen *Marforio* (danach die Salita di Marforio) bekannt war und heute im kapitolinischen Museum steht (Helbig *Führer* II[4] n. 1193). Die Statue könne sehr wohl als Tiber gegolten haben. Was der Buchstabe *R* in Zeile 10 vor dem Ausdruck *per arcum Severi* bedeutet, ist unklar. Hülsen (1907, 408) erwägt r(*ecto rigore*), man könnte auch nach dem Muster klassischer Inschriften an r(*ecta regione*) „auf kürzestem Wege" denken.

Vom Forum geht der Weg gegen Osten, Richtung Colosseum und Lateran, weiter. Er führt über die Via Sacra, sodaß SS. Cosmas und Damian links, S. Theodorus rechts liegen. Was der *Palatius Neronis* bedeuten soll, ist nicht klar. Jordan (II 341) sucht ihn in der Gegend der Traiansthermen auf dem Esquilin, „wenn in der Hs. keine Verwirrung ist"; Hülsen (1907, 406) zeichnet ihn westlich des Colosseums ein und meint damit offenbar Ruinen von Neros Domus Aurea, die sich einst mit einem Flächeninhalt von 50 Hektar vom Forum zum Mons Oppius erstreckte (Grundriß bei Hülsen *Forum und Palatin* 1926, Kartenbeilage; heutige Reste der Domus Aurea bei Nash I 339–348). Da wir aber wissen, daß Neros Monumentalvilla schon in flavischer Zeit anderen

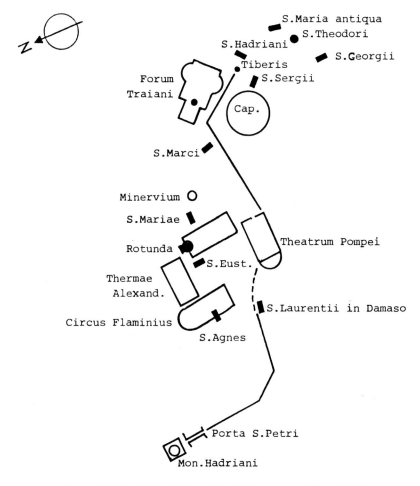

Route VIII (westlicher Teil) nach der Zeichnung von Hülsen (1907)

Bauten weichen mußte und auch später große Konstruktionen wie die Constantins-Basilica auf dem Areal errichtet worden sind, scheint die Erinnerung an den Palast Neros bis ins Mittelalter fraglich. Der Volksmund hat Ruinen des christenverfolgenden Kaisers an vielen Stellen der Stadt gezeigt, z.B. auf dem Pincio, wo Nero sicher nicht hingehört, und im Vatikan. Hier ist der ehemalige *Circus Gai et Neronis* (Plin. n. h. 36, 74) zum *Palatium Neronis* geworden (Mirabilien § 20). Die ebenfalls auf Zeile 13 zitierte Kirche *S. Petri* identifizieren Lanciani und Hülsen mit der im 8. Jh. von Papst Paul I (757–767) errichteten *SS. Petri et Pauli in via sacra* (Hülsen *Le chiese* 1927, 422), aber sie scheint schon unter Papst Leo III (795–816) wieder verschwunden zu sein. Man kann sich fragen, ob nicht die Notiz auf Zeile 14 *ad vincula* zur *aeclesia Sci.*

Petri gehört, und es sich um die in den Routen I 12 und VII 11 genannte Basilica *S. Petri ad vincula*, westlich der Traiansthermen, handelt. Sie liegt zwar 500 m vom Titusbogen entfernt, der auf derselben Zeile zitiert wird, aber solche Distanzen einzelner Stationen von der zugehörigen Strecke kommen in den besprochenen Routen häufig vor. Den Titus-Bogen auf dem höchsten Punkte der Sacra Via (*summa sacra via* d.h. auf der Velia) bezeichnet das Itinerar als Monument beider Kaiser, offensichtlich, weil die Inschrift beide Namen, Titus und Vespasianus, nennt. Diese Inschrift hat der Einsiedler Mönch kopiert (oben n. 37) und gibt als Lokalität *ad VII lucernas,* nach dem sieben-armigen Leuchter auf dem Relief an. Wie Jordan-Hülsen I 3, 1907, 16, betont wird, führt das Itinerar nicht durch den Bogen hindurch, sondern rechts (westlich) daran vorbei. Der Bogen war also zur Zeit des Itinerars auf der westlichen Seite nicht eingebaut in die mittelalterliche Befestigung zwischen S. Maria Nova und dem Palatin. Dies scheint erst durch die Turmbauten der Frangipani nach dem 11. Jh. geschehen zu sein. Warum der Bogen selbst als Durchgang nicht benützt wird, wissen wir nicht. Lanciani (p. 496) vermutet, daß Trümmer vom unterhalb des Bogens stehenden *templum Veneris et Romae* (heutige Reste bei Nash II 496–499) die alte Straße versperrten.

Was die Bezeichnung *testamentum* in der Nähe des Constantins-Bogens bedeutet, ist unerklärt (Jordan II 342; Lanciani 499). Der Weg geht dann zwischen Constantins-Bogen (rechter Hand) und Colosseum (links) weiter. Auch die Inschrift auf dem Constantins-Bogen ist vom Einsidlensis abgeschrieben und in seiner Sammlung (n.36) überliefert worden. Das Colosseum erscheint hier noch mit dem klassischen Namen *Amphitheatrum (Flavium)*. Die Bezeichnung *Colysaeus* für das Theater wird zum ersten Mal vom angelsächsischen Mönch Beda Venerabilis (672–735) verwendet, der den Bau als Symbol für die Ewigkeit Roms ansieht. Seit alters werden zwei verschiedene Erklärungen für den Ursprung des Titels angeführt, einmal die „kolossale" Größe des Theaters, ferner eine Kolossalstatue Neros, die einst 35 m hoch die Villa Aurea des Kaisers überragte (Suet. Nero 31). Hadrian ließ sie zu einem Standbild des Sol umwandeln und transportierte sie mit 24 Elephanten vor das Amphitheater (Hist. Aug. Hadrian 19, 12). Das Fundament der Statuenbasis wird von den Archäologen zwischen Venus-Roma-Tempel und Amphitheater lokalisiert (Jordan-Hülsen I 3, 1907, 320 ff.). Die Statue wird noch im 4. Jh. erwähnt. Wann sie verschwunden ist, wissen wir nicht, aber daß im Volksmund die Bezeichnung *theatrum ad colossum* zur Unterscheidung von den vielen anderen römischen Theatern üblich war, scheint sehr wahrscheinlich. Die Benennung von Bauwerken nach einzelnen hervorragenden Statuen kommt in Spätantike und Mittelalter häufig vor (vgl. z.B. die *cavalli marmorei* auf dem Quirinal, oben S. 185). Als weiteres Monument beim Colosseum wird in Zeile 15 die *meta sudans* genannt, ein kegelförmiger Brunnenstock, der schon auf Münzen von Kaiser Titus eingezeichnet ist. Die Brunnenruine wurde 1743 freigelegt und im 18. und 19. Jh. mehrmals restauriert. Erst 1936 sind die Aufbauten beseitigt worden (Abbildungen des Zustandes vor 1936 bei Nash II 61–63).

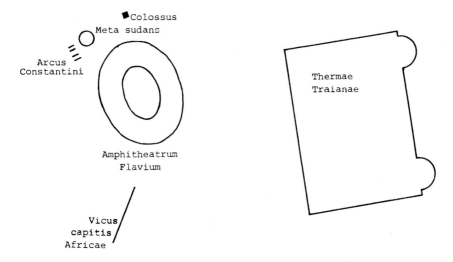

Umgebung des Colosseums nach Jordan-Hülsen I 3, Plan VI

Auf derselben, linken, Seite der Route wie das Colosseum notiert das Itinerar das *Palatium Traiani* = wie in VII 11 die Traiansthermen. Es folgt in Zeile 16 rechts das *Caput Africae*, ein Wohnquartier am Nordabhang des Caelius, wo in antiker Zeit die kaiserliche Pagerie untergebracht war. Die Inschrift CIL VI 8983 = Dessau 1832 enthält ein Epitaph eines *paedagog(us) puerorum a caput Africas,* und noch aus dem 12. Jh. zitiert Hülsen (*Le chiese di Roma* 1927, 475) eine Kirche *S. Stephani in capite Africae.*

Als nächste Station linker Hand wird in Zeile 16 *S. Clemente* zitiert, welche Basilica an der Via S. Giovanni in Laterano heute als Musterbeispiel der Bautradition vom römischen Wohnhaus zum Mithräum und zur christlichen Kirche gilt. Die heute ausgegrabenen römischen Wohnräume stammen aus dem 1. Jh. n. Chr. (Abbildungen bei Nash I 353–356), das in das Wohnhaus eingebaute Mithräum aus dem 3. Jh. (Abbildungen bei Nash II 75–78). Der christliche Kirchenbau begann nach

Unterdrückung des Mithras-Kultus in constantinischer Zeit und setzt sich bis ins 18. Jh. fort (Baugeschichte bei Krautheimer *Corpus* I, 1937, 117–136). Die Kirche ist seit frühchristlicher Zeit S. Clemens, dem 3. Nachfolger auf dem Stuhle Petri geweiht (88–97). Nach der christlichen Tradition war er Besitzer des Wohnhauses, auf dem die Kirche steht.

Schräg gegenüber S. Clemente, heute durch eine schmale Straße von der Via S. Giovanni in Laterano getrennt, liegt die Kirche *SS. Quattuor Coronati*. Der jetzige Bau der Kirche mit Teilen aus dem 9. Jh. wurde im 12. Jh. zweimal umgebaut (vgl. Krautheimer *Corpus* IV, 1970, 32–35). Er ersetzt einen antiken Saal, den Papst Honorius I (625–638) als Kirche weihte. Bei den vier Coronati handelt es sich um Märtyrer aus der diocletianischen Verfolgung mit Namen Castorius, Claudius, Sempronianus und Nicostratus, deren erste Ruhestätte in den Katakomben der *SS. Marcellino e Pietro* der Via Labicana (heute: Via Casilina) gelegen haben muß (vgl. P. Testini *Le catacombe* 1966, 158). Nach einer Tradition waren diese Märtyrer Soldaten aus den Castra Peregrina, nach einer anderen pannonische Steinmetzen, was vielleicht die Translation in die Stadt als Handwerker-Heilige erklären mag. Im Martyr. Rom. werden zum 8. November zwei Märtyrergruppen von der Via Labicana genannt, darunter auch die „vier Gekrönten". Die Bezeichnung der Heiligen als *coronati* läßt eine frühe Bilddarstellung der *coronatio*, dieser „besonderen Art der Aufnahme ins Paradies" (Kaufmann *Handbuch* 1905, 424), vermuten.

Mit den Zitaten in Zeilen 17 und 18 *Monasterium Honorii, Patriarchium Lateranense, Sci. Iohannis in Lateranis* erreicht die Route ihr Ziel an der Porta Asinaria. Der Lateran hat seinen Namen vom römischen Cognomen *Lateranus*, das in der Kaiserzeit verschiedene vornehme Geschlechter wie die Claudier, die Plautier, die Sextier führen. Zu Anfang des 3. Jh. besaß ein T. Sextius Lateranus, Consul des Jahres 197 und General des Septimius Severus, einen Palast am Ostabhang des Caelius, die *domus Lateranorum*. Nach Aurel. Vict. epit. 20, 6 hat der Kaiser ihm die Besitzung geschenkt. In unmittelbarer Nähe dieses Palastes errichtete Severus die Kaserne der Equites singulares, der berittenen Leibgarde des Kaisers. Als diese Truppe 312 nach dem Sieg an der milvischen Brücke aufgelöst worden war, ließ Constantin auf dem Kasernenareal die *Basilica Constantiniana* bauen, die kaiserliche Hauptkirche von Rom. Die Reste der Equites-Singulares-Kaserne sind 1934–1938 unter der Kirche ausgegraben worden (Abbildungen bei Nash II 214–218).

Die heutige Kirche *S. Giovanni in Laterano* hieß vor dem 7. Jh. allgemein *Basilica Constantiniana*, so auch noch im Papstdekret Nikolaus' II (1059: C. Mirbt *Quellen* 1934[5], 140 Z. 41). Seit Papst Martin I (649–

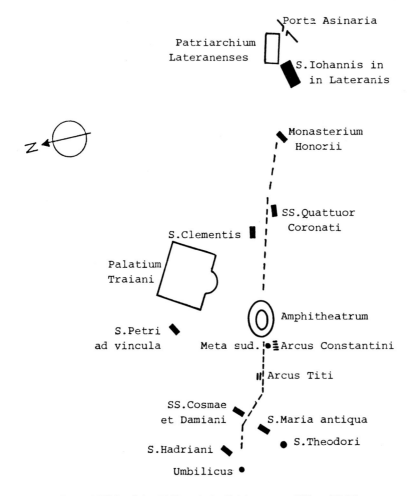

Route VIII (östlicher Teil) nach der Zeichnung von Hülsen (1907)

653) wird sie auch als *Basilica Salvatoris* oder (inoffiziell) als *Basilica S. Iohannis* bezeichnet (vgl. dazu R. Krautheimer *Corpus* V 10).

Das in Zeile 18 zitierte *Patriarchium Lateranense* ist der Sitz des Papstes, der heutige *Palazzo del Laterano*, wo die Päpste bis zur Verbannung nach Avignon (1305) residierten. Von diesem Grundstück, unmittelbar nördlich der Kirche, wissen wir, daß es ursprünglich Besitz von Constantins Gattin Fausta gewesen und vom Kaiser dem Papste geschenkt worden war. Als *domus Faustae* wird der päpstliche Palast auch in den Konzilsakten von 313 zitiert (Gregorovius I 86). *Patriarchium* wird der Palast genannt, seitdem der Bischof von Rom dieselbe Stellung wie diejenigen von Alexandria und Antiochia beanspruchte, was schon im berühmten 6. Canon des nikäischen Konzils vorgezeichnet ist (325). Man wird sich hier daran erinnern, daß zur Zeit des Itinerars der Vatikan noch nicht ständiger Sitz des Papstes war. Erst Papst Urban V (1362–1370) und sein Nachfolger Gregor IX (1370–1378) haben den Vatikan zur heutigen Bedeutung erhoben.

Zum Bezirk des Laterans gehören schließlich die letzten beiden Stationen der 8. Route *Monasterium Honorii* und *Forma Claudiana*. Das Kloster, das Papst Honorius I (625–634) gründete, ist das spätere *Ospedale S. Giovanni*, von dem sich die alte Kapelle *S. Andreae et Bartholomei iuxta Lateranum* aus dem 7. Jh. erhalten hat (Hülsen *Le chiese di Roma* 1926, 195). Die *forma Claudiana* oder *forma Lateranense* ist die alte Wasserleitung, die über den Arcus Neronianus an der Piazza di S. Giovanni in Laterano nach dem Coelius fließt. Reste des Aquaeduktes haben sich bis heute erhalten (Abbildungen bei Nash I 43 ff.).

Route 9

IX	1	DE SEPTEM VIIS VSQUE	PORTA METROVIA
	2	*in sinistra Iohannis et Pauli*	*in dextera Clivus Tauri*
	3	*Forma Lateranense*	*Ad Scm. Stephanum in Celio monte*
	4	*Ad Scm. Erasmum*	*Item alia via de Porta Metrovia. In dextera*
	5	*Sca. Maria Dominica*	*Ad Scm. Syxtum. In sinistra aeclesia*
	6	*In via Latina intus in civitate*	*Sci. Iohannis*
	7	*In sinistra*	*extra civitatem. In dextera Sci. Ianuarii*
	8	*Oratorium Scae. Mariae*	*Oratorium Sci. Syxti*
	9	*Sci. Gordiani*	*Sca. Eugenia. Ad Scm. Theodorum*

Im Gegensatz zu den vorangehenden Routen gibt die Strecke 9 keinen Anfangspunkt an der Stadtmauer, sondern zählt verschiedene Stationen im Gebiet des Mons Caelius und der Porta Metrovia im Südosten der Stadt auf. Den antiken Namen dieses kleinen Mauerdurchlasses zwischen Porta Asinaria und Porta Latina kennen wir nicht. Der Regionar schreibt *Metrovia*, heute wird die Pforte, die dem Verkehr nicht mehr geöffnet ist, *Porta Metronia* genannt (Abbildungen mit dem 1157 und 1579 renovierten Torturm bei Nash II 214–216). So wie die Streckenbeschreibung oben wiedergegeben ist, entspricht sie dem Einsiedler Manuskript, das dieser Route 9 Zeilen reserviert. Die Angaben in Zeile 4 rechts und in Zeile 7 zeigen aber, daß mehr als eine einzige Pilgerroute gemeint ist, weshalb Jordan (II 656–657) die Stationen auf 12 Zeilen verteilt und Hülsen (1907, 409–413) nur die Zeilen 1–5 links und 1–3 rechts zu dieser Strecke rechnet. Hülsen vermutet, daß die Stationenfolge im Manuskript verdorben sei und in der ursprünglichen Vorlage des Einsidlensis folgende Form gehabt habe:

2 IN S. *Iohannis et Pauli*   IN D. *Clivus Tauri*
3 *Forma Lateranense*   *S. Maria in Domnica*
4 *ad Scm. Stephanum in Caelio monte*
5 *et ad S. Erasmum*
6 *Porta Metrovia*

Mit *septem viae* bezeichnet der Regionar das Straßenkreuz am südöstlichen Ende des Circus Maximus, wo in antiker Zeit sich die Straße vom Colosseum zur Porta Ostiensis mit der Via Appia traf. Da von diesem Knotenpunkt indes nicht sieben Straßen ausgehen, vermutet Jordan eine Ableitung vom nahe gelegenen *Septizonium Septimi Severi,* dem Wochen-Götter-Monument am Südost-Abhang des Palatin (Jordan II 512). Die Neueren bezeichnen diesen Ort bei der Porta Capena mit *la Moletta* (Jordan-Hülsen I 3, Plan IV und p. 133). Von der Moletta steigt der Weg zum Caelius hinauf. Links werden *SS. Giovanni e Paolo,* rechts der *Clivus Scauri* zitiert. Die Kirche SS. Giovanni e Paolo wurde um 410 vom Senator Pammachius, einem nahen Freunde des Hieronymus, gegründet (Vita von W. Ensslin, RE XVIII 296). Sie steht über drei älteren römischen Wohnhäusern, deren mit Malereien ausgeschmückte Zimmer zum Teil ausgegraben worden sind (Abbildungen bei Nash I 357–361). Die mittelalterlichen Quellen zu SS. Giovanni e Paolo stellt Hülsen *Le chiese die Roma* 1927, 277, zusammen, die Baugeschichte behandelt Krautheimer *Corpus* I, 1937, 274–283.

Clivus Scauri, ‚Steige des Scaurus', hießt in der Spätantike ein von Westen auf den Mons Caelius hinaufführender Weg, der seinen Namen vermutlich dem Palast eines Geschlechtes mit Beinamen Scaurus verdankt. Es gibt Aemilii, Atilii, Aurelii und andere Gentes mit diesem Cognomen. Hülsen (1907, 409) ist unschlüssig darüber, ob der Regionar mit dem Namen nur die Straße, oder das rechter Hand daran liegende Kloster *S. Gregorii in clivo Scauri* bezeichnen will. Papst Gregor der Große (590–604), aus altem senatorischen Hochadel stammend, hatte schon um 575 seinen elterlichen Palast in ein St. Andreas-Kloster verwandelt, das mit seiner Kirche bis heute besteht. Für die These Hülsens, daß es sich beim Zitat IX 2 um das Kloster handelt, spricht das Epigramm der Einsiedler Sammlung n. 51, das der Anonymus *in bibliotheca S. Gregorii, quae est in monasterio Clitauri, ubi ipse dyalogorum scripsit* kopiert hat. Man kann dieser Notiz entnehmen, daß der ehemalige Arbeitsraum des großen Papstes und Kirchenvaters im 9. Jh. zu den Zielen der Pilgerreisen gehörte.

Unter der *Forma Lateranense* in Zeile 3 wird man ohne Schwierigkeiten Aquaeduktbogen der Aqua Claudia erkennen können, die von Nero zur Wasserversorgung des Caelius, des Palatin und Aventin weitergebaut worden ist. Größere Teile dieser Wasserleitung stehen heute noch

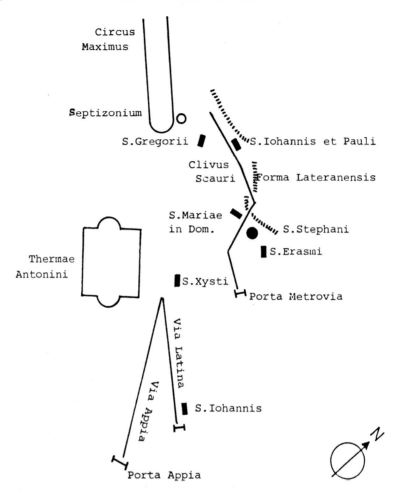

Route IX nach der Zeichnung von Hülsen (1907)

an der Nordseite der Via di S. Stefano Rotondo und an der Via della Navicella (Abbildungen bei Nash I 44–45). Im weiteren werden drei Kirchen genannt, die alle wohlbekannt sind, *S. Stephanus in Celio monte, S. Erasmus, S. Maria Dominica,* die aber wegen ihrer Plazierung links oder rechts des Weges den Erklärern gewisse Schwierigkeiten bereiten. Der große Rundbau von *S. Stefano Rotondo* stammt aus dem 4. Jh., war aber, wie Lanciani nachgewiesen hat, ursprünglich ein profanes Gebäude, ein Nachfolger der neronischen Tholos im Macellum Magnum auf dem Coelius (Jordan-Hülsen I 3, 1907, 238). Erst Papst Simplicius (468–483) hat diesen Bau zur Kirche umgewandelt (Testimonia bei Hülsen *Chiese di Roma* 1927, 474; Baugeschichte bei Krautheimer

Corpus IV, 1970, 199–238; Rekonstruktion des frühchristlichen Zustandes bei Krautheimer 1980, 52). In nächster Umgebung von S. Stefano lagen Kirche und Kloster *S. Erasmi*, die in Zeugnissen aus dem 7. Jh. belegt sind, aber im 16. Jh. zerstört und nicht mehr aufgebaut worden sind. (Belege bei Hülsen *Le chiese di Roma* 1927, 249). Die Kirche *S. Maria in dominica*, unmittelbar westlich neben S. Stefano Rotondo, liegt auf den Resten der Castra Peregrina, der Kaserne eines Teiles der severischen Stadtbesatzung (Plan der Castra bei Nash I 219). Von diesem Lager haben sich in der Kirche römische Weihinschriften erhalten, ferner ein steinernes Votiv-Schiff, das ursprünglich im Lagertempel des Iuppiter Redux stand (Abbildungen bei Nash I 220). Das Schiff wurde 1513 durch eine Kopie ersetzt die heute noch an Ort und Stelle steht und der Kirche den Namen *S. Maria della Navicella* gegeben hat. Der heutige Bau mit dem Mosaikschmuck stammt erst aus dem 9. Jh. (Krautheimer *Corpus* II, 1959, 308–321), dürfte aber einen Vorgängerbau gehabt haben, den der Regionar zitiert. Über die Ordnung dieser Kirchen links und rechts am Wege sind sich Lanciani und Hülsen nicht einig. Hülsen (1907, 410) läßt die Route des Regionars über die heutige Via della Navicella verlaufen, wonach die beiden Kirchen S. Maria in Dominica und S. Stefano Rotondo rechter Hand zu liegen kämen, während Lanciani (p. 504) auf der Richtigkeit der Einsiedler Angaben beharrt. Da der Regionar auch sonst bei den Plazierungsangaben unsorgfältig arbeitet und Kopierfehler nicht ausgeschlossen werden können, scheint die Ansicht Hülsens mehr für sich zu haben. Man darf annehmen, daß die heutige Via della Navicella den antiken Verlauf der Route zur Porta Metrovia bewahrt hat.

Die weiteren Stationen, die von Zeile 5 rechts an aufgeführt werden, und die Hülsen aus dem ursprünglichen Itinerar ausschließt, liegen alle in der näheren Umgebung der Porta Metrovia innerhalb und außerhalb der Stadtmauer. Die Kirche *ad S. Syxtum* ist die heutige S. Sisto am Südfuß des Caelius gegenüber den Caracalla-Thermen. Zwischen S. Sisto und den Thermen verlief die Via Appia gegen die Porta Appia, heute Porta S. Sebastiano. Die Kirche wird deshalb auch *S. Sixti in Via Appia* oder *in Piscina* genannt, so in den Konzilsakten von 595 (Hülsen *Le chiese di Roma* 1927, 470). Nach der Tradition ist sie Papst Sixtus II geweiht (257–258), dessen Martyrium in die valerianische Verfolgung fällt. Der Bau von S. Sisto geht auf das 5. Jh. zurück (vgl. dazu R. Krautheimer *Corpus* IV, 1970, 163 ff.). Von der Via Appia springt der Regionar zur Via Latina über, welche sich bei S. Sisto von der ersteren trennt. Die auf Zeile 6 zitierte Johannes-Kirche ist die heutige *S. Giovanni a Porta Latina*, dem Täufer Johannes geweiht. Sie entstand im 6. Jh., wurde von

Papst Hadrian I (772–795) restauriert und heißt in der Renovationsnotiz *ecclesia S. Ioannis Baptistae sita iuxta portam Latinam*. Später scheint sie Iohannes Evangelista zugeordnet, und Hülsen (*Le chiese di Roma* 1927, 26) zitiert sie unter dem mißverständlichen Namen ‚S. Iohannis (Evangelistae) ante portam Latinam', aber die Kirche liegt noch innerhalb der Stadtmauer. Ihre Baugeschichte behandelt Krautheimer *Corpus* I, 1937, 317–319.

Die in Zeilen 6 links und Zeile 7 rechts folgenden Angaben gehören nach Hülsen außerhalb der Stadtmauer. Es handelt sich um die Oratorien *S. Mariae und S. Syxti,* ferner um die Gedenkstätten der Heiligen *S. Gordianus, S. Ianuarius, S. Eugenia* und *S. Theodorus.* Wo diese Stationen extra muros heute liegen, ist – auch wegen der zahlreichen mittelalterlichen Reliquien-Translationen – nicht sicher auszumachen. Die Gräber der SS. Gordianus und Eugenia liegen an der Via Latina (P. Testini *Le catacombe* 1966, 166), dasjenige des Ianuarius im Bezirk der Domitilla-Katakomben an der Via Appia (Testini 294).

Route 10

X			
	1	DE PORTA APPIA VSQVE SCO	LA GRECA IN VIA APPIA
	2	*Coclea fracta. Thermae Antoninianae*	*Forma Iobia. Sci. Nerei et Achillei*
	3	*Arcus recordationis*	*Sci. Xysti*
	4	INDE PER PORTICVM VSQVE	AD FORMAM PER VII VIAS
	5	IN SINISTRA. *Circus Maximus*	IN DEXTERA *Sca. Lucia*
	6	*Mons Aventinus. Septizonium*	*Palatinus*
	7	*Et sic per porticum usque ad*	*Scam. Anastasiam*
	8	*Item in eadem via extra civitatem*	*Sca. Petronella. Nerei et Achillei*
	9	*Ad Scm. Ianuarium*	*Marci et Marcelliani. Ad Scm. Soterum*
	10	*Ubi Systus martirizatus est*	*Sci. Cornelii Xysti Faviani Antheros et Miltiadis*
	11	*Sca. Eugenia*	
	12	*Ad Scm. Theodorum*	*Ad Scm. Sebastianum*

Die Route 10 enthält zwei verschiedene Streckenbeschreibungen, die eine von der Porta Appia über das Septizonium bis zur Schola Graeca, das ist die Kirche *S. Mariae de schola Graeca,* die heutige *S. Maria in Cosmedin,* die andere von Stationen außerhalb der Porta Appia. Die ersten Monumente, die auf Zeile 2 innerhalb der Porta Appia aufgezählt werden sind linker Hand die *Coclea fracta* und die Caracalla-Thermen, rechter Hand die Wasserleitung der Aqua Antoniniana, hier *Forma Iobia* genannt, die Wasserzuführung der Caracalla-Thermen, und die Kirche *SS. Nereo e Achilleo* gegenüber den Thermen. Diese Kirche und die Thermen ergeben keine Lokalisierungsprobleme. Auf die alte Titel-Kirche des 4. Jh. mit Namen *Fasciola* sind im 6. Jh. die Namen der Märty-

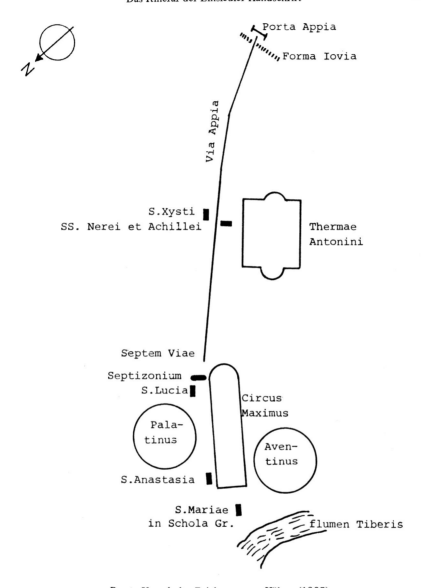

Route X nach der Zeichnung von Hülsen (1907)

rer Nereus und Achilles übergegangen, nachdem man offenbar ihre Reliquien von der Via Ardeatina in die Stadt gebracht hatte (Hülsen *Le chiese di Roma* 1927, 388). Die Thermae Antoninianae waren bis ins 6. Jh. in Betrieb, erst die Unterbrechung der Wasserleitung im Gotenkrieg von 537 scheint sie unbrauchbar gemacht zu haben (Abbildungen des heutigen Zustandes nach den Ausgrabungen im 19. und 20. Jh. bei Nash II 434–441). Darüber, was die *Coclea fracta* bedeutet, sind sich die Archäologen nicht einig. Lanciani vermutet hinter der Bezeichnung ein Grabmonument an der Via Appia, was innerhalb der Stadtmauern kaum anzutreffen wäre, Hülsen (1907, 416) die Ruine einer großen Muschelschale, wie sie etwa in den Severus-Thermen nahe dem Appischen Tor übrig geblieben sei. *Coclea* ist aber der technische Fachausdruck für Wasserrad, Wasserschnecke (Vitruv 10, 6, 258), welche Einrichtung sehr wohl für die Wasserleitung zu den Caracalla-Thermen benutzt worden sein kann. Der Aquaedukt stieg von der Stadtmauer zu den etwas höher gelegenen Thermen hinauf, und die Vorrichtung der Coclea mag bis ins 6. Jh. funktioniert haben (vgl. zur technischen Einrichtung des Wasserhebewerkes J. Gray Landels *Die Technik in der antiken Welt* 1979, 69 ff.).

Was mit der *Forma Iobia* in der Nähe der Kirche SS. Nereo ed Achilleo gemeint ist, scheint nicht ganz klar zu sein. Jordan (II 229) denkt an die Aqua Antoniniana, die von Diocletian = *Iovius* renoviert sein mag und deshalb seinen Namen trägt. Sie überquert unmittelbar innerhalb der Porta Appia die appische Straße, aber nach den neueren archäologischen Karten überqueren noch andere Aquaedukte die Via Appia zwischen der Stadtmauer und dem Septizonium. Auch welches antike Bauwerk sich hinter dem Namen *Arcus recordationis* verbirgt, ist ungewiß. Lanciani möchte in ihm einen Drusus-Bogen unmittelbar bei der Kirche S. Sisto sehen, Hülsen (Jordan-Hülsen I 3, 216 Anm. 42) den in die Porta S. Sebastiano eingebauten Drusus-Bogen (so auch Hülsen 1907, 416). Die Station *Sci. Xysti* ist die schon in Route IX 6 zitierte Kirche S. Sixti in via Appia, die heute noch am alten Platz existiert.

Von den Caracalla-Thermen und S. Sisto läuft die Strecke weiter stadteinwärts gegen den Straßenknotenpunkt der Septem Viae. Von den *Porticus,* welche hier bei der Aqua Appia (*ad formam*) die Via Appia beschattet haben, sind keine Reste mehr erhalten. Es werden dann linker Hand der Circus Maximus und rechts die Kirche *Sca. Lucia* zitiert. Diese Diaconie *S. Luciae in septem soliis* wird noch in Quellen des 8. und 9. Jh. erwähnt, muß aber danach verfallen sein. Hülsen (*Le chiese di Roma* 1927, 305) plaziert sie in die Nähe des Septizoniums. Der Weg führt danach zwischen Aventin und Palatin, an der Nordseite des Circus Maximus entlang, zur S. Anastasia. Von dieser alten Titular-Basilica, deren Gründung ins 4. Jh. fällt, zitiert der Einsidlensis unter n. 23 eine 6-zeilige Versinschrift, die Papst Damasus (366–384) als Stifter der Apsismalerei nennt und Papst Hilarus (461–468) als ihren Renovatoren. Die Kirche wird in den Konzilsakten von 499 erwähnt (Hülsen *Le chiese di Roma* 1927, 172) und erfuhr in der byzantinischen Zeit prunkvolle Renovationen (Baugeschichte bei Krautheimer *Corpus* I, 1937, 42–61).

In S. Anastasia hat der berühmte Handschriftenforscher und Präfekt der vatikanischen Bibliothek, Kardinal Angelo Mai (1782–1854), sein Grab gefunden. Unter seiner Ruhestätte aber liegen die Ruinen der römischen Porticus, die einst den Weg des Einsiedler Mönchs überspannten, und zu denen der heutige Besucher hinabsteigen kann.

Die Zielstation der Route, die Kirche S. *Maria in Schola Graeca*, wird in der Liste nicht mehr namentlich aufgeführt. Sie liegt unmittelbar nordwestlich des Circus Maximus in der Flucht der bisherigen Strecke und soll im Zusammenhang der nächsten Route ausführlicher behandelt werden.

Im zweiten Teil des Stationenkataloges, Zeile 8–12, werden Pilgerziele außerhalb der Stadt vor der Porta Appia genannt, Märtyrergräber in den Katakomben und Coemeterien, die bei P. Testini *Le Catacombe di Roma* 1966, im einzelnen registriert sind.

Route 11

XI 1 IN VIA PORTENSI EXTRA CIVI   TATEM. IN DEXTRA *Abdo et Sennes*

    2 *In via Aurelia extra civitatem in dextra Sci.*   *Pancratii. Processi et Martiniani*

    3 *In via Salaria extra civitatem. in dextra Sci.*   *Saturnini. Scae. Felicitatis cum VII filiis*

    4 *In via Pinciana extra civitatem in dextra Scae.*   *Basilissae. Sci. Pamphili*

    5 *Proti et Yacinthi. Sci. Hermetis*   *Sci. Iohannis caput*

Dieses Itinerar gehört nicht zu den Routen quer durch die Stadt, sondern es enthält Pilgerstationen außerhalb der Stadtmauer, die kaum mit einer einzigen Strecke verbunden werden können. Die zitierten Denkmäler betreffen die Via Aurelia im Westen der Stadt jenseits der Tiber, die Via Salaria im Norden, die von Rom durch das Sabinerland an die Adria führt, die Via Pinciana, welche seit Kaiser Honorius (395–423) von der Porta Pinciana parallel zu den Viae Flaminia und Salaria nach Norden lief. Schon de Rossi und nach ihm Hülsen (1907, 417) haben darauf hingewiesen, daß die Stationsangaben links und rechts des Weges verwirrt sind, vermutlich durch die Schuld des Abschreibers, und in folgenderweise korrigiert werden müßten:

In via Portuensi extra civitatem   *In dextra Abdo et Sennes*
In via Aurelia extra civitatem
In sinistra S. Pancratii   *In dextra Sci. Processi et Martiniani*
In via Pinciana extra civitatem   *In dextra Scae. Felicitatis cum VII filiis*
In sinistra Scae. Basilissae   *in dextra Sci. Pamphili*
Proti et Hyacinthi. Sci. Hermetis   *Sci. Iohannis caput.*

Zu dieser Stationen-Verwirrung kommt eine weitere Überlieferungs-Schwierigkeit. Teile dieses Itinerars sind schon in der Inschriftensammlung zwischen den beiden Nummern 68 und 71 wiedergegeben, wo es im Anschluß an das Märtyrergrab des Hyacinthus heißt:
In Via Pincia | Pamphilus Basilissa Protus Yacinthus | Hermes. Ubi dns. caecum inluminavit arcus | murus. Inter Aurelia et Portuensis Scs. Processus et Martinianus et pancratius. Abdo et Sennes. Offenbar hatte der anonyme Autor der Inschriftensammlung das Itinerar mit den außerhalb der Stadt liegenden Märtyrergräbern zur Hand und ergänzte die Inschrift vom Hyacinthus-Grab mit den Angaben über weitere solche Märtyrer-Gedenkstätten. In ähnlicher Weise dürfte er schon die Angaben zur Via Appia von Route 10 zu einer Einschaltung in die Inschriftensammlung benützt haben. Unmittelbar nach dem zitierten Einschub zur Via Portuensis in F. 70 heißt es:
In Via Appia | Soter Xistus. Urbanus. Marcellianus et Marcus. | Ianuarius et aeclesia ubi decollatus est Xystus. | Sebastianus. Alle diese Märtyrer sind, mit Ausnahme von Urbanus, im zweiten Teil der Strecke 10 genannt. Im Katakomben-Inventar von Testini sind die einzelnen Grabstätten aufgeführt (P. Testini *Le catacombe e gli antichi cimiteri cristiani in Roma* 1966). Die Gräber der persischen Märtyrer Abdon und Sennes an der antiken Via Portuensis nach Ostia liegen am Ostabhang des heutigen Quartieres Monteverde Vecchio (Testini 145), diejenigen der Heiligen Pancratius, Processus und Martinianus von der Via Aurelia im Areal der Villa Doria Pamphili rund 700 m südwestlich der Porta Aurelia (Testini 106). Das Martyrium des Phrygers Pancratius fällt nach der Tradition in die diocletianische Verfolgung. Über seinem Grab in der Katakombe der Octavilla wurde vor dem Jahre 500 die heutige Kirche S. Pancrazio erbaut, die Papst Symmachus (498–514) erweiterte. Sie war im 6. Jh. ein berühmter Wallfahrtsort und gab der nahen Porta Aurelia ihren heutigen Namen. Schon bei Prokop bell. Goth. 1, 88 wird das Stadttor ἡ Παγκρατιανή bezeichnet. Es folgt ein Hinweis auf nördlich der Stadt gelegene Katakomben. Vor der Porta Salaria liegen die Märtyrer Saturninus und Felicitas (Testini 164). Die in Zeile 5 und 6 zitierten Heiligengräber vor der Porta Pinciana liegen im Bereich der wichtigsten christlichen Grabstätte der Region, dem *Coemeterium Priscillae* (Testini 69–75, 166 ff.). Dieser Grabbezirk ist heute Teil des Parkes der Villa Ada.

Route 12
XII 1 [A] PORTA SCI. PETRI VSQ. AD SCM. PAVLVM
     2 IN S. *Sci. Laurentii et Theatrum Pompei*
     3 *et per porticum usque ad Scm. Angelum et templum Iovis*
     4   IN D. *Theatrum.*
     5 *iterum per porticum usque ad elephantum*
     6 *inde per scolam Graecorum.*
     7 *ibi in sinistra ecclesia Graecorum.*
     8 *ibi est aqua subtus montem Aventinum currens.*
     9 *Scala usque in montem Aventinum*
    10 *et balneum Mercurii.*
    11 *inde ad portam Ost(i)ense(m).*
    12 *Inde per porticum usque ad ecclesiam Mennae et de Mennae usque ad Scm. Paulum apostolum*
    13 *Inde ad Scm. Felicem et A(dauc)tum et Emeritam.*
    14 *Deinde ad Scam. Petronellam et Nereum et Achilleum.*
    15 *Inde ad Scm. Marcum et Marcellianum.*
    16 *Inde ad Scm. Soterum.*
    17 *Inde ad Scm. Sixtum; ibi et Scs. Favianus et Antheros et Miltiades.*
    18 *Inde ad Scm. Cornelium.*
    19 *Inde ad Scm. Sebastianum.*
    20 *Inde revertendo per viam Appiam ad ecclesiam ubi Scs. Sixtus cum suis diaconibus decollatus est*
    21 *Inde ad portam Appiam.*
    22 *ibi forma Iopia quae venit de Marsia et currit usque ad ripam.*
    23 *Inde ad cocleam fractam.*
    24 *Inde ad arcum recordationis.*
    25 IN S. *Thermae Antoninianae*   IN D. *Xystus.*
    26 IN S. *Nereus et Achilleus*
    27 *Inde per porticum usque ad formam.*
    28 *Inde ad septem vias; ibi Sca. Lucia et Septizonium.*
    29 IN S. *Circus maximus.*   IN D. *Palatinus.*
    30 *et sic per porticum maximum usque ad Anastasiam et inde semper ...*

Diese Routenbeschreibung ist nicht Teil des Regionars, sondern findet sich in der Einsiedler Handschrift zwischen den Inschriften n. 71 und n. 73 eingegliedert. Sie muß aber aus einem Pilgerführer stammen, denn sie enthält die wichtige Strecke von der Petersbrücke nach S. Paolo fuori le Mura, die sonst nirgends geschildert ist. Die Beschreibung ist reicher und präziser als diejenige der übrigen Routen. Hülsen schließt daraus, daß hier ein Stück der ursprünglichen Vorlage des gesamten Itinerars vorliegt, welches Modell bei den meisten Strecken durch Abschreiber verkürzt und zum Teil verfälscht worden ist (Hülsen 1907, 383 und 419).

Die Route beginnt wie die Strecken 1, 2 und 8 am Peterstor bei Ponte S. Angelo. Als erste Stationen werden linker Hand *S. Lorenzo in*

Damaso (in der *Cancelleria*) und das Pompeiustheater angeführt. Im Gegensatz zu Route 1 führt der Weg — wie Lanciani p. 510 sagt — nicht vor, sondern hinter diesen Monumenten vorbei in der Linie der heutigen Via de' Cappellari, Campo dei Fiori, Via de' Giubbonari. Im Porticus (Zeile 3) erkennt Lanciani die Säulenhallen, welche in den Jahren 1841–1889 im Verlauf dieser Straßen gefunden worden sind und die Hülsen (Jordan-Hülsen I 3, 546) als *Porticus Minucia* einzeichnet. Es folgen im direkten Verlauf der Strecke die Kirche *ad Sanctum Angelum* und ein *templum Iovis,* welcher aber nicht der Jupitertempel auf dem Capitol gewesen sein kann, wie schon Gregorovius (IV 448) und Jordan (II 342) richtig betonen, sondern die alten Doppeltempel aus dem 2. Jh. v. Chr. für *Jupiter Stator* und *Juno Regina* im Areal der späteren *Porticus Octaviae* (Jordan-Hülsen I 3, 538). Überreste dieses ersten Marmortempels in Rom, oder wenigstens die Erinnerung daran, müssen zur Zeit des Einsidlensis noch vorhanden gewesen sein. Die Kirche *ad S. Angelum,* die heutige *S. Angelo in Pescheria*, wurde um 755 in den *Porticus Octaviae* hineingebaut. Schon früher bestand hier wohl eine Diakonie. Der Neubau muß schon vor Papst Hadrian I (771–795) bestanden haben, wie R. Krautheimer *Rome, Profile of a City* 1980, 81 und 341 gegenüber seiner früheren Darstellung in *Corpus* I, 1937, 64–74, betont. Die Reste der von Septimius Severus renovierten Porticus Octaviae sind erst bei der Niederlegung des Ghetto im Jahre 1878, die Südost-Ecke sogar erst 1938/1939, von den mittelalterlichen Einbauten befreit worden (Abbildungen der Porticus im heutigen Zustand mit der Kirche S. Angelo im Hintergrund bei Nash II 254). Beim *Theatrum,* das der Regionar in Zeile 4 zur Rechten notiert, handelt es sich um das Marcellus-Theater, das einst Augustus errichtet und seinem verstorbenen Schwiegersohn Marcellus geweiht hatte. Das riesige Halbrund, das 10.000 Zuschauer fassen konnte, wurde noch in der Spätantike verschiedentlich renoviert. Unter n. 12 der Inschriftensammlung hat der Anonymus die Reparaturnotiz des Stadtpräfekten Petronius Maximus bewahrt, aber den Namen des Theaters wußte er nicht mehr. Im späteren Mittelalter haben die römischen Stadtgeschlechter die Ruine zur Festung ausgebaut, im 12. Jh. die Pierleoni, später die Orsini, deren Palast heute noch erhalten ist (Geschichte des Marcellus-Theaters bei Jordan-Hülsen I 3, 515–519; Abbildungen des heutigen Zustandes nach der Freilegung der Arkaden in den 20er Jahren bei Nash II 418–422).

Vom Marcellus-Theater geht der Weg in Richtung des antiken Velabrum weiter zu einem *ad elephantum* genannten Ort, der auf den antiken Ortsnamen *Elephantus herbarius* beim Forum Boarium zurückzugehen scheint (Jordan II 447). Dieser *Elephantus herbarius* wird in der spät-

Das Itinerar der Einsiedler Handschrift 207

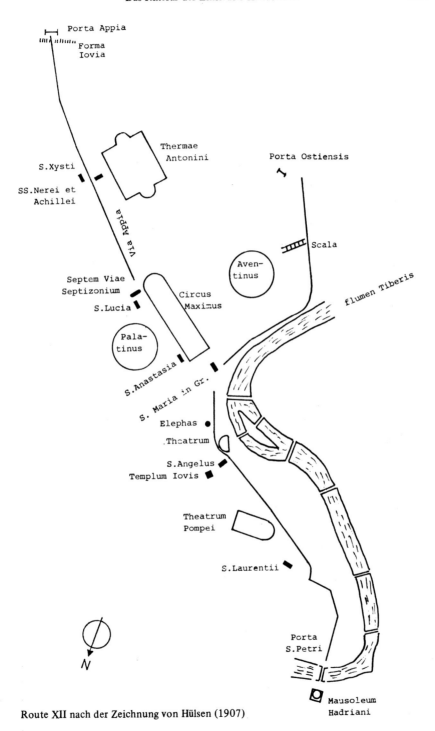

Route XII nach der Zeichnung von Hülsen (1907)

antiken (sogenannten constantinischen) Regionsbeschreibung zitiert und dürfte die Bezeichnung für ein Elefanten-Standbild gewesen sein, wie ähnliche an der Via sacra im 6. Jh. n. Chr. bezeugt sind (Jordan II 553; Hülsen RE V 2325). Die nächste Station (Zeilen 6–7) ist das Quartier *Scola Graecorum* mit der Kirche *S. Mariae in schola Graeca,* der heutigen *S. Maria in Cosmedin.* Sie steht auf den Fundamenten eines der ältesten römischen Tempel, desjenigen, den der Diktator L. Postumius im Jahre 496 v. Chr. der Götterdreiheit Ceres, Liber und Libera (Demeter, Dionysos und Kore) geweiht hatte (Abbildung der Tuffquadern aus dem Tempelpodium bei Nash I 228–229). Nach einem Brande im Jahre 31 v. Chr. wurde er von Augustus neu aufgebaut und von Tiberius im Jahre 17 n. Chr. geweiht (Tac. ann. 2, 49). Der Tempel war Amtssitz der Aediles plebis und Archiv für die Plebs- und Senatsbeschlüsse. Besonders wichtig ist seine Funktion als Sitz der städtischen Kornversorgung, der *Annona.* Auch der allmächtige *praefectus annonae* muß hier noch im 4. Jh. residiert haben. Wann die erste christliche Kirche in das alte Ceres-Heiligtum eingebaut worden ist, wissen wir nicht genau, vermutlich erst im 6. Jh. (Jordan-Hülsen I 3, 147; Krautheimer *Corpus* II, 1959, 277–307). Die Kirche heißt im 6. Jh. *S. Maria in Schola Graeca,* wobei der mittelalterliche Begriff *schola* noch weitgehend dem antiken Sinn „Versammlungslokal der Berufsvereine", entspricht. Gregorovius (VIII 790) zählt eine ganze Reihe solcher *scholae* auf, die meist nach der ethnischen Herkunft ihrer Mitglieder heißen. Man wird sich unter diesen *scholae Anglorum, Francorum, Frisonum* etc. auch die Aufnahmestellen für die Pilger aus den entsprechenden Ländern vorstellen dürfen. Der Übergang von den antiken Berufs- und Glaubenscollegia zu den mittelalterlichen Scholen scheint aber fließend, denn auch die Judengemeinde wird noch im 12. Jh. als *Schola* aufgeführt (Gregorovius II 417). Ob es sich bei den Griechen um eine Kolonie östlicher Händler oder um orthodoxe Flüchtlinge aus frühen ikonoklastischen Streitigkeiten handelt, scheint schwer zu entscheiden. Noch unter Kaiser Otto III (980–1002) wird das Tiberufer am Aventin *ripa Graeca* genannt (Gregorovius II 396). Papst Hadrian I (772–795) hat dann die Kirche von Grund auf umgestaltet und ihr den heutigen Namen *S. Maria in Cosmedin* (τὴν κοσμητήν, „die Schmückende", mit Iotazismus *kosmetin*) gegeben. Dieser neue Name tritt erst nach Papst Hadrian auf, was Jordan (II 332) veranlaßt, das Zitat XII 7 als vorhadrianisch zu bezeichnen. Bei der Wasserleitung (Zeile 8), die nahe der Kirche vom Aventin herabfließt, muß es sich um die Aqua Appia handeln, die zum Teil mittels Stollen den Caelius und den Aventin durchquert und südlich von S. Maria in Cosmedin die Flußebene erreicht. Das auf den Censor Appius Claudius Caecus (312 v. Chr.)

zurückgeführte und von Augustus renovierte Werk war also im frühen Mittelalter noch in Betrieb.

In Zeile 9–10 steigt die Route über eine Treppe zum *balneum Mercurii* auf dem Aventin hinauf. Dieses Merkurbad ist nicht sicher zu identifizieren. Jordan (II 342) nennt es „irgend eine Ruine auf dem Aventin", man könnte auch an die *Thermae Decianae* denken, die Badeanlage von Kaiser Decius auf dem Aventin in der Nähe der Kirche S. Alessio (Jordan-Hülsen I 3, 164). Dem Merkur schreiben die Mirabilien des 12. Jh. ein Gebäude auf dem Aventin zu (Mir. Romae 28: *in Aventino templum Mercurii ... et fons Mercurii*), aber nach Jordan II 530 beruht diese Stelle auf Interpretation von Ovid, Fast. 5, 673: *est aqua Mercurii portae vicina Capenae*. Mit der Porta Capena kämen wir auf die Ostseite des Aventin, nicht auf die Westseite, wie die Route verlangen würde. In antiker Zeit wurde die Höhe des Aventin von der Tiberseite durch mehrere steile Treppen erreicht. Welche *scala* in Zeile 9 gemeint ist, wissen wir nicht. Lanciani (p. 512) hält diese Treppe für die *scala Cassi*, welche im Curiosum und der Notitia, Redaktionen der constantinischen Regionsbeschreibung, XIII 15 zitiert ist, und läßt sie in der Nähe von S. Sabina aufsteigen.

Der Weg vom Aventin zur Porta Ostiensis wird im Itinerar nicht im einzelnen beschrieben. So vermissen wir z.B. einen Hinweis auf die heute offen liegende Cestius-Pyramide neben der eigentlichen Porta Ostiensis. Das Bauwerk war aber schon seit dem 3. Jh. so in die aurelianische Mauer einbezogen, daß es als Einzelmonument kaum hervorragte. Im 12. Jh. ist die Pyramide als *meta* (Zirkus-Zielsäule) verstanden worden und wird als *meta Romuli* oder *Remi* zitiert (Jordan II 430). Erst 1663 wurde eine Seite der Cestiuspyramide wieder freigelegt und unter Papst Alexander VII restauriert (Nash II 321–323 mit Abbildungen des heutigen Zustandes). Die Porta Ostiensis selbst hat seit dem Bau Aurelians verschiedene Veränderungen erfahren (Nash II 218–219). Sie heißt schon im 6. Jh. nach der davor liegenden Basilica *S. Paolo fuori le Mura* nicht mehr *Porta Ostiensis*, sondern *Porta S. Pauli* (Prokop, bell. Goth. 2, 4, 3 und 3, 36).

Die erste Station außerhalb der Porta S. Pauli ist die Kirche des ägyptischen Märtyrers Menas, wo Papst Gregor der Große (590–604) eine Predigt hielt (Rusch, RE XV 772); also bestand der Bau im 6. Jh. Den genauen Ort der Station kennen wir nicht, denn die Kirche scheint im 13. Jh. verschwunden zu sein (Hülsen *Le chiese di Roma* 387). Danach läuft die Route zur Basilica *S. Paolo fuori le Mura* weiter. Die Kirche über dem Grab des Apostels ist eines der frühesten christlichen Wallfahrtsziele, entstanden im 3. Jh. und später oft erweitert und ausgebaut. Die

Mosaikinschrift des Kaisers Honorius vom Jahre 404 hat der Einsidlensis in seine Inschriftensammlung unter n. 48 aufgenommen. Des Prudentius berühmte Verse über die Pracht der Kirche (Perist. 12, 45–54) dürften in dieselbe Zeit fallen (deutsche Übersetzung des Gedichtes bei Gregorovius I 98; zur Geschichte der Basilica vgl. Hülsen *Le chiese di Roma* 415 und Krautheimer *Corpus* V, 1977, 93 ff.).

Von S. Paolo setzt der Regionar in den Zeilen 13–19 seinen Weg zu verschiedenen Heiligengräbern in der näheren und ferneren Umgebung der Via Ostiensis fort und führt schließlich (20 ff.) über die Via Appia und die Porta Appia wieder in die Stadt zurück. Von diesen Grabstätten sind einige schon in den vorangegangenen Routen zitiert. Sie sind alle bei P. Testini *Le catacombe di Roma* 1966, aufgeführt und diskutiert. In der vorliegenden Route 12 folgen nach der Kirche S. Paolo fuori le Mura die Stationen: Die Gräber der Heiligen Felix, Adauctus und Merita in den *Catacombe di Commodilla*, 600 m nordöstlich von S. Paolo an der heutigen Via delle Sette Chiese (Testini 147). 1300 m östlich davon, ebenfalls an der Via delle Sette Chiese, kurz vor dem Einlaufen in die Via Ardeatina, die *Catacombe di Domitilla* mit den Grabstätten von Petronella, Nereus und Achilleus (Testini 149). Die Gräber der SS. Marcus et Marcellianus liegen an der Via Appia 102 (Testini 151). In Zeile 16 wird ein *S. Soterus* genannt, welcher Name aus Σωτήρ, Σωτῆρος oder aus Σωτηρίς, Σωτηρίδος verschrieben scheint (Testini 151). Das Martyrologium gibt beide Namen zum 10. Februar und zum 22. April, beides Martyrien an der Via Appia (Testini 108). Die Märtyrer von Zeilen 17–18, Sixtus, Favianus, Antherus, Miltiades und Cornelius sind in der Calixtus-Katakombe an der Via Appia, 1,8 km außerhalb der Porta S. Sebastiano, begraben (Testini 130–135; Inschriften abgedruckt bei Kaufmann *Handbuch* 1905, 220). Basilica und Katakombe des S. Sebastianus liegen etwas weiter davon in südöstlicher Richtung, 2,4 km außerhalb des Stadttores (gute Planskizze im *Guida* des ital. Touringclubs, 1965, 395).

Von hier kehrt die Route auf der Via Appia in die Stadt zurück zur Basilica *S. Sisto Vecchio* (schon IX 5 und X 3 zitiert), wo nach der Tradition das Martyrium des Papstes Sixtus II (258) stattgefunden hat. In Zeile 22 notiert der Regionar die *Forma Iovia,* im Gegensatz zu X 2 hier mit der genauern Angabe, woher das Wasser kommt. Als Zuleitung wird die berühmte *Aqua Marcia* (hier *Marsia* geschrieben) genannt, die einst der Prätor des Jahres 144 v. Chr., Q. Marcius Rex, errichtet hatte, allerdings irrtümlich; denn die *Aqua Marcia* floß von der Porta Praenestina in den Nordteil der Stadt (Abbildungen der heute erhaltenen Bogen bei Nash I 48–51) und besaß keine Verbindung mit dem Wasserlauf bei der

Porta Appia. Die in den Zeilen 23–30 aufgereihten Stationen sind schon in den vorangehenden Routen zitiert und kommentiert: *Coclea fracta* (X 2), *Arcus recordationis* (X 3), *Thermae Antoninianae* (X 2), *S. Xystus* (X 3), *SS. Nereus et Achilleus* (X 2), *Septem viae* (IX 1, X 4), *S. Lucia* (X 5), *Septizonium* (X 6), *Circus maximus* (X 5) *Palatinus* (VII 5, VIII 13, X 6), *S. Anastasia* (X 7).

III. DIE BESCHREIBUNG
DER HONORIANISCHEN STADTMAUER

Im Anschluß an das Pilger-Itinerar durch Rom enthält die Einsiedler Handschrift eine Beschreibung der aurelianischen Stadtmauer, die von Kaiser Honorius vor dem Gotenkrieg renoviert worden war und Reparaturarbeiten unter Theoderich und Justinian erfahren hatte. Die Schilderung erwähnt vom Petrus-Tor an die einzelnen Stadttore und von Strecke zu Strecke die Zahl der Verteidigungseinrichtungen. Längenmaße, wie man sie erwarten würde, sind nicht gegeben. Wenn die Vorlage zur Mauerbeschreibung eine offizielle Statistik war, muß sie diese Maße enthalten haben. Sie mögen durch die Abschreiber verloren gegangen oder ausgelassen worden sein. Das Bild, das die Stadt dem Pilger bietet, welcher vom Vatikan her schaut, ist der Mauerkranz mit vielen Türmen und unzähligen Zinnen. Diese äußeren Merkmale der Stadtmauer werden in der Liste abgezählt und registriert. Die Reihenfolge der Tore ist diese:

    Porta S. Petri
    Porta Flaminea
    Porta Pinciana
    Porta Salaria
    Porta Numentana
    Porta Tiburtina
    Porta Praenestina
    Porta Asinaria
    Porta Metrovia
    Porta Latina
    Porta Appia
    (fehlt: Porta Ardeatina)
    Porta Ostense
    Porta Portensis
    Porta Aurelia
    (fehlt: Porta Septimiana)
    Hadrianum

Die Tornamen entsprechen mit Ausnahme der Porta S. Petri dem Gebrauch der klassischen Kaiserzeit, so wie sie auch das Itinerar verwendet. Zwei antike Tore fehlen: die Porta Ardeatina, von den Caracalla-Thermen gegen Süden führend, muß wohl im 5. Jh. nicht mehr offen gewesen sein (Jordan I 1, 367; Abbildungen der heutigen Reste bei Nash II 200 ff.). Die Porta Septimiana am westlichen Tiberufer besitzt eine schlechte Überlieferung aus antiker Zeit und wird erst von den hochmittelalterlichen Mirabilien erwähnt (Jordan I 1, 373). Trotzdem wird dieser Torduchgang zum stark besiedelten Quartier von Trastevere nach Aurelian bestanden haben (Abbildung vom heutigen Zustand bei Nash II 231). Der Vatikan ist noch nicht in die Stadtmauer einbezogen,

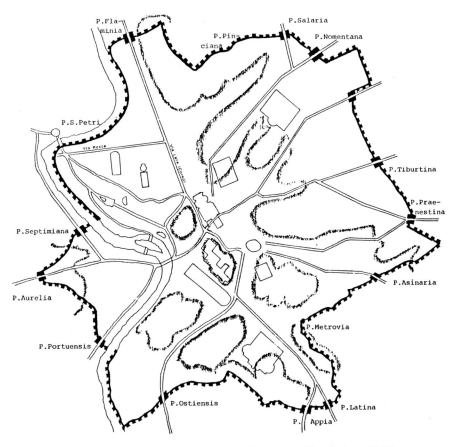

Spätantike Stadtmauer und Stadttore von Rom (nach Krautheimer, 1980)

was bekanntlich erst durch Papst Leo IV (848–852) geschah (Gregorovius III 105). Dagegen gilt das Grabmal Hadrians, die Engelsburg, als Befestigung mit Türmen und Zinnen. Im Gotenkrieg des Jahres 537 war es durch Schenkelmauern mit der Stadtbefestigung verbunden und wurde erfolgreich verteidigt. Die Truppen Belisars wehrten den gotischen Angriff durch Herabwerfen des Statuenschmuckes ab (Prokop, bell. Goth. 1, 22; Jordan I 3, 664).

Die Mauerbeschreibung im Einsiedler Codex registriert zu jedem der 17 Abschnitte die Verteidigungswerke mit den technischen Namen *turres, propugnacula, posternae, necessariae, fenestrae maiores forinsecus, fenestrae minores*. Die *turres*, zu denen auch die Tortürme der Porta selbst gerechnet werden, sind die nach Vorschrift des Vitruv (de arch. 1, 5, 2) aus dem Mauerverlauf vorspringenden runden und viereckigen Türme, von denen sich noch zahlreiche bis heute erhalten haben (Abbildungen bei Nash II 86–103). Der Terminus *propugnaculum* bedeutet in klassischer Zeit den gedeckten Wehrgang auf den Mauern (Vegetius, epit. 4, 6), der durch Zinnen (*pinnae*: Veg. 3, 8, pg. 84, 5 Lang) überragt wird. Hier wird das Wort, wie Jordan (II 168) nachweist, für „Zinnen" gebraucht, was auch die Angabe der großen Zahlen bestätigt. Allein von der Porta S. Petri zum Flaminischen Tor zählt das Register 782 Zinnen. Mit *posternae* bezeichnet das Register die kleinen Pförtchen (klassisch *posterula* „Schlupfpforte": Ammian 30, 1, 13; dazu Jordan II 167), die durch die Stadtmauer nach außen führten (Abbildungen von solchen bei Nash II 526, Index s. v. Posterulae). In der gesamten Stadtmauer notiert das Verzeichnis aber nur 5 solche Pforten. Die viel zahlreicheren *necessariae* erklärt Jordan (II 168) als Latrinen, die von den Stadtverteidigern wohl nur in friedlichen Zeiten außerhalb der Mauer benutzt werden konnten. Es folgen die *fenestrae maiores* und *minores* in großer Zahl, sich nach außen öffnende Fensterdurchbrüche, die man modern mit „Schieß-Scharten" bezeichnen möchte (Jordan II 169 f.). Die nach innen gerichteten Fenster an Türmen und Mauern, die für Licht- und Luftzufuhr notwendig waren, notiert das Verzeichnis nicht (Jordan II 170), da sie vom Standpunkt des Beobachters außerhalb der Stadt nicht sichtbar waren.

Am Schluß der Aufstellung rechnet der Berichterstatter die Summe aller Verteidigungswerke zusammen, wobei die Additionen moderner Nachprüfung nicht immer standhalten. Von den *fenestrae minores* ist keine Gesamtsumme überliefert. In unserer Umschreibung haben wir die korrekten Zahlen in Klammern beigefügt. Woher die Differenzen stammen (Abschreibungs- oder Überlieferungsfehler?), ist kaum auszumachen, da die Angaben aus dem heutigen Zustand der römischen Stadtmauer nicht nachzuprüfen sind.

STATISTIK DER HONORIANISCHEN MAUER

Abschnitt	turres	propugnacula	posternae	necessariae	fenestrae maiores forinsecus	fenestrae minores
1. A porta sci Petri cum ipsa porta usque portam Flamineam	16	782	3	4	107	66
2. A porta Flaminea cum ipsa porta usque ad portam Pincianam clausam	29	644		3	75	117
3. A porta Pinciana clausa cum ipsa porta usque ad portam Salariam	22	246		17	200	160
4. A porta Salaria cum ipsa porta usque Numentanam	10	199		2	71	65
5. A porta Numentana cum ipsa porta usque Tiburtinam	57	806		2	214	200
6. A porta Tiburtina cum ipsa porta usque ad Praenestinam	19	302		1	80	108
7. A porta Praenestina usque ad Asinariam	26	504		6	180	150
8. A porta Asinaria usque Metroviam	20	342		4	130	180
9. A porta Metrovia usque Latinam	20	294		17	100	183
10. A porta Latina usque ad Appiam	12	174		6	80	85
11. A porta Appia usque ad Ostensem	49	615		24	330	284
12. A porta Ostense ad Tiberim	35	733		17	138	211
13. A flumine Tyberi usque ad portam Portensem	4	59			10	15
14. A porta Portensi usque Aureliam	29	400		2	137	163
15. A porta Aurelia usque Tiberim	24	327		11	160	131
16. A flumine Tiberi usque ad portam sci Petri	9	489	2		21	7
17. Porta sci Petri						
18. In Hadriano sunt	6	164			14	19
sunt simul	383 (387)	7020 (7080)	5 (5)	116 (116)	2066 (2047)	*** (2144)

LITERATURVERZEICHNIS

G. Alföldy, *Die Legionslegaten der römischen Rheinarmeen, Epigr. Studien* 3 Köln 1967.
B. Altaner – A. Stuiber, *Patrologie. Leben, Schriften und Lehre der Kirchenväter* Freiburg 1978⁸.
A. Birley, *Marcus Aurelius* London 1966.
–, *Septimius Severus. The African Emperor* London 1971.
R. Brilliant, *The Arch of Septimius Severus in the Roman Forum, Memoirs of the American Academy in Rome* 29, 1967.
E. Buchner, *Die Sonnenuhr des Augustus* Mainz 1982.
A. W. van Buren, *RE* XVII (1937) 1711–1713 s. v. *Obeliskos*.
E. Caspar, *Geschichte des Papsttums* I, Tübingen 1930.
A. Chastagnol, *Les fastes de la Préfecture de Rome au Bas-Empire* Paris 1962.
CIL VI = *Corpus Inscriptionum Latinarum*: Vol. VI *Inscriptiones urbis Romae Latinae, collegerunt* G. Henzen, I. B. de Rossi, E. Bormann, Chr. Hülsen, M. Bang, Berlin 1876–1933.
P. Collart, *Un nouvel hommage du Valais a Caius César, Mélanges d'hist. et de litt. offerts a Charles Gilliard* Lausanne 1944, 38–45.
H. Dessau, *Inscriptiones Latinae selectae* I–III, Berlin 1892–1906.
E. Diehl, *Inscriptiones Latinae Christianae veteres* I, Berlin 1970³.
F. Drexel, *Drei Inschriften von Wagenlenkern* in: Friedländer *Sittengeschichte* IV, Leipzig 1921⁹⁻¹⁰, 179–196.
W. Eck, *Die Statthalter der germanischen Provinzen, Epigr. Studien* 14 Köln 1985.
A. Ferrua, *Epigrammata Damasiana* Città del Vaticano 1942.
J. Fitz, *Der markomannisch-quadische Angriff gegen Aquileia und Opitergium, Historia* 15, 1966, 336–367.
T. Frank, *An economic survey of Ancient Rome* Vol. V: *Rome and Italy of the Empire* Baltimore 1940.
R. Frei-Stolba, *Untersuchungen zu den Wahlen in der römischen Kaiserzeit* Diss. Zürich 1967.
H. Freis, *Historische Inschriften zur römischen Kaiserzeit* Darmstadt 1984.
L. Friedländer, *Darstellungen aus der Sittengeschichte Roms* I–IV, Leipzig 1921–1922⁹⁻¹⁰.
J. Gaudemet, *L'Eglise dans l'Empire Romain (IVe–Ve siècles)* Paris 1958.
H. Geist – G. Pfohl, *Römische Grabschriften* München 1969.
M. Gelzer, *Caesar. Der Politiker und Staatsmann* Wiesbaden 1960⁶.
F. Gregorovius, *Geschichte der Stadt Rom im Mittelalter* I–VIII, Stuttgart 1869²–1874².
G. Haenel, *Der Regionar der Stadt Rom in der Handschrift des Klosters Einsiedeln, Archiv für Philologie und Pädagogik* 5, 1837, 132–138.
R. Hanslik, *Der kleine Pauly* II (1975) 770 s. v. *Germanicus*.
L. M. Hartmann, *Geschichte Italiens im Mittelalter* Gotha I, 1897; II 2, 1903.
W. Helbig, *Führer durch die öffentlichen Sammlungen klassischer Altertümer in Rom* I⁴–IV⁴ (herausgegeben von H. Speyer), Tübingen 1963–1972.
B. W. Henderson, *The Life and Principate of the Emperor Hadrian* London 1923.
Chr. Hülsen, Besprechung von *Mariano Borgatti, Castel S. Angelo in Roma, Röm. Mitt.* 1891, 137–145.
Chr. Hülsen, *La pianta di Roma dell' Anonimo Einsidlense, Dissertazioni della Pontificia Accademia Romana di Archeologia* s. II, t. IX, 1907, 379–424.
–, *Forum und Palatin* München 1926.
–, *Le chiese di Roma nel medio evo. Cataloghi ed appunti* Firenze 1927.
A. H. M. Jones – J. R. Martindale – J. Morris, *The Prosopography of the Later Roman Empire* I–II, Cambridge 1971–1980.
H. Jordan, *Topographie der Stadt Rom im Altertum* Berlin, I 1, 1878; I 2, 1885; I 3, 1907 (bearbeitet von Chr. Hülsen); II 1871.

H. Kaletsch, *Der kleine Pauly* V, München 1975, 1473–1489 s. v. *Zeitrechnung*.
C. M. Kaufmann, *Handbuch der christlichen Archäologie* Paderborn 1905.
E. Kettenhofen, *Die syrischen Augustae in der historischen Überlieferung* Bonn 1979.
I. König, *Die Meilensteine der Gallia Narbonensis* Bern 1970.
R. Krautheimer, *Corpus Basilicarum Christianarum* I–V, Roma 1937–1977.
–, *Rome, Profile of a City* New Jersey 1980.
R. Lanciani, *L'itinerario di Einsiedeln e l'ordine di Benedetto canonico, Monumenti antichi* I, Roma 1891, 439–552.
J. G. Landels, *Engineering in the Ancient World* London 1978, deutsche Übers. München 1979.
K. Lehmann-Hartleben, *Die Traianssäule* Berlin 1926.
H. Mattingly, *Roman Coins* London 1928.
E. Meyer – H. Erb – A. Bruckner, *Römische Votivaltäre aus dem Engadin und neue Inschriften aus Chur, Helvetia Antiqua = Festschr. Emil Vogt* Zürich 1966, 223–232.
C. Mirbt, *Quellen zur Geschichte des Papsttums und des römischen Katholizismus* Tübingen 1934[5].
Th. Mommsen, *Zu dem Anonymus Einsidlensis, Epigraphische Analekten 13–16, Berichte der sächs. Gesellschaft der Wissenschaften, Phil.-Hist. Cl.* II, 1850, 287–320.
G. J. Murphy, *The Reign of the Emperor L. Septimius Severus from the Evidence of the Inscriptions* Diss. Philadelphia 1945.
E. Nash, *Bildlexikon zur Topographie des antiken Rom* I–II, Tübingen 1961–1962.
St. Perowne, *Hadrian. Sein Leben und seine Zeit* (deutsche Übers. aus dem Englischen) München 1966.
H.-G. Pflaum, *RE* XXIII, 1957, 1240–1279 s. v. *procurator*.
–, *Les carrières procuratoriennes équestres sous le Haut-Empire* I–III, Paris 1960–1961.
–, *Les gendres de Marc Aurèle*, *Journal des Savants* 1961, 28–41.
–, *Le règlement successorial d'Hadrien*, *Historia-Augusta-Colloquium Bonn 1963* 1964, 95–122.
PIR = E. Groag – A. Stein et alii, *Prosopographia Imperii Romani saec. I. II. III* Berlin 1933[2] ff.
RIC = H. Mattingly – E. A. Sydenham, *The Roman imperial coinage* I–IX, London 1923–1951.
O. Richter, *Topographie der Stadt Rom (Handb. der Altertumswiss.)* München 1901[2].
A. Rieche, *Das antike Rom aus der Luft* Bergisch Gladbach 1978.
J. B. de Rossi, *Inscriptiones christianae urbis Romae* II, Roma 1888.
G. Rotondi, *Leges publicae populi Romani* Milano 1912 (Nachdruck Hildesheim 1966).
B. Rubin, *RE* XXIII, 1957, 428–527 s. v. *Prokopios von Kaisareia*.
A. E. Samuel, *Greek and Roman Chronology (Handb. der Altertumswiss.)* München 1972.
P. Scagnetti, *Roma urbs imperatorum aetate* Roma 1979 (Wandkarte).
E. Schäfer, *Die Bedeutung der Epigramme des Papstes Damasus I für die Geschichte der Heiligenverehrung* Theol. Diss. Leipzig 1932.
L. Schmidt, *Geschichte der deutschen Stämme* München[2]: *Die Westgermanen* I, 1938; II 1940. *Die Ostgermanen* 1941.
W. Schulze, *Zur Geschichte lateinischer Eigennamen, Abh. Gesellsch. der Wissensch. zu Göttingen, Phil.-Hist. Kl.* NF V n. 5, 1904 (Nachdruck Berlin 1966).
O. Seeck, *Die Inschrift des Caeionius Rufius Albinus*, *Hermes* 19, 1884, 186–197.
E. Stein, *Histoire du Bas-Empire* II, Bruxelles 1949.
P. Strack, *Untersuchungen zur römischen Reichsprägung* I–III, Stuttgart 1931–1937.
K. F. Stroheker, *Der politische Zerfall des römischen Westens, Germanentum und Spätantike* Zürich 1965, 88–100.
P. Testini, *Le Catacombe e gli antichi Cimiteri in Roma* Bologna 1966.
Touring-Club: *Guida d'Italia del Touring Club Italiano, Roma e dintorni* Milano 1965.
S. Valtieri, *La basilica di S. Lorenzo in Damaso* Roma 1984.
G. Walser, *Römische Inschriften in der Schweiz* III, Bern 1980.
G. Wissowa, *Religion und Kultus der Römer (Handb. der Altertumswiss.)* München 1912[2].
A. v. Wotowa, *RE* V, 1903, 643–646 s. v. *Dillius*.

VERZEICHNIS DER TAFELN

1. Titusbogen auf dem Forum (n.37 = CIL VI 945)
2. Saturn-Tempel auf dem Forum (n.35,1 = CIL VI 937)
3. Basis der Traianssäule (n.13 = CIL VI 960)
4. Bogen der Aqua Claudia (Porta Maggiore) mit den drei Inschriftfeldern (nn.17–19 = CIL VI 1256–1258)
5. Constantinsbogen (n.36 = CIL VI 1139)
6. Inschrift des Severusbogens (n.34 = CIL VI 1033)
7. Epigramme des Damasus (nn.67 und 74)
8. Titelblatt der Ausgabe Mabillon 1685

PERSONEN

Abdo et Sennes, Märtyrer 203, 204
Achilleus, Märtyrer 128, 129, 210
Adauctus, Märtyrer 130, 131, 132, 210
T. Aelius Aurelius 117, 124
T. Aelius Caesar 117, 118, 120
P. Aelius Gutta Calpurnianus 113–115, 178
L. Aelius Helvius Dionysius 104
M. Aemilius Lepidus, Censor 179 a.Chr. n. 184
Afrania Caenis 104
Agapetus (Papst 535–536) 112, 171
Agrippa 69, 138, 171, 176
Agrippina maior 139
Alarich 68
Alexander VII (Papst 1655–1677) 209
Ambrosius 172
Anastasia, Märtyrerin 83
Anicius Paulinus Iunior 92
Annia Lucilla 118
M. Annius Verus 118
Antherus, Märtyrer 210
Antonia Caenis 105
T. Antoninus Pius (Kaiser) 89, 97, 117, 119, 121, 122, 123
Apollodorus von Damascus 66
Arcadius (Kaiser) 67, 68, 111
Attii 166
S. Attius Suburanus 166
Augustinus 141
Augustus (Kaiser) 86, 88, 116, 133, 134, 137, 138, 165, 206, 208, 209
Aurelia Fadilla 117, 122, 123
Aurelianus (Kaiser) 77, 116, 188, 214
M. Aurelius (Kaiser) 89, 96, 97, 105, 107, 118, 119, 120, 122, 123, 124, 170
M. Aurelius Antoninus (Kaiser Caracalla) 89, 90, 93, 116, 118
T. Aurelius Antoninus 117, 123
M. Aurelius Fulvus Antoninus 117, 122

Beda Venerabilis 192
Belisar 65, 183
Bernini 66
Boethius 141
Bruno, Giordano 116

Caelestinus (Papst 422–432) 84
Caeonius Rufius Albinus 99

Caius Caesar (Kaiser Caligula) 70, 77, 85, 86, 135
Callixtus I (Papst 217–222) 181
M. Camurius Soranus 90
Cassia 83
Cassiodorus 111, 112
Cassius Dio 66, 73
Castorius, Märtyrer 194
Cellini, Benvenuto 16
L. Cestius 81
Claudius (Kaiser) 69, 70, 77, 78, 79, 101, 102, 103, 130, 134, 139, 141, 178, 188
Claudius, Märtyrer 194
Claudius Iulius Ecclesius Dynamius 108, 109
Appius Claudius Caecus, Censor 208
Nero Claudius Drusus 139
Ti. Claudius Nero 137
Clemens I (Papst 88–97) 194
Clemens VII (Papst 1523–1534) 116
Clemens Alexandrinus 181
Clodius Albinus 119
Cola di Rienzo 116
Commodus (Kaiser) 89, 98, 105, 106, 117, 118, 119
Constantinus (Kaiser) 67, 91, 95, 99, 100, 110, 159, 165, 167, 170, 194
Constantius (Kaiser Chlorus) 76, 77
Constantius II (Kaiser) 71
Cornelius, Märtyrer 210
Cosconianus 102
Crispina 118

Damasus (Papst 366–384) 83, 125, 126, 128, 130, 131, 132, 133, 170, 202
Dante 141
Decius (Kaiser) 209
Desiderius, Abt von Montecassino 67
C. Dillius Vocula 80
Diocletianus (Kaiser) 76, 77, 83, 85, 103, 104, 179, 185, 202
Domitia Faustina 117, 124, 125
Domitia Lucilla 125
Domitia Paulina 118
Domitianus (Kaiser) 98, 99, 168, 180
Domitilla 128
Cn. Domitius Primigenius 104
Dondi, Giovanni de' 66
Drusus 70, 78, 103

Drusus Iulius Caesar 134

Einhard 159
Elagabal (Kaiser) 188
S. Eugenia 126, 200

Fausta, Gattin Kaiser Constantins 195
Faustina maior (Annia Galeria Faustina) 117, 121, 123
Faustina minor (Gattin Mark Aurels) 118, 122, 124
Favianus 210
Felix, Märtyer 130, 131, 132, 210
Felix IV (Papst 526–530) 185
Flavia Domitilla 129
Flavius Eupraxius 83, 84
Flavius Gratianus 82
Flavius Magnus Ienuarius 100
Flavius Philippus 68, 69
Flavius Severus 76, 77
Flavius Valens 82
Flavius Valentinianus 82
Frangipani 96, 192
Frontinus 70

Galba (Kaiser) 90
M. Galerius Aurelius Antoninus 117, 122, 123
Gallienus (Kaiser) 126
Garibaldi 81
Geiserich 72
Germanicus Iulius Caesar 134, 135, 136
Gratianus (Kaiser) 75, 76, 79, 81, 82, 84, 110
Gregor der Große (Papst 590–604) 71, 112, 197, 209
Gregor VII (Papst 1073–1085) 67
Gregor IX (Papst 1370–1378) 196
Gordianus, Märtyer 200

Hadrianus (Kaiser) 66, 73, 74, 88, 89, 96, 97, 116, 117, 118, 119, 124, 129, 192
Hadrianus I (Papst 772–795) 67, 159, 200, 206, 208
D. Haterius Agrippa 101
Heinrich IV (Kaiser) 67
Helena, Mutter Constantins 186
Helvia Procula 80, 81
Hieronymus 126, 197
Hilarius von Poitiers 67
Hilarus (Papst 461–468) 83, 202
Hippolytus, Märtyer 180
Honorius (Kaiser) 67, 68, 110, 111, 188, 189, 203, 210, 214

Honorius I (Papst 625–638) 85, 175, 194, 196
Hyacinthus, Märtyer 125, 126, 127

Ianuarius, Märtyer 200
Innozenz III (Papst 1198–1216) 70
Iulia (Augusti f.) 138, 140
Iulia Domna 75, 118
Iulius I (Papst 336–352) 178
Iulius Caesar (Dictator) 86, 136, 166
C. Iulius Caesar 134, 138, 140
L. Iulius Caesar 134, 138, 140
Agrippa Iulius Caesar Postumus 140
Drusus Iulius Caesar 134, 135, 139
Germanicus Iulius Caesar 134, 135, 136, 140
L. Iulius Vestinus 129, 130
Iustinianus (Kaiser) 64, 65, 214
Iuvenal 166

Karl der Große 159

Leo III (Papst 795–816) 191
Leo IV (Papst 845–853) 185, 215
Leopardus, Presbyter 127
Libius Severus 83
Liutprand 141
Livia Augusta 79, 101, 133, 134, 137, 138
Q. Lollius Urbicus 121
Lucanus 80

Mai, Angelo 203
Maiorianus (Kaiser) 83
Marcellinus et Petrus, Märtyer 194
Marcellus 206
Q. Marcius Rex 210
Marcus et Marcellianus, Märtyer 210
Marius 180
Marius Rogatus 114
Martial 166
Martinus I (Papst 649–653) 194
Matidia, Tochter Hadrians 118
Maxentius (Kaiser) 95, 96, 99
Maximianus (Herculius) 76, 77, 103, 104
Maximianus Galerius 76, 77
Maximinus (Daia) 76, 77
Merita = Emerita 210
Michelangelo 77
Miltiades 210
L. Munatius Plancus 94

Napoleon 65
Narses 64, 65
Nereus, Märtyer 128, 129, 210

Nereus et Achilleus, Märtyrer 201
Nero (Kaiser) 80, 130, 190, 191, 192, 197
Nero Iulius Caesar 134, 135, 139
Nerva (Kaiser) 66, 73, 74, 89, 97, 98, 99, 116, 119
Nicolaus II (Papst 1059–1061) 194
Nicolaus V (Papst 1328–1330) 66
Nicomedes, Märtyrer 175
Nicostratus, Märtyrer 194
Niger, Curator operum publicorum 102

Octavilla, Märtyrerin 204
L. Opimius 94
Orsini 111, 206
Otto III (Kaiser) 208

Pammachius, Senator 197
Pancratius, Märtyrer 85
Panvinio, Onofrio (1520–1568) 177
Pasqualis I (Papst 817–824) 184
S. Paulina 166
Paulinus von Nola 84
Paulus, Apostel 110, 132, 166
Paulus I (Papst 757–767) 171, 191
Pelagius II (Papst 578–590) 71
Perpenna 166, 167
Petrarca 66
Petronella 210
M. Petronius Lurco 102, 103
Petronius Maximus 71, 72, 206
Petronius Perpenna Magnus Quadratianus 167
Petrus, Apostel 132, 141
Petrus, Presbyter 84
Philocalus 125, 127
Pierleoni 206
Pius IV (Papst 1559–1565) 184
Pius VII (Papst 1800–1823) 96
Plinius 80
Poggius Florentinus 72, 116
Pompeius Magnus 111
L. Postumius dictator 208
Praxedis 166
Procopius 65
Protus, Märtyrer 125, 126, 127
Prudentius 110, 210
Pudens 166
Pudentiana 166

Quattuor Coronati, Märtyrer 194

Radagais 68
C. Calpetanus Rantius Sedatus Metronius 102, 103
Ricimer 83

Sabina Augusta 75
T. Satrius Decianus 102, 103
Saturninus et Felicitas, Märtyrer 204
Sebastianus, Märtyrer 210
Seianus 135
Sempronianus, Märtyrer 194
Seneca 80
L. Septimius Severus (Kaiser) 75, 88, 89, 90, 93, 118, 119, 194, 206
Septimius Geta 75, 90, 93
Severus, Libius 83
Severus Alexander (Kaiser) 107, 170, 180
S. Sextilius Fuscus 140
T. Sextius Lateranus 194
Simplicius (Papst 468–483) 198
Sixtus, Märtyrer 210
Sixtus II (Papst 257–258) 199, 210
Sixtus IV (Papst 1471–1484) 96
Sixtus V (Papst 1585–1590) 85, 88, 179
Soterus, Märtyrer 210
Stephanus II (Papst 752–757) 172
Stilicho 68
C. Sulpicius Galba 101
Symmachus, Redner 69
Symmachus (Papst 498–514) 204

Tacitus 80
Teija 65
Tertullian 181
Theoderich 111, 112, 141, 166, 185, 214
Theodorus, Presbyter 126, 127
Theodorus, Märtyrer 200
Theodosius (Kaiser) 67, 68, 75, 76, 110
Tiberius (Kaiser) 86, 94, 101, 133, 134, 135, 136, 137, 208
Titus (Kaiser) 77, 79, 87, 88, 96, 188, 192, 193
Totila 64, 65
Traianus (Kaiser) 66, 72, 73, 74, 89, 96, 97, 116, 119

Urbanus V (Papst 1362–1370) 196
Urbanus VIII (Papst 1623–1644) 182

Valens (Kaiser) 79, 81, 84
Valentinianus I (Kaiser) 82
Valentinianus II (Kaiser) 75, 76, 79, 81, 84, 110
Valentinianus III (Kaiser) 72, 167, 188
Valentinus, Märtyrer 178
Varro 99
L. Verus (Kaiser) 97, 117, 118, 120
Verus, Presbyter 131
Vespasianus (Kaiser) 77, 78, 79, 87, 88, 94, 105, 129, 188, 192

Indices 225

Vibia Sabina 75, 117, 118
Victor III (Papst 1086–1087) 67
Vipsania Agrippina 135

Vipsania Polla 176
Vitellius (Kaiser) 80

ORTSANGABEN, GEOGRAPHICA

Abukir 65
Adria 203
Aegypten 130
Aigai 185
Alexandria 195
Alta Semita 173
Anio flumen 65
Antiochia 195
Aquileia 98
Atina 81
Aventinus mons 84, 197, 200, 202, 205, 208, 209
Avignon 195

Bonn 80

Caelius mons 112, 125, 193, 194, 196, 199, 208
Campo dei fiori 206
Capitolium 92, 98, 99, 102, 165, 172, 180, 182, 189, 190
Caput Africae 189, 193
Catacombe di Callisto 210
Catacombe di Commodilla 130, 132, 210
Catacombe di Domitilla 128, 200, 210
Cimitero SS. Marcellino e Pietro 189
Cimitero S. Nicomede 175
Cispius mons 165
Clivo di Scauro 112
Clivus Martis 86
Clivus Scauri (= Tauri) 196, 197
Corduba 80

Esquilinus mons 79, 163, 167, 178, 179, 186, 190

Fiesole 68
Forum Boarium 160, 206
Forum Pacis Vespasiani 186
Forum Palatinum 83
Forum Romanum 93, 96, 98, 162, 165, 173, 174, 182, 185, 189
Forum Traiani 74, 160, 162, 165, 173, 174, 189, 190'

Gianicolo 85, 108, 109, 160, 182, 183, 184

Heliopolis 85

Ianiculus 85, 108, 109, 160, 182, 183, 184
Ierusalem 88, 97, 186
Insulae Pontinae 135
Isola Tiberina 82, 104
Iudaea 87, 88

Konstantinopel 100
Kappadokien 122

Lateran 175, 190, 194
ad septem lucernas 192

Magliano 140
Mainz 80
Marsfeld 66, 75, 111, 116, 160, 168, 176
La Moletta 197
Montecassino 67
Monte Cavallo 167
Monte Citorio 170, 171
Monte Verde Vecchio 204

Nîmes 139

Oppius mons 165, 190
Ostia 129, 204

Palatinus mons 82, 88, 181, 184, 185, 189, 192, 197, 200, 202, 205, 211
Pavia 133, 134, 140, 141
Piazza Colonna 168, 170
Piazza Guglielmo Pepe 180
Piazza Navona 164
Piazza del Popolo 175
Piazza Venezia 175
Piazza Vittorio Emanuele II 180
Pincio 69, 171, 173, 178, 191
Pisa 139
Pontia insula 129
Pontus-Bithynia 80

Quirinalis mons 165, 166, 167, 172, 173, 185, 186, 193

ripa Graeca 208

Sabinum 203
Salita di Marforio 190
Salona 102
Sardinien 181
Schola Graeca 200, 208
Septem viae 196, 197, 200, 202, 205, 211
Subura 162, 165, 166, 168, 178, 182, 186

Theveste 70
Tiberis 66, 103, 178, 182, 183, 203
Tibur 65, 86
Ticinum 133, 134, 140, 141
Tivoli 178
Trastevere 79, 214

Vatikan 132, 164, 191, 196, 214
Velabrum 206
Velia 192
Viae Romanae:
   via Appia 86, 88, 91, 128, 132, 162, 197, 199, 200, 202, 204, 205, 210
     Ardeatina 128, 201, 210
     Aurelia 182, 203
     Flamina 101, 113, 175, 203
     Labicana 188, 189, 194
     Latina 196, 199, 200
     Nomentana 175
     Ostiensis 130, 131, 210
     Portuensis 162, 203, 204
     Praenestina 182, 185
     sacra 190, 208
     Salaria 64, 65, 104, 107, 125, 127, 203
     Tiburtina 180
Viae medii aevi vel nostri temporis:
   via di S. Agostino 168
     Capo le Case 171
     de' Cappellari 206

Casilina 194
del collegio Capranica 168
delle Coppelle 168
dei Coronari 168
del Curato 168
della Dataria 173
Due Macelli 171
di S. Giovanni in Laterano 193, 194
de' Giubbonari 206
di S. Eustachio 170
Lateranensis 162, 175
lata (= del Corso) 168, 171, 172, 173, 175, 176, 177
della Lungaretta 184
maior = Papalis 189
della Navicella 198, 199
del Nazareno 69, 171
   Nazionale 165
   della Pilotta 173
   Pincia – Pinciana 125, 203
   delle sette chiese 132, 210
   XX settembre 173
   di S. Stefano Rotondo 198
   subtus montem 178, 179
   Tor de' Conti 165
   Urbana 166
Vicus longus 162, 166
Vicus patricius 162, 166, 179
Vienna 130
Villa Ada 204
Villa Albani 105, 106, 107
Villa Doria Pamphili 85, 204
Villa Malta 172
Villa Medici 101
Viminalis mons 165, 166, 178

Weser 136

ANTIKE MONUMENTE, KIRCHEN

S. Adaucti 205
S. Agathae 162, 166, 178, 179, 180
S. Agathae in diaconia 173
S. Agnes in agone 168, 189
S. Agnes extra muros 173, 174
S. Alessii 208
Amphitheatrum castrense 182, 187, 188
Amphitheatrum Flavium 102, 160, 189, 190, 192, 193, 197
S. Anastasiae 82, 200, 202, 203, 205, 211

SS. Andreae et Bartolomaei iuxta Lateranum 196
S. Angeli 205, 206
S. Antheri 200, 205
S. Apollinaris 168, 170
ad Apostolos 173, 174, 175, 176
Aqua Aniensis nova 78
– Anio novus 188
– Antoniniana 200, 202
– Appia 202, 208

- Caerulea 78, 79
- Claudia 70, 77, 188, 189, 197
- Curtia 78, 79
- Martia – Marsia 210
- Virgo 69, 70, 176

Arcus Arcadi, Honorii, Theodosii 67, 68, 168
- Claudii 171
- Constantini 95, 96, 189, 192
- Drusi 202
- Gratiani, Valentiniani, Theodosii 168
- M. Aurelii 97, 98
- Neronianus 196
- recordationis 200, 202, 205, 211
- Severi 90, 92, 162, 165, 174, 184, 189, 190
- Titi 87, 96, 185, 189, 192

Balneum Mercurii 205, 209
S. Basilissae 203, 204
S. Bivianae 180, 182, 188

S. Caeciliae 181, 184
Cancelleria 164, 206
Carcer S. Petri 181
Castra peregrina 199
Cavalli marmorei 167, 173, 185, 193
Cavalli optimi 162, 167
Cavallus Constantini 162, 185
S. Chrysogoni 181, 184
Cestiuspyramide 172, 2o9
Circus Gai et Neronis 191
Circus Flaminius 160, 162, 164, 165, 168, 189
Circus Maximus 87, 88, 197, 200, 202, 203, 205, 211
S. Clementis 189, 193
Coclea fracta 200, 201, 202, 205, 211
Colosseum = Amphitheatrum Flavium
Colossus Neronis 192
Columna Antonini (Marci) 168, 170, 171, 172, 175, 176
- Antonini Pii 171
- Traiani 72, 116, 162, 165, 173, 182, 186
S. Cornelii 200, 205
SS. Cosmae et Damiani 182, 185, 186, 189, 190
Constantiniana basilica 160, 191, 194
S. Costanza 175
S. Croce 188
S. Crucis in Hierusalem 186
Curia 98, 165, 174, 185
Cypressus 162, 164, 189, 190
S. Cyriaci 162, 165, 173, 182, 186

Dioscurorum monumentum 167, 185
Domus Aurea Neronis 190
Domus Faustae 195
Domus Tiberiana 185

Elephantus 160, 205
Elephantus herbarius 206, 208
S. Emeritae 205, 210
Engelsburg (Castello S. Angelo) = Mausoleum Hadriani
Equus Constantini 165, 182, 184, 185
S. Erasmi 196, 197, 199
S. Eugeniae 196
S. Euphemiae 162, 166, 167, 178, 179, 182, 186
S. Eusebii 178, 179, 180
S. Eustachii 168, 170, 175, 176, 189, 190

Fasciola 200
S. Faviani 200, 205
S. Felicis 205
S. Felicis in Pincis 168, 172
S. Felicitatis 203
Fons Mercurii 209
Fons S. Petri 181, 182
Fontana Trevi 171
Forma Claudia, Claudiana 172, 178, 180, 182, 188, 189, 196
Forma Iovia, Iobia, Iopia 200, 202, 205, 210
Forma Iulia 178
Forma Lateranensis 168, 172, 182, 188, 196, 197
Forma Martia, Marsia 178, 205
Forma Tepula 178
Forma urbis Severi 186
Forma Virginis 168, 171, 175

S. Georgii in Velabro 181, 184, 189, 190
S. Giovanni a Porta Latina 199
S. Gordiani 196
S. Gregorio Magno (Basilica) 112

S. Hadriani 162, 165, 173, 174, 182, 185, 189, 190
Hadrianum = Mausoleum Hadriani
S. Helenae 182
S. Hermetis 203, 204
Hierusalem 182
Honorianische Stadtmauer 214–217

S. Ianuarii 196, 200, 204
S. Ignatii 171
Imagines S. Pauli et S. Mariae 162, 166

S. Iohannis 196
S. Iohannis Baptistae 200, 203
S. Iohannis Evangelistae 200
S. Iohannis in Lateranis 160, 189, 194, 195
S. Iohannis in mica aurea 184
SS. Iohannis et Pauli 181, 182, 196, 197
S. Isidori 178
Basilica Iulia 184

Konversatorenpalast 97, 102

Lacus Orphei 163
Lateran-Basilica 160
S. Laurentii ad Capitolium 162, 165
S. Laurentii in Damaso 162, 164, 189, 205, 206
S. Laurentii in Formoso, Panisperma 162, 166, 167, 178, 179, 186
S. Laurentii in Lucina 168, 170, 175, 176
S. Laurentii in Minerva 189, 190
S. Laurentii extra muros 167, 180
S. Laurentii in Palacinis 190
S. Luciae in septem soliis 200, 202, 205, 211
S. Luciae in Orthea (Orphea, in silice) 162, 163, 164, 167, 182, 186

Macellum Liviae 79, 179
Macellum Magnum in Coelio 198
S. Marcelli 173, 175, 176
SS. Marcellini et Petri 182
S. Marci 175, 177, 189, 190
SS. Marci et Marcelliani 200, 204, 205
Marforio 190
S. Mariae degli Angeli 77
S. Mariae antiquae 182, 185, 189, 190
S. Mariae in Aracoeli 172
S. Mariae in Cosmedin (in Schola Graeca) 159, 200, 203, 208
S. Mariae Dominicae 196, 197, 198, 199
S. Mariae in Via Lata 101
S. Maria Maggiore 179, 186
S. Mariae Maioris 182
S. Mariae in Minerva 177, 189
S. Mariae sopra Minerva 190
S. Mariae ai Monti 186
S. Mariae della Navicella 199
S. Mariae novae 185, 192
S. Mariae in Praesepio 178, 179
S. Mariae in Trastevere 181, 184
S. Martini 182, 186
Matronen-Heiligtum 74
Mausoleum Augusti 176

Mausoleum Hadriani 66, 75, 116–125, 162, 214, 215, 217
Mausoleum Helenae 189
S. Mennae 205, 209
Meta sudans 160, 189, 193
Meta Romuli 209
S. Miltiadis 200, 205
Mithraeum 193
Mica aurea 181, 183
Miliarium aureum 165
Minervium 175, 177, 190
Molinae in Ianiculo 181, 182
Monasterium S. Agathae 178, 179, 182, 186
Monasterium S. Andreae 197
Monasterium S. Gregorii 197
Monasterium Honorii 182, 188, 189, 194, 196

SS. Nerei et Achillei 200, 202, 205, 211
S. Nicomedis 173, 174
Nymphaeum 68, 69, 182, 188
Nymphaeum Aquae Iuliae 180

Obeliscus (Sonnenuhr) 168, 176
Obeliscus Sallustianus 172
Obeliscus Vaticanus 85
Oboliscus 170, 175
Oratorium S. Mariae 196, 200
Oratorium S. Syxti 196
Ospedale S. Giovanni 196

Palatium iuxta Iherusalem 182
Palatium Pilati 182, 186
Palatium Sessorianum 186
Palatium Traiani 182, 186, 189, 193
Palatius Neronis 189, 190, 191
Palazzo Colonna 174
Palazzo Fiano 176
Palazzo Madama 170
Palazzo Rospigliosi 166
Palazzo Sciarra 171
Palazzo Venezia 177
S. Pamphili 203, 204
S. Pancratii 85, 203, 204
Pantheon – Rotunda (Rotonda) 69, 162, 164, 168, 170, 171, 175, 176, 189, 190
S. Paolo fuori le Mura 69, 110, 132, 162, 205, 209, 210
Pariturium 175, 176
Patriarchium Lateranense 189, 194, 195
S. Petri in Palatino 189
S. Petri in Vaticano 67, 70, 71, 85, 110
S. Petri ad Vincula 162, 167, 182, 186, 189, 191, 192

SS. Petri et Pauli in Via Sacra 191
S. Petronellae 200, 205
S. Pietro in ciel d'oro (Pavia) 141
Pons Aelius = Pons S. Petri = Ponte S. Angelo
  66, 75, 76, 162, 164, 168, 205
Pons Aemilius 184
Pons Cestius 81, 82
Pons Gratiani 82
Pons maior 181, 184
Pons S. Mariae 184
Pons Milvius (Ponte Molle) 95, 96, 178, 194
Pons Neronianus 67
Pons Salarius 64, 65
Pons Senatorum 184
Pons Tiburtinus 64, 65
Ponte Bartolomeo 82
Ponte rotto 184
Ponte Vittorio Emanuele 67
Porta Appia 86, 91, 132, 162, 187, 199,
  200, 202, 203, 205, 210, 211, 214, 217
Porta Ardeatina 214
Porta Asinaria 162, 189, 194, 196, 214, 217
Porta Aurelia 162, 181, 182, 204, 214, 217
Porta Capena 87, 112, 197, 209
Porta Esquilina 163
Porta Flaminia 107, 113, 162, 175, 178,
  214, 217
Porta S. Giovanni 189
Porta Latina 196, 214, 217
Porta Lavicana 188
Porta S. Lorenzo 180
Porta Maggiore 78, 79, 188
Porta Metronia – Metrovia 162, 196, 197,
  199, 214, 217
Porta Numentana 162, 173, 214, 217
Porta Ostiensis 197, 205, 209, 214, 217
Porta S. Pancrazio 182
Porta S. Pauli 209
Porta S. Petri 162, 164, 168, 189, 205, 214,
  216, 217
Porta Pia 173, 174
Porta Pinciana 172, 203, 204, 214, 217
Porta Portuensis 204, 214, 217
Porta Praenestina 162, 181, 182, 186, 188,
  210, 214, 217
Porta Salaria 65, 162, 168, 204, 214, 217
Porta S. Sebastiano = Porta Appia
Porta Septimiana 214
Porta Tiburtina 162, 178, 180, 214, 217
Porta Viminalis 179
Porticus Europae 176
Porticus Liviae 79
Porticus Maxima 75
Porticus Minucia 206

Porticus Octaviae 206
Porticus Saeptorum Iuliorum 176
Porticus Vipsania 176
S. Priscillae coemeterium 204
SS. Processi et Martiniani 203, 204
SS. Proti et Yacinthi 203, 204
S. Pudentianae 127, 162, 166, 167, 178,
  179, 182, 186
Pyramis 168, 172

SS. Quatro Coronati 125, 189, 194
SS. Quirico e Giulitta 165, 186

Rotunda = Pantheon

S. Sabinae 84, 209
Salvatoris Basilica 160, 195
S. Saturnini 203
Scala Cassi 209
Schola Graeca, Graecorum 162, 200, 205,
  208
S. Sebastiani, Katakomben 91, 132, 133,
  200, 204, 205
Septizodium – Septizonium 88, 90, 93,
  160, 197, 200, 202, 205, 211
S. Sergii 162, 181, 184, 190
SS. Sergii et Bacchi 165, 184
S. Silvestri 168, 171, 172, 175, 176, 182,
  186
S. Sisto vecchio 210
S. Sixti, Syxti 196, 199, 200, 202, 205
S. Soteri 200, 204, 205
Stadium Domitiani (Piazza Navona) 160,
  164
S. Stephani in capite Africae 193
S. Stephani in Celio monte 196, 197, 198,
  199
S. Susannae 167, 168, 172, 173

Tabularium 102, 103
Templum divi Augusti 185
Templum Cereris, Liberi, Liberae 208
Templum Concordiae 93, 94, 165
Templum Iovis 205, 206
Templum Iovis Reducis 199
Templum Marii 180
Templum Saturni 93, 94
Templum Veneris et Romae 192
Templum Vespasiani 93, 94
Termini, Bahnhof 165, 179, 180
Testamentum 192
Testamentum Vespasiani 189
S. Theodori 181, 184, 189, 190, 196
Thermae Agrippae 69, 164, 170, 171, 176

Thermae Alexandrianae (Alexandrinae) 168, 170, 175, 176, 188
Thermae Antoninianae (Caracallae) 199, 200, 201, 205, 211, 214
Thermae Commodianae 162, 168, 170, 175, 176, 189, 190
Thermae Constantini 162, 166, 167, 173, 182, 186
Thermae Decianae 209
Thermae Diocletiani 76, 77, 160, 162, 172, 173, 178, 179, 186
Thermae Helenae 188
Thermae Sallustianae 168
Thermae Severi 202
Thermae Traiani 162, 167, 186, 192, 193
Theatrum Marcelli 71, 205, 206

Theatrum Pompei 111, 160, 162, 164, 189, 205
Tholos Neronis 198
Tiberini patris monumentum 103, 104
Tiberis monumentum 165, 189, 190

Umbilicus Romae 162, 165, 182, 189, 190
S. Urbani 204

S. Valentini 175, 178
S. Vitalis 162, 166, 167, 173, 178, 182, 186
S. Viti 162, 163, 178, 179, 180, 182, 188
SS. Vito e Modesto 179

S. Xysti 200, 204, 205, 211

S. Ypoliti 180

TAFELN

Titusbogen auf dem Forum (n. 37 = CIL VI 945)
(Aufnahme Deutsches Archäologisches Institut, Rom)

Tafel 2

Saturn-Tempel auf dem Forum (n. 35,1 = CIL VI 937)
(Aufnahme Deutsches Archäologisches Institut, Rom)

Basis der Traianssäule (n. 13 = CIL VI 960)
(Aufnahme Fototeca Unione, at the American Academy in Rome)

Tafel 4

Bogen der Aqua Claudia (Porta Maggiore) mit den drei Inschrift-Feldern
(Aufnahme G. Walser)

Tafel 5

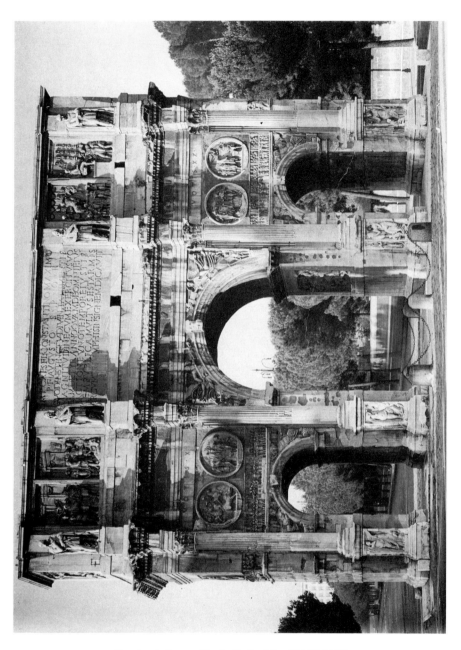

Constantinsbogen, Nordseite (n. 36 = CIL VI 1139)
(Aufnahme Deutsches Archäologisches Institut, Rom)

Tafel 6

Inschrift auf dem Severusbogen (n. 34 = CIL VI 1033)
(Aufnahme G. Walser 1968)

Tafel 7

Epigramm des Damasus n. 67
(aus A. Ferrua *Epigrammata Damasiana* 1942, 191)

Epigramm des Damasus n. 74
(aus A. Ferrua *Epigrammata Damasiana* 1942, 99)

VETERUM ANALECTORUM

TOMUS IV.

COMPLECTENS ITER GERMANICUM
Domni JOHANNIS MABILLON
& Domni MICHAELIS GERMAIN
è Congregatione sancti Mauri, cum
monumentis in eo repertis.

LUTECIÆ PARISIORUM,

Apud Viduam EDMUNDI MARTIN, & JOHANNEM
BOUDOT, in vico Jacobeo ad Solem aureum.

M DC LXXXV.

Cum Privilegio Regis, & Superiorum permissu.

Titelblatt der Ausgabe Mabillon 1685